新视角读
『二十六史』

新视角读

南北朝史

宋玉山 著

中国文史出版社

图书在版编目（CIP）数据

新视角读南北朝史 / 宋玉山著. —北京：中国文史
出版社，2023.3
（新视角读"二十六史"）
ISBN 978-7-5205-4050-6

Ⅰ.①新… Ⅱ.①宋… Ⅲ.①中国历史—研究—南北朝
时代 Ⅳ.①K239.07

中国国家版本馆 CIP 数据核字（2023）第 058570 号

责任编辑：金　硕
策　　划：金　硕　曲童利

出版发行：中国文史出版社

社　　址：北京市海淀区西八里庄路 69 号　　邮编：100142
电　　话：010 - 81136606/6602/6603/6642（发行部）
传　　真：010 - 81136655
印　　装：北京温林源印刷有限公司
经　　销：全国新华书店
开　　本：787mm×1092mm　1/16
印　　张：18.5
字　　数：266 千字
版　　次：2024 年 1 月北京第 1 版
印　　次：2024 年 1 月第 1 次印刷
定　　价：66.00 元

总序 历史是最好的老师

魏礼群

习近平总书记多次强调指出，"历史是最好的老师，它忠实记录下每一个国家走过的足迹，也给每一个国家未来的发展提供启示。""领导干部要多读一点历史，从历史中汲取更多精神营养。"

历史是人民创造的。历史经验是社会发展规律的体现和反映，是人类长期生活的总结和升华，是现代人民用来对照的一面明镜。欲知大道，必先知史。学习历史，可以观成败、鉴是非、知兴替、明规律，可以以史资政、修身励志、汲取力量、创造人生。

我党历来重视历史。我党历代领导人都善于把历史经验运用到中国革命、建设和改革的实践当中，都强调领导干部要多学习一些历史知识。在新的历史时期，要实现中华民族伟大复兴的中国梦，更需要我们用好历史这个最好的老师，遵循规律、明确方向、坚定道路、凝聚共识，去书写新的历史，创造新的辉煌。

尊重历史也是中华民族的优良传统。中国历史源远流长，旷古悠久。从黄帝时代开始，中华民族有着五千年的文明史，经历了若干个朝代。一般来说，每个朝代都有为前一个朝代撰修史书的传统，经过官方撰修或认可的史书，称为正史。

清朝乾隆皇帝将《史记》《汉书》《后汉书》《三国志》《晋书》《宋书》《南齐书》《梁书》《陈书》《魏书》《北齐书》《周书》《隋

书》《南史》《北史》《旧唐书》《新唐书》《旧五代史》《新五代史》《宋史》《辽史》《金史》《元史》《明史》等二十四部史书，钦定为"二十四史"。民国时期，大总统徐世昌又把《新元史》列入正史，形成了"二十五史"。但"二十四史"和"二十五史"都只写到明代，如果再加上记载清朝历史的史书，就应该是"二十六史"。

正史是由官方修撰或认可，尤其是由后面的朝代完成的，史料比较全，真实性比较高，史实价值比较大，因而是历史研究中的主要参考依据。由于这些正史数量繁多，语言晦涩，除了专业人员外，很少有人能够通读下来。

"新视角读'二十六史'丛书"，对这些数量繁多的史书，做了精心挑选和简化概括，并有作者读史后的认识和体会，创作形成了一篇篇简明扼要的故事，以新的形式呈现给读者。这些故事，既独立成章，又相互联系、脉络清晰，能使人们大致了解历史进程、重大事件和主要人物。该书语言简练，通俗易懂，适合大部分人群，中学生阅读也没有问题。特别是该书站在现代社会的角度，以新的视角分析看待历史，有许多新观点、新见解，能够给人以启发和借鉴。因此，我认为，撰写"新视角读'二十六史'丛书"，是一项很有意义的工作。

我感觉，"新视角读'二十六史'丛书"的基本特点，是"忠于原著，丰富史料；以史为鉴，启迪人生"。

所谓"忠于原著，丰富史料"，是指作者撰写的每一篇历史故事，都是根据原著的记载写成的，都有史料依据，没有进行虚构。为了增强可读性，在语言细节方面做了适当的文字加工，但主要内容都是原著所提供的。同时，在忠于原著的基础上，为了使一些历史事件和历史人物更加丰满，也适当增加了一些其他史料，增添的史料也是有依据的。该书一个显著特点，就是史料丰富、知识点多、信息量大，能够让人开阔视野，增长知识。

所谓"以史为鉴，启迪人生"，是指作者创作历史故事的目的，是为了借鉴历史经验，服务于现代社会。所以，作者站在历史唯物主义和辩证唯物主义的立场上，辩证地、一分为二地看待历史现象，并且在故事的过程中，或者在故事的结尾，往往有着哲理性的评论和观点，给人以有益的启迪。我们学历史的目的，不仅是要了解历史知识，更重要的是要通过汲取历史经验和教训，对我们的工作和生活有所启发和借鉴。该书较好地做到了这一点，这是该书另一个显著的特点。

作者曾经是我得力的部下，我对他十分熟悉和了解。作者勤奋好学，长期从事政策研究和文字工作，理论素养和文字功底较好；先后在乡、县、市、省、国家五个层级工作过，有着丰富的阅历和实践经验；做事严谨，为人厚道，工作勤勉。尤为难能可贵的是，他把退休作为第二生命的开始，退而不休，锲而不舍，继续为社会做贡献，其志可贵，精神可嘉！

希望该书能够使人借鉴历史经验，起到以史为鉴、激励人生的作用。

是为序。

（魏礼群，曾任国务院研究室主任、国家行政学院党委书记、中国行政体制改革研究会会长，现任中国国际经济交流中心常务副理事长兼学术委员会主任。）

前　言

　　南北朝是一个混乱的时代，先后出现过九个国家，政权频繁更替，篡位屡见不鲜，而且在多数政权中，都充满了戾气、杀戮、荒淫和野蛮，很少有仁义道德，少数民族政权是这样，汉人政权也是这样。有些暴虐荒谬之事，有悖人伦，骇人听闻，令人难以置信。

　　记述这段历史的正史，有《宋书》《南齐书》《梁书》《陈书》《南史》《魏书》《北齐书》《周书》《北史》，竟达九部之多。

　　笔者依据这九部正史，撰写了八十五篇故事。这些故事，既独立成章，又相互连贯，使读者能够大体了解这一时期的历史脉络、重大事件和重要人物，从而对南北朝时期有一个总体上的印象。

　　笔者在撰写过程中，坚持"忠于原著，丰富史料；以史为鉴，启迪人生"的原则，对历史事件和人物不做虚构，完全根据史书的记载而撰写，只在细节和语言上适当做些加工，以增强可读性。同时，适当阐述自己的观点和体会。

　　笔者在撰写历史事件和人物时，着力挖掘其背后深层次的东西。比如，梁武帝迷恋佛教，三番五次出家当和尚，是人所共知的历史事件，可是，他为什么这么做呢？笔者根据史书记载，对其原因进行了深度挖掘。另外，《吝啬之人难成事》《心术不正枉读书》

《"江郎才尽"是聪明之举》等篇，都体现了笔者的观点和看法。这些观点不一定正确，仅为一家之言。

由于笔者水平有限，书中难免有错误、缺陷和不足之处，希望广大读者给予批评指正，笔者将不胜感激。

目　录

南 齐

南 梁

南 陈

北 齐

西 魏

北 周

九部史籍记述南北朝

南北朝，从 420 年刘裕代晋建宋开始，到 589 年隋朝灭陈结束，共 170 年时间。这个时期，南朝依次出现南朝宋、南齐、南梁（包括后梁）、南陈四个朝代，北朝先后有北魏、东魏、西魏、北齐、北周五个朝代，南朝和北朝长期对峙。

记述这一时期的正史，有《宋书》《南齐书》《梁书》《陈书》《南史》《魏书》《北齐书》《周书》《北史》，共九部。这九部史书，都在清代乾隆皇帝钦点的"二十四史"之列。

《宋书》，记述了南朝宋 59 年的史事，作者是南梁的沈约。沈约是南梁的开国功臣，政治家、史学家、文学家。沈约是浙江德清县人，出身江南大族，历仕宋、齐、梁三朝，协助梁武帝萧衍即位，官至尚书令。沈约在南齐任著作郎的时候，奉诏撰写《宋书》。他主要依据原有的宋朝史籍，用一年时间就完成了。沈约七十三岁病逝。

《宋书》共一百卷，包括帝王本纪十卷，人物列传六十卷，志三十卷。《宋书》的主要特点，是保存史料较多，收录了许多当时的奏议和文章，有很高的史料价值。缺点是成书时间短，有些草率。

《南齐书》，记述了南朝第二个朝代南齐 23 年的史事，作者是南梁的萧子显。萧子显是今江苏常州人，是齐高帝萧道成的孙子。他当过吴兴太守，博学能文，喜欢饮酒，不恋官场，爱好写史，一生写过五部史籍，可只有《南齐书》留存于世。萧子显四十九岁病逝。

《南齐书》共六十卷，包括帝王本纪八卷，人物列传四十卷，志十一卷，自序一卷（佚）。《南齐书》有《祖冲之传》，为人们研究中国科技史留下了珍贵资料。萧子显本是南齐宗室，对南齐统治者的黑暗有所讳饰，影响了该书质量。

《梁书》，记述了南朝第三个朝代南梁55年的史事，作者是隋唐时期姚察、姚思廉父子。姚察是浙江德清县人，史学家，历经梁、陈、隋三朝。隋文帝时，奉诏撰写梁史、陈史，未竟而卒。

姚思廉继承父亲遗志，继续修撰二史。唐太宗李世民十分重视修史，命魏徵主持梁、陈、齐、周、隋史的修撰，其中姚思廉一人修撰《梁书》《陈书》，到八十岁才完成。第二年，姚思廉就去世了。

《梁书》共五十六卷，包括帝王本纪六卷，人物列传五十卷。姚氏父子都是历经数朝的史学家，对历史的盛衰兴替进行了认真思考，阐发了一些独到的见解，思想性比较强。另外，述事简明，语言精练，清代史学家赵翼，称赞《梁书》"行墨最简"，文字"爽劲"。《梁书》的缺点是书中存在一些宣扬封建迷信的糟粕。

《陈书》，记述了南朝第四个朝代南陈32年的史事，作者也是姚察、姚思廉父子。父子俩都是著名史学家，为撰史贡献了毕生心血。

《陈书》共三十六卷，包括帝王本纪六卷，人物列传三十卷。

以上四史，是南朝各朝代的断代史，而《南史》是在这四部史书的基础上编写而成的，不仅增加了一些新的材料，而且矫正了原书中的许多曲笔，把整个南朝的历史连贯起来。

《南史》，记述了南朝宋、齐、梁、陈四国的史事，作者是隋唐时期李大师、李延寿父子。李大师祖籍是甘肃临洮，后移居河南安阳。李大师有志于撰写一部南北朝史书，但没有完成就去世了，《南史》《北史》主要是其子李延寿完成的。李延寿一生以修史为业。

《南史》共八十卷，包括帝王本纪十卷，人物列传七十卷。《南史》以宋、齐、梁、陈的史书为蓝本，又参考"杂史"千余卷，删繁就简，事增文省，有很高的史学价值。

这样，记述南朝历史的正史有五部，而记述北朝历史的史书有四部，分别是《魏书》《北齐书》《周书》《北史》。

《魏书》，记述了北魏以及分裂后的东魏、西魏的史事，主要作者是北齐人魏收。魏收是河北晋州人，东魏和北齐时期大臣，著名史学家和文学家。

551 年，朝廷给予魏收优厚俸禄，让他专门负责撰写《魏书》。文宣帝高洋鼓励他说："好好直笔写史吧，我不会像拓跋焘那样诛杀史官的。"

魏收在前人搜集的史料基础上，组织一班人马，经过三年多的努力，写成《魏书》。《魏书》写成后，很多人有意见，甚至有人指责为"秽史"。文宣帝似乎也不满意，不让刊行。到了孝昭帝时期，《魏书》经过多次修改后，朝廷才下诏允许刊行。魏收六十六岁病逝。

《魏书》共一百一十四卷，分一百三十篇，包括帝王本纪十二卷，列传九十二卷，志二十卷。《魏书》有两个明显特点：第一，它是正史中第一部专记少数民族政权史的史书；第二，对佛教的发展记载很翔实，如同一部中国佛教简史。

《北齐书》，记述了从 534 年北魏分裂到 577 年北齐灭亡 40 余年的历史，反映了东魏、北齐两个政权的盛衰兴亡，作者是唐朝史学家李百药。

李百药是河北安平人，他博学好文，初仕隋朝，辅佐太子杨勇，后归顺唐朝，受到李世民赏识。李百药的父亲李德林，曾撰写《齐史》二十七卷，未成而卒。李世民两次诏令李百药，让他完成父亲未竟的事业。李百药经过多年辛勤努力，终于完成《齐书》，后改为《北齐书》。

《北齐书》共五十卷，包括帝王本纪八卷，人物列传四十二卷。今所见《北齐书》五十卷，只有十七卷出自李百药手笔，其他都是后人根据《北史》和唐人相关记录补足的。《北齐书》以史为鉴，总结了政治得失的经验教训，记录了农民起义的重要史料，还记载了灌钢技术的发明，这项技术比欧州早一千多年。宣扬天命观，是《北齐书》的糟粕。

《周书》，记述了北周 24 年的史事，主要作者是唐朝令狐德棻。令狐德棻是陕西铜川人，唐初政治家和史学家。629 年，李世民诏修梁、陈、齐、周、隋五代史，令狐德棻主编《周书》，经过七年努力，完成了此书。

《周书》共五十卷，包括帝王本纪八卷，列传四十二卷。《周书》

不仅记述了西魏和北周的史事，还兼顾了同时代的东魏、北齐、南梁、南陈的重大史事，这是它的一个重要特点。《周书》文笔简洁爽劲，为后人所赞许。《周书》的缺陷是史料单薄，不够完备。

以上三史，是北朝各朝代的断代史，而《北史》，是在这三部史书基础上，再加上隋初史料改写而成的，把整个北朝的历史连贯起来。《北史》与《南史》是姊妹篇，都是由李大师及其子李延寿两代人编撰完成的。

《北史》共一百卷，包括帝王本纪十二卷，列传八十八卷。《北史》主要是根据魏、齐、周、隋史书删订改编而成的，同时也参考了当时所见的各种"杂史"，增补了不少史料。《北史》和《南史》，在一定意义上说，算是通史，记述了南朝和北朝整个历史发展的脉络，有利于我们从总体上认识和把握一些历史问题，它们与断代史有互相补充的作用。不过，隋朝当时已经是一个大一统的王朝了，不应把它列入《北史》。

笔者根据这九部史书的记载，选取一些有意义的历史事件和历史人物，运用现代人的思维和眼光，撰写了《新视角读南北朝史》一书，希望能起到"以史为鉴，启迪人生"的作用。

南北朝兴衰历程

在中国历史上，南北朝是最混乱的时期之一，也是中华民族由大分裂、大融合走向统一的历史过程。在此期间，南方和北方长期对峙，先后出现九个政权，有汉族建立的，也有少数民族政权。各国之间相互攻打，篡位夺权频繁发生，战火纷飞，人民饱受痛苦。这一时期，有许多经验值得借鉴，也有许多教训应该吸取。

南　朝

420年，刘裕代晋建宋，开始了南朝历史。刘裕出身平民，从军后多年浴血奋战，通过建立军功，控制了东晋朝廷，后取而代之。

刘裕是杰出的政治家、军事家、改革家，他建立南朝宋以后，加强中央集权，重用寒族，抑制豪强，轻徭薄赋，发展生产，兴办教育，促进了江南经济社会发展。不过，刘裕执政手段强硬，杀戮过重，充满了暴戾之气，这种戾气，对南朝宋有很大影响。

422年，刘裕只当了两年皇帝就病逝了，长子刘义符继位。刘裕担心儿子年少，遗命四个顾命大臣辅佐他。不料，刘义符从小被娇惯坏了，整日玩耍嬉戏，不理国政，只当了两年皇帝，就被顾命大臣们给杀了。

424年，顾命大臣拥立刘裕第三子刘义隆当皇帝，被称为宋文帝。宋文帝忌惮顾命大臣的权威，登基后将他们杀掉了。宋文帝是个大有作为的皇帝，他执政三十年，经济发展，文化繁荣，将南朝宋推向强盛，史称元嘉之治。南朝宋是南朝四个朝代中最强的，不过，宋文帝和他父亲一样，仍然杀戮过多。

453 年，宋文帝想废黜太子，却被暴戾的太子刘劭杀害了。刘劭是历史上第一个通过弑父登上皇位的，结果引发天下人反对，只当了两个月皇帝，就被弟弟刘骏兴兵灭掉。刘骏执政十二年，干得还不错，延续了父亲的元嘉之治。不过，刘骏晚年变得好酒奢靡，贪财好利，致使朝廷开始混乱。

464 年，刘骏病逝，长子刘子业继位。刘子业只有十六岁，却狂悖暴虐，有些变态，他杀了父亲给他安排的顾命大臣，又囚禁并虐待叔叔们，荒淫乱伦，肆意妄为，当了两年皇帝后，被叔叔刘彧杀掉。

466 年，刘彧在兄弟们的拥立下登基称帝，与此同时，刘子业的弟弟刘子勋，也在他的兄弟们拥立下称帝。南朝宋出现两个皇帝，叔叔派与侄子派展开生死搏杀。经过一年多混战，最终叔叔派取得胜利，刘子勋十几个兄弟全遭杀害。随后，刘彧又几乎杀光了自己的兄弟们。在皇室相互残杀中，国家也快被糟蹋完了。在战乱之中，将领萧道成的势力崛起。

刘彧当了八年皇帝病逝，长子刘昱继位。刘昱虽然只有十几岁，却是个变态狂。他喜欢杀人取乐，常常夜里带几个随从出宫，见人杀人，见狗杀狗，见什么杀什么。萧道成此时已经控制了朝廷，见刘昱惨无人道，将他杀了，立了刘昱的弟弟刘準为帝，刘準当时只有十岁。

479 年，萧道成废掉刘準，自立为帝，建立齐国。历时五十九年、强盛而充满戾气的南朝宋灭亡了。

萧道成与刘裕一样，也是戎马一生，南征北战，凭借战功，控制了朝廷。他趁南朝宋宗室相残之际，篡宋建齐。萧道成也是当了两年多皇帝就死了，临终前告诫儿子萧赜，一定要接受南朝宋的教训，善待兄弟和宗亲。

萧赜被称为齐武帝，他推行仁政，关心民生，兴办教育，强国富民，开创了永明之治。齐武帝执政十二年，很有作为，特别是他遵照父亲的教诲，兄弟之间比较和睦。然而，他晚年犯了一个致命错误，没有将皇位传给年长贤明的儿子，却按照立嫡继承制度，让嫡长孙萧昭业当了皇帝，并让堂弟萧鸾辅佐他。

萧鸾是个阴险毒辣之人，他杀死了萧昭业，又几乎杀光了萧道成和萧赜的子孙，自己当了皇帝。齐武帝由于看错了一个人，招致灭族之灾。萧鸾当了四年皇帝病死，儿子萧宝卷继位。

萧宝卷是历史上著名昏君，他骄奢淫逸，残暴无道，宠信奸佞，滥杀大臣，很快引发天下大乱，各地纷纷起兵讨伐。雍州刺史萧衍，率兵攻入建康，将称帝不到三年的萧宝卷杀死。萧衍立了萧宝卷的弟弟萧宝融为帝，一年后把他杀掉，自己当了皇帝，建立南梁。南齐只存在了二十三年，是南朝四个政权中寿命最短的。

502年，萧衍灭掉南齐，建立南梁。萧衍是历史上很有名的皇帝，被称为梁武帝。梁武帝多才多艺，精通文学、经学、佛学、音乐、书法，执政长达四十八年，活到八十六岁。梁武帝执政前期，勤于政事，励精图治，崇尚儒学，推行仁政，宽待宗室，关心民生，获得很高的声望。可是，在他执政后期，怠于政事，迷恋佛教，甚至看破红尘，四次出家当和尚，致使佛教大兴，南梁成为佛国，造成国力衰弱，朝廷昏暗。

548年，爆发侯景之乱，南梁遭受重创，梁武帝也在战乱中死去。侯景之乱平息后，梁武帝的儿子们又争抢皇位，进行内斗，南梁也出现两个皇帝。北朝趁火打劫，占领了大片土地，南梁从此一蹶不振。在战乱中，将领陈霸先的势力崛起，控制了朝廷。南梁在经历了几个傀儡皇帝后，宣告灭亡，存在五十五年。

557年，陈霸先灭掉南梁，建立南陈。陈霸先也是武将出身，同样是当了两年皇帝就死了。南朝四个开国皇帝中，有三个是惊人的相似。

陈霸先死后，侄子陈蒨继承了皇位，被称为陈文帝。陈文帝少年时历经磨难，睿智果敢，很有作为，他在位七年，开创了天嘉之治。可惜由于南梁末期，大片土地被北朝夺去了，此时的南陈，领土狭小，人口不多，已经很难与北朝抗衡了。

陈文帝死后，儿子陈伯宗继位。两年之后，陈文帝的弟弟陈顼，杀掉陈伯宗，夺取了皇位。陈顼在位十四年，总体上干得还不错。陈顼死后，儿子陈叔宝继位。陈叔宝是有名的有才昏君，他在文学方面很有成就，但在治国理政上却是一塌糊涂。

588年十一月，已经统一北方的隋朝，出动五十一万大军，兵分三路，攻打南陈。南陈国力弱小，不堪一击，很快土崩瓦解。

开皇九年正月（589年2月），隋军攻破建康，俘虏了陈叔宝。至此，南陈宣告灭亡，南朝也随之终结了。

南朝四国，都是汉人政权，四国的更替，都是因为发生内乱，自己人争权夺利，相互残杀，而被别人趁乱篡夺了政权，这个教训，是极其深刻的。

北　朝

北朝，包括北魏、东魏、北齐、西魏、北周五个朝代，都是鲜卑拓跋部或者鲜卑化汉人建立的政权。

鲜卑拓跋部，是鲜卑族的一支，他们长期生活在北方，靠游牧为生，势力弱小，到三国曹魏时期，才与中原有了联系。在东晋十六国时期，拓跋部在今内蒙古一带建立代国，后来被前秦所灭。

386年，拓跋部出了一位英雄人物，名叫拓跋珪。拓跋珪恢复代国，不久改国号为"魏"，史称北魏。拓跋珪具有雄才大略，在他的统治下，北魏由一个弱小政权，逐步发展成北方强国。在拓跋珪之后，他的儿子拓跋嗣、孙子拓跋焘继承他的事业，祖孙三代通过接力奋斗，终于灭掉大大小小的割据势力，于439年统一了北方。与此同时，北魏完成了由奴隶制向封建制、由游牧经济向农耕经济的过渡。

拓跋焘也是一位英雄人物，他统一北方之后，学习汉族统治者的治国经验，尊崇孔子，提倡儒学，推广汉文化，发展经济，致力于强国富民。这一时期，南方的统治者，是宋文帝刘义隆。拓跋焘与刘义隆，年龄和登基时间差不多，两人都是胸怀大志，南北朝多次发生战争，结果势均力敌，谁也吃不掉谁，只好长期对峙。

452年，拓跋焘被宦官谋害，儿子拓跋余继位，可不到半年，又被宦官杀掉，大臣们拥立拓跋焘长孙拓跋濬登基。拓跋濬即位后，诛杀宦官，平息内乱，休养生息，稳定社会，并下令修建著名的云冈石窟。

465 年，执政十三年的拓跋濬病逝，十二岁的儿子拓跋弘继位。因皇帝年少，北魏进入冯太后临朝称制时期。冯太后是中国历史上杰出的女政治家、改革家。她是汉族人，按照汉族统治者的治国方法，对北魏的政治、经济、习俗进行了一系列改革，使北魏政权发生了质的变化，也为日后孝文帝全面推行汉化奠定了基础。

471 年，献文帝拓跋弘禅位给太子拓跋宏，拓跋宏即位时年仅五岁。476 年，献文帝去世，传说是冯太后因男宠被献文帝杀死结怨，因此将献文帝毒死。献文帝死后，冯太后再度临朝称制，直到 490 年去世。之后孝文帝拓跋宏开始亲政。孝文帝把都城由平城迁到洛阳，并大规模开展汉化改革，不仅政治、思想、经济、文化等方面照搬汉族制度，连服装、语言、习俗也全面汉化，改皇帝姓氏拓跋氏为元氏，其他贵族也分别改汉姓。孝文帝的汉化运动，在历史上十分出名，多数予以肯定和赞扬，也有一些不同意见。

499 年，孝文帝病死，儿子元恪继位。元恪继续推行汉化政策，并频繁发动对南朝的战争，扩大了疆域，但自身损失也很大，他又笃信佛教，致使国力逐渐衰弱。元恪当皇帝十六年后病逝，五岁的儿子元诩继位。皇帝年幼，北魏进入胡太后临朝称制时期。

胡太后也是汉族人，可她与冯太后有着天渊之别。她在执政初期，还能勤于政事，关心民生，但不久，就暴露出自私贪婪、追求享乐的本性。胡太后没有治国才能，而且骄奢淫逸，淫乱无度，导致朝廷混乱，奸佞当道，吏治腐败，民不聊生，各地起义风起云涌，社会出现动荡。

元诩成年后，胡太后仍不放权，母子俩产生了尖锐矛盾。胡太后为了私欲，竟然毒杀了亲生儿子，引发天下大乱。北方军阀尔朱荣，打着为皇帝报仇的旗号，攻入洛阳，把胡太后沉入黄河，同时诛杀了朝廷官员和贵族数千人，北魏从此分崩离析了。

534 年，尔朱荣的大将高欢，将都城由洛阳迁到邺城，立了元善见做皇帝，开创了东魏。第二年，尔朱荣另一个大将宇文泰，在长安立了元宝炬为帝，开创了西魏。此后，东、西魏连续发生战争，相互攻打。

东魏的实际统治者是高欢，高欢是鲜卑化汉人，他在战乱中形成自己的势力，把持了东魏政权。高欢死后，他的儿子高澄、高洋先后把持朝政。皇帝不仅是傀儡，而且毫无自由和尊严，甚至当众被臣子殴打，这大概是历史上最窝囊的皇帝了。东魏只经历了一代皇帝，过了十六年，就被北齐取代了。

550 年，高洋废掉东魏，建立了北齐。北齐高洋、高湛、高纬等皇帝，都是凶狠残暴，胡作非为，因此，有人称北齐是野蛮朝代，称高氏皇族是"禽兽家族"。北齐时期，出现了大量荒淫乱伦、暴虐无道、骨肉相残的事情，罪行令人发指，难以置信，以致有人说皇帝得了精神病。北齐历经二十七年，被北周灭掉。

与东魏同时建立的西魏政权，存在了二十一年，这期间的实际统治者一直是宇文泰。宇文泰是鲜卑人，却具有雄才大略，是杰出的政治家、军事家、改革家。东西魏分立的时候，东魏的实力明显比西魏强大，宇文泰表面上恢复鲜卑化，实际上却按照汉族统治者的经验，制定了正确的建国纲领，推行一系列改革，使西魏由弱变强。

557 年，宇文泰的侄子宇文护，废掉西魏，建立北周，让宇文泰的儿子宇文觉当了皇帝。宇文护执政十五年，对北周的巩固和发展做出重要贡献，但他权力欲很强，连杀三个皇帝，终于祸及自身，被周武帝宇文邕诛杀。

周武帝颇具文韬武略，他执政后加强皇权，推行改革，使北周政治清明，社会安定，民众富裕，国力强盛。577 年，周武帝亲率大军，一举灭掉北齐，统一了北方。

578 年，周武帝病逝，儿子宇文赟继位。宇文赟一点也不像他老子，他厌倦政务而沉湎于酒色，把朝政大权交给岳父杨坚，使得杨坚势力坐大。宇文赟甚至把皇位让给自己六岁的儿子宇文阐，自己当了太上皇，专心享乐。

581 年，杨坚势力已经形成，他轻松灭掉北周，建立了隋朝。

589 年，隋朝出动大军，一举灭了南陈，统一了天下。至此，南北朝结束，开启了隋朝大一统时代。

在北朝五国中，北魏时间最长，从 386 年建立，到 534 年消亡，长达一百四十八年。北魏前期，经过拓跋珪祖孙三代几十年的艰苦奋斗，统一了北方；中期经过冯太后、孝文帝的改革，实现国力强盛。然而，胡太后执政后，只有短短十几年时间，北魏就土崩瓦解了。

宇文氏控制的西魏、北周政权也是这样，在宇文泰、宇文护、宇文邕等人长期努力下，由弱变强，统一了北方。然而，在宇文赟统治下，只有短短三年时间，就把政权葬送了。

历史经验告诉我们：开创一个好的局面，需要长期奋斗，是很不容易的；毁掉一个好的局面，则不需要太长时间，是很容易的事情。

刘裕浴血建宋国

刘裕，是南北朝时期著名政治家、军事家、改革家。他出身寒门，文化不高，却英勇善战，谋略过人，凭借武力执掌大权，最终代晋建宋，开辟南朝，被誉为"南朝第一帝"。

刘裕一生，戎马倥偬，征战四方，身经百战，可以说，他是通过自己的浴血奋战登上帝位的，他用自身的实践，印证了"乱世出英雄"的格言。

《宋书》记载，刘裕，原籍在彭城县绥舆里，绥舆里在今江苏省徐州市区。刘裕是刘邦弟弟刘交的后代，他的曾祖父刘混，在晋乱时举家迁往江南，居住在晋陵郡丹徒县京口里，刘裕就出生在那里。丹徒县在今江苏省镇江市丹徒区一带。

刘裕虽然祖上显赫，但到他这一代时，已经沦落为穷人了。363年四月十六日夜里，刘裕呱呱坠地，可是很不幸，他一生下来，母亲赵安宗就产后患病去世了。他的父亲刘翘，望着这个嗷嗷待哺的苦命婴儿，又看看家徒四壁，愁眉不展，伤心流泪。家里实在太穷了，没有钱请乳母，刘翘狠狠心，想把婴儿扔掉。所幸同族刘怀敬的母亲善良，伸出援手，用乳汁哺育刘裕，才使他活了下来。后来，刘裕为了报恩，尽管刘怀敬"涩讷无才能"，仍然让他做了金紫光禄大夫的高官。

由于家里穷，刘裕很小的时候，就去砍柴、种地、打鱼、卖草鞋，什么苦都吃过。刘裕有时也去赌博，玩"樗蒲"的棋类游戏。有一次，他输给刁逵三万钱，无力偿还。刁逵是东晋大臣刁协的孙子，富而不仁，他让仆人把刘裕吊在马桩上，当众鞭打和羞辱。刘裕咬紧牙关，并不求饶。恰巧有个叫王谧的人，从此地路过，见此情景，于心不忍，替刘裕还了赌债，刘裕才被放了下来。王谧是东晋贤相王导的孙子。后来，王谧做了刘宋的高官，刁逵则被灭族。

刘裕的小名叫"寄奴"，有寄人篱下、犹如奴隶的意思，一听就知道是个苦命人。刘裕从小受苦，饱受磨难，养成了坚强刚毅、恩怨分明的性格，这是他日后能够成功的宝贵财富。不过，由于他从小就种下了仇恨的种子，所以，他身上充溢着一股戾气，而且这种戾气，影响了整个南朝宋。

刘裕长大以后，身高七尺六寸，相当于现在的一米七五左右。他体魄健壮，为人雄杰，很想改变自己的贫困状况，便毅然投军，加入了赫赫有名的"北府兵"。

"北府兵"，是东晋名将谢玄在京口组建和训练的一支精锐部队，几乎战无不胜，在著名的淝水之战中，以少胜多，建立奇功。因京口当时称"北府"，所以，这支军队被称为"北府兵"。谢玄死后，"北府兵"由著名战将刘牢之统领。

刘裕入伍后，作战勇敢，不惧生死，冲锋在前，退却在后，屡立战功，得到上司赏识，受到士兵拥护，因而升迁很快，几年时间，刘裕就从一名普通士兵，升迁至冠军将军孙无终的司马。

东晋末年，朝廷一片混乱。当时的皇帝，名叫司马德宗，是个十足的白痴，分不清春夏秋冬，生活不能自理。有这样的傻皇帝，必然造成权臣当道，朝廷黑暗，百姓苦不堪言。399 年，终于爆发了大规模的农民起义，席卷东晋大地。起义军领袖是孙恩、卢循，他们利用五斗米道的形式，号召饥寒交迫的人们起来造反，攻城略地，多次打败官军。天下大乱，这给了刘裕一个大显身手的好机会。

朝廷命刘牢之率"北府兵"前去镇压起义，孙无终将刘裕推荐给刘牢之，刘裕担任了刘牢之的参军。刘牢之很器重刘裕，常常派他独领一军，与起义军作战。刘裕披坚执锐，身先士卒，多次打败起义军。在著名的京口之战中，刘裕率数千兵马，长途奔袭，把十几万起义军打得落花流水。经过几年战斗，农民起义被镇压了，孙恩投海自尽，而刘裕显示了卓越的军事才能，成为赫赫有名的战将。

趁着孙恩起义、局势混乱之际，素有野心的桓玄在江陵起兵，并策反了刘牢之，一举攻占建康，杀了执政的司马道子父子，废了傻皇帝，改国号为楚，史称桓楚，东晋灭亡了。刘裕随刘牢之投靠了桓玄，被桓玄任命为中兵参军。不久，桓玄与刘牢之等"北府兵"将领产生矛盾，孙无终等多名将领被杀，刘牢之自杀。

404 年，刘裕秘密串联何无忌、刘毅等二十七名"北府兵"将领，在京口起兵，打着恢复晋室的大旗，讨伐桓玄。桓玄对付不了强悍的"北府兵"，经过几次恶战，损兵折将，只好逃回老巢江陵。刘裕乘胜追击，收复江陵，杀了桓玄，扶立傻皇帝重新登上皇帝宝座。刘裕对晋朝有再造之功，与此同时，他也获得执政地位，控制了朝廷。

刘裕执掌大权后，面对当时的内忧外患，励精图治，大刀阔斧地进行改革。刘裕首先加强中央集权，削减了地方政府的权力、官吏和军队数量，把权力牢牢控制在自己手中，改变了东晋长期存在的朝廷势弱而诸侯强大的局面。刘裕果断改革官吏制度，抛弃东晋长期形成的门阀制度，大力提拔寒门出身的人，巩固了自己的统治。刘裕重视发展经济和百姓生活，轻徭薄赋，解放奴隶，打击豪强，抑制兼并，访贫问苦，他自己带头节俭，反对奢侈。在刘裕的治理下，东晋出现了一派新气象。

刘裕识字不多，书法也很差。为了掩饰这个缺陷，刘裕接受大臣刘穆之的建议，改写大字，一张纸只写四五个字就满了，显得"雄逸"。刘裕自知文化程度不高，因而特别重视教育和文化，曾专门下诏说："古之建国，教学为先。"刘裕在全国各地大建学校，推崇儒学，弘振国学，提拔大批知识分子入仕做官。刘裕还广泛收集遗散的书籍，使官藏书籍达到六万多卷，对汉文化的保护与传承做出了重大贡献。

刘裕执政期间，东晋国力逐渐强盛，于是四处用兵，并取得辉煌胜利。对内，刘裕剿灭了卢循起义，平定了刘毅叛乱，灭掉了谯蜀政权，使南方出现了百年未有的统一局面；对外，灭掉了北方南燕、后秦两个国家，降服仇池和林邑国（今越南境内），攻占洛阳、长安两都城，收复了淮北、山东、河南、关中等大片土地，刘裕因此也获得了很高的声望。

刘裕执政十几年，东晋大治，民众安居乐业，人心归服。420年，刘裕顺理成章地取代了晋朝，建立宋朝。因刘裕家族世居彭城，是春秋时期宋国旧地，所以国号为"宋"。

刘裕"奋起寒微"，靠着浴血奋战，开辟了南朝。后人对他评价很高，称他为"盖代雄才""气吞万里如虎"，是"定乱代兴之君"。

不过，刘裕身上有一股戾气，特别是首开杀害禅位皇帝的恶例，为人们所诟病。刘裕的这股戾气，对后世产生了极其不好的影响，使得南朝宋始终充满着暴戾之气。

顾命大臣皆丧命

420 年，刘裕代晋称帝，建立宋国，被称为宋武帝。两年后，刘裕病逝，享年六十岁。刘裕的长子刘义符继位，时年十六岁。刘裕为儿子精心准备了四名顾命大臣，企图确保儿子的皇位能够稳固。

没有想到的是，刘裕是靠武力建国的，并且本人有很重的戾气，他的这种戾气，影响到他的儿子和大臣们，时间不长，刘义符与顾命大臣产生了矛盾，结果四名顾命大臣竟然全部命丧黄泉。

《宋书》记载，刘裕的戾气，主要表现在他任意杀戮皇帝上。刘裕一生杀了六个帝王，大概是历史上杀帝王最多的人。第一个被杀的，是桓楚皇帝桓玄。桓玄废晋称帝，咎由自取，杀了他还说得过去。第二个被杀的，是南燕皇帝慕容超。慕容超兵败被俘，押送建康后，在街头被斩首示众，这就有点过分了。第三个被杀的，是谯蜀王谯纵。谯纵是城破后自己上吊死的，刘裕的责任不大。第四个被杀的，是后秦皇帝姚泓。姚泓在晋军兵临城下之时，主动率群臣出城投降，却被刘裕押解到建康，在闹市中当众砍头，这就显得不仁义了。此外，刘裕还杀害了东晋的两位皇帝。

刘裕最为人诟病的，是杀害了禅位皇帝司马德文。在此之前，禅位的皇帝都没有性命之虞，而且受到优待，曹魏篡汉是这样，司马氏代魏也是这样。但从刘裕开始，禅位的皇帝大都性命不保，刘裕开了一个坏头。特别是晋恭帝司马德文禅位时，没有表现出丝毫的不满和抗拒，反而对众人说，晋朝早就亡了，是刘裕又让晋朝延续了二十多年，所以心甘情愿地让位。可是，刘裕仍然把他杀掉了。刘裕甚至把那个生活不能自理的傻皇帝司马德宗也杀了，更没有必要。这表明，在刘裕身上，缺少仁爱，充满了暴戾之气。

422年，刘裕称帝两年后，计划征讨北魏，不料身患重病，一病不起。临终前，刘裕深情地望着长子刘义符，嘱咐他继承好自己的事业。刘义符，是刘裕四十四岁时才有的第一个儿子，自幼受到宠爱，被立为皇太子，由他继位，是名正言顺的。

刘裕担心儿子年少，专门挑选了四位顾命大臣，让他们辅佐儿子。四人分别是：司空徐羡之、尚书仆射傅亮、领军将军谢晦、护军将军檀道济。这四人跟随刘裕多年，忠心耿耿。刘裕叮嘱他们，一定要好好辅佐少帝，光大南朝宋的事业，然后，依依不舍地离开了人间。

徐羡之，是今山东郯城人，当过刘牢之的功曹，与刘裕关系密切，辅助刘裕建立南朝宋，是刘裕的重要谋士之一。

傅亮，是今陕西耀县人，博涉经史，尤善文辞，刘裕的表策诏令，都出自他的手笔。傅亮是刘裕的心腹，代晋称帝的大事，就是他一手操办的。

谢晦，是今河南太康人，才略明练，颇识机变，深受刘裕器重。在一次战斗中，敌众我寡，情况危急，刘裕披挂铠甲，要亲自上阵杀敌。众将劝阻不住，谢晦却一把抱住刘裕，死不撒手。刘裕发火，说："你不放手，我就杀了你。"谢晦流着泪说："我死了不要紧，天下可以没有我，但不能没有您。"刘裕没有办法，只好作罢。

檀道济，是今山东金乡人，他自入伍后，就一直是刘裕的部下，跟随刘裕南征北战，屡立战功，是赫赫有名的战将。

应该说，刘裕挑选的这四位顾命大臣，还是很不错的，他们都是南朝宋开国功勋，对刘裕十分忠心，而且有勇有谋，敢作敢当。可是，刘裕的长子刘义符，却不怎么样。

刘义符倒没有太大的毛病，主要是贪玩。他擅长骑射，喜欢音律，又好游乐，整日嬉戏玩耍，不理政务。他经常乘坐龙舟，到处游玩，笙歌妙舞，管弦悠扬，晚上就在龙舟上过夜。什么军国大事，刘义符统统不放在心上，甚至北魏犯境，作战失利，他也不管不问，活脱脱一个纨绔子弟。这也难怪，刘义符只是一个十六七岁的少年，青春年少，童心未泯，何况刘裕老来得子，早就把他惯坏了。

徐羡之见此情景，心中忧虑，认为刘义符一点也不像他的父亲刘裕，必不能将刘裕开创的事业发扬光大，于是，便与傅亮、谢晦商议。檀道济当时统兵在外，没在朝中。傅亮、谢晦也有同感，于是，三人经过密谋，决定废了刘义符，另立明君。真是敢作敢为！

按照封建继承制度，如果废了长子，就应该由次子刘义真继位。刘义真比刘义符小一岁，他仪貌俊美，神情秀彻，喜好文学，与谢灵运等文人关系密切，也不像他的父亲刘裕。更重要的是，他与徐羡之关系不好，所以不能立他为帝。徐羡之等人认为，只有三子刘义隆，沉稳刚毅，能文能武，很像他的父亲刘裕，于是决定，废除刘裕的长子和次子，立第三子为帝。

徐羡之等人密谋已定，便说干就干。首先，他们利用刘义符与刘义真不和睦的矛盾，奏请皇帝下诏，废黜了刘义真庐陵王的爵位，贬为庶人，徙居到新安郡（今徽州一带），使刘义真失去了继承皇位的资格。随后，他们便对刘义符下手了。

424年六月的一天，徐羡之将在外领兵的檀道济召进宫来，将废立之事告诉了他。檀道济其实并不赞同，废刘义真时他就明确表示反对，但见徐羡之等人已经谋划好了，箭在弦上，不得不发，只好默认了。当晚，谢晦与檀道济住在一起。

第二天清晨，谢晦、檀道济带兵登上龙舟，闯入刘义符寝室。刘义符还未起床，身边的两个侍者被杀死。刘义符反抗，被伤了手指。谢晦收缴了皇帝的玉玺丝带，命人将刘义符囚禁在吴都。随后，以皇太后的名义下诏，历数刘义符的罪行，宣布废黜其帝位，改为营阳王，迎接刘义隆回京，继承帝位。

徐羡之等人的计划成功了，这其实就是一场政变。不过，徐羡之等人的目的不是篡权，而是为国家前途考虑，这是值得肯定的。如果事情到此为止，也许不会发生后面的悲剧，可是，徐羡之等人把事情做过了头，竟然把刘义符、刘义真全都杀掉了。这兄弟俩，当时只有十七八岁，这就有点残忍和暴戾了，也引发了社会舆论的同情。

刘义隆当时是宜都王，住在江陵。他听说京城发生事变，两个哥哥被杀，自己被立为皇帝，不仅没有喜悦，反而心惊肉跳。七月中旬，傅亮带领群臣来到江陵，迎接刘义隆进京登基。刘义隆一见傅亮，痛哭流涕。他这一哭，傅亮心里发了毛，意识到处境不妙。他又想到，废了皇帝之后，好友蔡廓曾经劝告他，一定要善待刘义符，可是他们没有听，反而把刘义符杀了，这或许会埋下祸根。所以，傅亮在回京的路上，一直闷闷不乐，还写了一篇《演慎论》，抒发自己的无奈和无助。

傅亮回京以后，立即把自己的担心向徐羡之、谢晦说了，他二人也出了一身冷汗。为了防备万一，徐羡之趁刘义隆尚未正式登基之际，抢先任命谢晦为荆州刺史，都督荆湘等七州诸军事，领兵在外，作为朝中外援。

谢晦心中忐忑不安，在去荆州赴任之前，专门去拜访蔡廓，询问道："我能免祸吗？"蔡廓直言不讳地说："你们接受先帝的临终嘱托，承担国家责任，废除昏君，拥立明圣，应该是可以的。但是，你们把事情做绝了，杀了人家两个哥哥，使皇上震惊，要想免祸，恐怕很难。"谢晦听了，唉声叹气，后悔不已。

蔡廓说得没错，刘义隆确实受到了很大震惊，权臣如此厉害，连皇帝都敢杀，还有什么事不敢干呢？所以，刘义隆在进京途中，就严加提防，身边随行人员，全是从江陵带来的官吏和侍卫，傅亮和他带去的官员，谁都无法接近。刘义隆的贴身侍卫，更是日夜抱刀护卫，不离半步。

424 年八月，刘义隆正式登基，被称为宋文帝。刘义隆即位后，对徐羡之等人优抚有加，提升徐羡之为司徒，相当于丞相；提高傅亮地位，开府仪同三司；正式任命谢晦为荆州刺史，并升为卫将军；檀道济升迁为征北将军。但刘义隆对他们并不信任，凡是徐羡之举荐的官吏，一概不用，同时，刘义隆在各个要害岗位，迅速安插了自己的亲信，很快稳固了统治地位。当时，刘义隆年龄并不大，只有十七岁，却表现出一个成熟政治家的风范，确实像他的父亲刘裕。

按道理说，刘义隆是徐羡之等人扶立上台的，刘义隆应该对他们万分感激才对。但是，正因为他们有废立皇帝的权威，所以刘义隆才对他们不放心，容不得他们。刘义隆地位巩固之后，就要对他们下手了。在他的授意下，大臣们纷纷上奏，要求清算他们弑君的罪行。弑君是十恶不赦的大罪，徐羡之等人厄运难逃了。

426年，刘义隆觉得时机成熟，便公开宣布徐羡之、傅亮、谢晦弑君和杀害刘义真的罪行，决定依法惩处，对檀道济，则采取了笼络的态度。结果，徐羡之闻讯自杀，傅亮被捕处死。谢晦举兵反抗，被檀道济领兵剿灭，谢晦被擒后被处死。十年之后，檀道济也被刘义隆杀害。这样，四位顾命大臣，全都死于非命。

平心而论，四位顾命大臣废立皇帝，不是为了自己，而是为国家前途考虑。但是，他们把事情做过了头，显得残忍和暴戾，结果给自己带来杀身之祸。

宋文帝开创元嘉之治

424 年，在徐羡之等人扶立下，刘义隆登基，成为南朝宋第三任皇帝，被称为宋文帝。徐羡之等人没有看错，刘义隆谋略过人，很有作为，他执政三十年，推动南朝宋实现强盛，开创了元嘉之治。从这个角度说，四位顾命大臣的死，还是有价值的。

《宋书》记载，刘义隆是在京口（今江苏镇江）出生的，母亲叫胡道安，是刘裕的妃子，生刘义隆时已经四十岁了。刘裕对母子俩感情淡薄，刘义隆两岁时，不知道胡道安有什么过失，被刘裕谴责杀死，刘义隆失去了母爱。

刘义隆从小就十分聪敏，他的机敏聪慧，不是老师教育得好，而是天赋。刘义隆长大后，身高七尺五寸，相貌俊秀。他勤奋好学，熟读经史，博览群书，书法也很好，尤其擅写隶书。

在刘裕征战四方的时候，刘义隆很少跟随，而是留守后方。刘裕收复关中以后，任命刘义隆为前将军、司州刺史，镇守洛阳，后又改任荆州刺史，都督荆益等六州诸军事。刘裕称帝以后，刘义隆被封为宜都王，加号镇西将军，镇守荆州。当时，荆州的治所在江陵（今湖北荆州）。

刘义隆没有当皇帝的野心，因为他前面有刘义符、刘义真两个哥哥，他只是专心治理荆州。刘义隆选贤任能，重用王华、王昙首等人，他俩都是东晋名相王导的曾孙，很有智谋。另外，著名将领到彦之、朱容子等人，也是刘义隆的心腹。

424 年六月，徐羡之等人发动政变，杀了刘义符、刘义真，拥戴刘义隆继位。消息传到江陵，刘义隆惊恐不安，不敢贸然进京。七月中旬，傅亮率群臣来到江陵，迎接刘义隆入京登基，刘义隆仍然心存疑虑，迟疑不决。

王华对刘义隆说："徐羡之等人，深受先帝大恩，不会轻易叛乱；他们杀了少帝，只是担心日后遭到灾祸；他们几个势力相当，互不相让，不会联合行篡逆之事。所以，您不必担心，应该赶快进京登位，这是天赐良机。"王昙首、到彦之等人，也是这个意见。于是，刘义隆打消顾虑，抵达建康，登基称帝。

刘义隆即位以后，改年号为"元嘉"，经过两年时间，巩固了自己的统治，然后，一举铲除徐羡之、傅亮、谢晦以及他们的亲信党羽，把大权牢牢掌控在自己手中。随后，刘义隆开始施展胸中抱负，致力于强国富民。

刘义隆延续了刘裕的治国方略，同时在各方面又有新的建树。在政治上，继续加强中央集权，尤其强化皇权，削弱地方权力，加强对地方官吏的考核和监督。刘义隆多次派人巡行四方，考核地方官吏的表现，对政绩突出的，予以提拔奖励；对表现不好的，予以罢免和处罚。这样，整个官场风气为之一新，办事效率大为提高。

在经济上，继续实行"义熙土断"政策，在此基础上，清理户籍，保证了人口和租赋收入的稳定增长。刘义隆实行与民休息政策，轻徭薄赋，免除百姓欠政府的"通租宿债"，鼓励农桑，开放山泽地区，努力发展生产。刘义隆关心民生和百姓疾苦，凡年老、丧偶、孤儿、患重疾和生活困难者，都可以得到政府救助。遭遇天灾时，政府及时赈济，抚慰百姓。

在文化上，刘义隆推崇儒学，在京城鸡笼山专门开设"儒学馆"，请名儒大家进行讲学。在各地兴办教育，要求适龄少年都要入学读书。刘义隆十分重视文化传播，他见《三国志》过于简略，特诏令裴松之为《三国志》补注，弥补了《三国志》的不足。刘义隆在位期间，文化繁荣，涌现出谢灵运、鲍照、陶渊明等一批文化名人，形成了"元嘉文学"。史书巨作《后汉书》以及《世说新语》等，也是在元嘉年间完成的。

刘义隆在文治方面卓有成效，但在武功方面却表现一般。他曾三次出兵北伐，都是无功而返，特别是第二次北伐，不仅没有收获，反而导致北魏长驱直入，疯狂报复，造成江北地区经济萧条，六州残破。

另外，刘义隆既然像他的父亲刘裕，自然也继承了刘裕的戾气。他性情猜疑，无故杀害了名将檀道济，还杀了弟弟刘义康等人，大失人心。令人无语的是，刘义隆最终死在同样具有戾气的亲生儿子手中，时年只有四十七岁。

从总体上说，刘义隆是一位很有作为的皇帝。他在位期间，在政治、经济、文化等方面采取了一系列正确措施，促进了经济文化发展和社会稳定，是南朝宋最为强盛的时期，史称"元嘉之治"。

不过，刘义隆身上的戾气，给他的形象打了不少折扣。最不应该的是，他毫无道理地冤杀了忠臣良将檀道济等人，结果"自毁长城"，难以与北魏抗衡，后果十分严重。

无故冤杀檀道济

　　檀道济，是中国古代名将、军事家，著名兵书《三十六计》的形成，就有他的重大贡献。檀道济跟随刘裕多年，南征北战，是南朝宋开国元勋；宋文帝刘义隆时期，他对内平定叛乱，对外抵御北魏，功勋卓著，是朝廷重臣，名望甚高。

　　正是因为檀道济既有大功，又有才能和威望，所以，刘义隆对他很不放心，担心自己死后，儿子难以驾驭他，于是在一次重病时，下令将檀道济斩杀，以绝后患。真是令人无语！

　　《宋书》记载，檀道济，是高平金乡（今山东金乡）人，家族南迁，世居京口。檀道济从小父母双亡，由堂叔檀凭之抚养他们兄弟五人。兄弟间关系很好，受到乡里称赞。

　　404年，刘裕在京口起兵，檀道济随兄长檀韶、檀祗一同加入了刘裕队伍，从此忠心耿耿跟随刘裕打天下。檀韶官至左将军，刘裕称帝次年去世，享年五十六岁。檀祗官至右将军，在刘裕称帝前一年去世，享年五十一岁。檀道济的两位哥哥，都立下了汗马功劳，是南朝宋的开国功臣。

　　檀道济入伍以后，跟随刘裕转战四方，先后讨伐桓玄、镇压卢循起义、平定郭寄生叛乱、剿灭徐道覆，参加大小战斗不计其数。檀道济作战勇敢，身先士卒，又有谋略，逐步升迁至冠军将军。

　　416年，刘裕北伐，任命檀道济为先锋。檀道济率军从淮河、泗水出发，一路攻城略地，所向披靡，很快攻克许昌、颍川、成皋等地，俘获后秦将领姚坦、杨业等人，后秦的兖州刺史韦华投降。檀道济继续进兵，很快占领了洛阳。

在北伐过程中，檀道济部队共俘虏敌兵四千余人。进入洛阳后，有人建议，将四千俘虏当众斩首，以示军威。檀道济说："如今，我们讨伐了罪人，占领了城池，正是慰抚民众、彰显仁义的好机会，怎么能背道而驰呢？"檀道济下令，将俘虏集合起来，当众宣布释放，遣散回家。俘虏们感激涕零，民众也大加赞扬。

420年，刘裕称帝之后，表彰檀道济辅佐创业的功劳，封他为永修县公，食邑两千户，并任命他为护军将军、丹阳尹，给他配备了二十人的持有班剑的武士，还给予他直入殿省的殊荣。后来，檀道济又先后担任江州刺史、南兖州刺史、镇北将军，都督江北、淮南诸郡军事。

檀道济在任江州刺史期间，听说"不为五斗米折腰"的陶渊明在此地隐居，此时陶渊明已经年老，而且穷困潦倒。檀道济与陶渊明素不相识，但敬佩他的为人和骨气，便买了礼物，带着酒肉美食，去看望陶渊明。

檀道济好不容易打听到陶渊明的住处，走进一个残败颓圮的院落，只见一位骨瘦如柴的老人，正孤独地躺在一张破床上。大名鼎鼎的一代文豪，晚年竟如此落魄，檀道济心中一片酸楚。可是，对当地长官的来访，陶渊明却无动于衷，更是坚决拒绝接受礼物和酒肉美食，因为陶渊明一身傲骨，从不与官府来往。檀道济在回去的路上，感叹不已。

422年，刘裕病逝，刘义符继位。刘裕临终前，任命徐羡之、傅亮、谢晦、檀道济为顾命大臣，辅佐宋少帝。徐羡之等人泣跪接受了遗命。424年，檀道济被动地参与了废杀宋少帝、拥立宋文帝登基。426年，宋文帝追究徐羡之等人弑君的罪行，徐羡之自杀，傅亮被捕处死，谢晦不甘束手就擒，举兵反抗。

宋文帝的心腹王华说："檀道济参与了阴谋，也应该除掉。"宋文帝说："檀道济是跟从别人的，不是他的主意。檀道济是有名的勇将，应该安抚和任用他。"

宋文帝把檀道济召进宫来，好言慰抚，并让他与到彦之一起，领兵平定谢晦叛乱。檀道济入宫时，心中忐忑不安，如今见皇上宽宏大量，又委以重任，心中十分感激，表态说："我对谢晦十分了解，他虽然有谋略，但领兵打仗，并不是他的长处，恐怕不等列阵，就能把他捉住。"宋文帝听了大喜。

谢晦本来认为，檀道济会被宋文帝杀掉，如今却见他领兵前来，大吃一惊。他知道檀道济的厉害，自知不是对手，手下将士也都畏惧檀道济威名，结果军心动摇，不战自溃。檀道济预料得没错，没等列阵，谢晦军队就兵败溃散了，谢晦被俘处死。

檀道济平定内乱，立了大功，他感激宋文帝的宽容和信任，因而忠心耿耿地为宋文帝效力。檀道济善于治军，军纪严整；他有八个儿子，个个能征善战；他还有两名大将，叫薛彤、高进之，勇猛无敌，人称"张飞""关羽"。因此，檀道济部队战斗力很强，多次打败北魏，几乎没有对手。

431 年，宋文帝命心腹将领到彦之率军北伐，起初进军顺利，收复了河南之地。后来，北魏皇帝拓跋焘亲自领兵反击。拓跋焘是位英雄人物，有勇有谋，很快击败到彦之，夺回了河南，并乘胜向南进军，形势危急。宋文帝急令檀道济部队迎敌，檀道济与拓跋焘连战二十多日，打了三十多仗，最终将魏军驱逐出去。魏军称檀道济是南朝宋的"万里长城"，畏之如虎，从此不敢南犯。

檀道济不仅能征善战，而且深通谋略，善于总结经验，他根据自己一生的作战经验，总结概括了三十六计。《三十六计》是著名兵书，起源于南北朝，成书于明清，不是某一个人的作品，而是凝聚着许多军事家的心血，檀道济也为《三十六计》做出了重大贡献。据《南齐书·王敬则传》记载，檀道济曾经总结过三十六计，并有"檀公三十六策，走是上计"的说法。

俗话说，功高震主，一点也不假。檀道济既功高，又才高，宋文帝怎能放心？宋文帝心里琢磨，他活着，檀道济不会作乱，而且有用；一旦他死了，朝中无人能控制住他，谁敢保证檀道济不会像司马懿一样篡权夺位呢？所以，宋文帝必须让檀道济死在他前面。

435 年，宋文帝病重，赶紧召檀道济入朝，意图除掉。檀道济正在边境与北魏对抗，见皇帝急诏，不知出了什么大事，急忙赶往建康。等檀道济风尘仆仆地来到京师后，宋文帝的病却好了，只好搪塞一阵儿，又让他回去了。檀道济不知道自己在鬼门关走了一圈，他不了解皇帝的心思，皇帝为了他的皇位，是什么事都干得出来的。

436年，宋文帝又病了，再次将檀道济召回宫中。这一次，宋文帝没有犹豫，檀道济一到京师，立刻被逮捕入狱，随后处死。为了斩草除根，宋文帝下令，将檀道济的儿子们和形同"关张"的高进之、薛肜等十几人，一并处死。可怜忠勇的檀道济等人，至死也不明白，这到底是为什么？

檀道济被抓时，似乎意识到自己的处境不妙，他将头巾抓下来，狠狠地摔在地上，气愤地说："这是自毁长城啊！"消息传到北魏，北魏将士一片欢腾，弹冠相庆，高兴地说："檀道济一死，南方就没有可畏惧的人了。"

檀道济死了，宋文帝的病却好了，而且又活了十七年。不过，没有了檀道济，宋文帝的日子也不好过。北魏经常袭扰南方，有一次，竟然打到长江边上，并且将江北六州烧为废墟，使南朝宋遭受重大损失。宋文帝自毁长城，只能是自食其果。

从《宋书》记载来看，宋文帝冤杀檀道济等人，充分暴露了他的戾气。不过，《南史》的记载，却与《宋书》有所不同，它把杀害檀道济的罪魁祸首，安在了宋文帝弟弟刘义康头上。

《南史》记载，刘义康是刘裕的第四子、宋文帝的弟弟，当时任丞相，执掌朝政。刘义康经常提醒哥哥，要防止檀道济成为司马懿。

436年，宋文帝病重，刘义康伪造诏令，召檀道济进宫。檀道济妻子说："你功勋高于世人，这是大忌。如今无事召你进宫，怕是灾祸到了。"檀道济坦然地说："我率师抵御外寇，一心为了国家，没有丝毫对不起皇上的地方，皇上怎么会辜负我呢？"檀道济入宫后，刘义康又假借皇帝名义，请檀道济赴宴，在席间将其抓获，随后杀害。

《南史》的说法，显然减轻了宋文帝的责任。不过，宋文帝如果没有此意，刘义康怎敢如此擅权妄为呢？

《南史》还记载说，檀道济死后，北魏猖獗，有一次打到长江边上，宋文帝登上石头城远望，脸色非常忧愁，感叹道："如果檀道济还在，哪会弄到这种地步！"这倒是有可能的，宋文帝杀檀道济，并不是出于个人恩怨，而是为了他的皇位，如今皇位受到威胁，他又想起了檀道济，也是符合情理的。

檀道济作为武将，手握军权，对皇位构成威胁，所以宋文帝要除掉他。可是，对于手无缚鸡之力的文人，宋文帝也杀，一代文豪范晔、谢灵运，就死在他的手里。这只能表明，在宋文帝身上，同样也充满了暴戾之气。

范晔撰写《后汉书》

范晔，是南朝宋时期史学家，他突出的成就，是编纂了影响深远的《后汉书》。范晔才华横溢，却热衷名利，而又不谙官场，稀里糊涂参与了刘义康篡位阴谋，结果事败被杀，令人惋惜。

《宋书》记载，范晔是顺阳（今河南淅川）人，出身官宦世家，曾祖、祖父、父亲都当过大官。范晔虽然出身名门，但因为是妾生庶子，地位并不高。他母亲上厕所时生下他，慌乱中被砖磕破了头，所以，范晔小名叫"砖"。范晔出生不久，因伯父无子，便过继给伯父范弘之，承袭了武兴县五等侯的爵位。

范晔自幼酷爱读书，年龄不大，就通览家中藏书。范晔擅写文章，通晓音律，书法俊秀，弹得一手好琴，是远近闻名的大才子。可惜，他长得不好看，身高不满七尺，体形矮胖，皮肤黝黑，眉毛轻淡，胡须稀少。

范晔满腹才华，但志向不是做学问，而是热衷官场，总想出人头地。他十七岁时，本州选他当主簿，负责文书。范晔嫌官小，又没有实权，便拒绝了。他的哥哥范晏常说："这孩子汲汲于名利，终究会败坏我们家族。"

420年，刘裕建宋称帝后，二十二岁的范晔，终于有了出头的机会。刘裕的四子刘义康，时为彭城王，他很欣赏范晔的才华，召他为长史，后迁为秘书丞。范晔很高兴，从此成为刘义康的亲信。可惜范晔跟错了人，上错了船，为日后被杀埋下了祸根。

范晔入了官场，春风得意，可他的性格和为人并不适于官场。范晔恃才傲物，对谁都看不起，与同僚的关系都不好。范晔更不懂得阿谀奉承、溜须拍马，连宋文帝想听他弹琴，他都不乐意，勉强敷衍应付。可见，范晔并不是当官的材料。

范晔性格狂傲，不拘礼节，行为轻浮，喜欢饮酒作乐，这都是做官的大忌。范晔嫡母去世，他回家奔丧，竟携带妓女同往。432年，刘义康母亲去世，百官都去吊唁，王府一片悲哀气氛。范晔作为刘义康的亲信，在王府帮助料理丧事。可是，当天晚上，范晔与几个朋友开怀畅饮，欣赏音乐，毫无顾忌。刘义康听说以后，勃然大怒，当即将范晔贬为宣城太守，赶出朝廷。

范晔遭此打击，心灰意冷，便不问政事，开始整理研究史籍，以此排解苦闷。范晔以《东观汉记》为基础，增添各种史料，加上自己的理解和体会，经过几年辛勤创作，写出了名垂史册的《后汉书》，这真是"塞翁失马，焉知非福"。范晔的性格无拘无束，最适宜做学问，他如果专心于此，必会获得更大成就。可惜，范晔热衷于名利，后来又重返朝廷了。

440年，范晔投靠兴王刘濬，刘濬是宋文帝的次子。刘义康后来觉得对范晔处理重了，向他致歉，两人重归于好。宋文帝十分欣赏范晔的才华，再加上儿子刘濬推荐，所以，范晔这次复出，官运亨通，一路迁升，最后升至左卫将军，掌管禁军，负责护卫皇宫，成为朝廷重臣、实权人物。范晔真的出人头地了，不料，乐极生悲，灾祸也从此开始了。

刘义康身为丞相，执政多年，权倾朝野，不可避免地与宋文帝产生了矛盾。宋文帝猜忌心起，遂以"合党连群，阴谋潜计"的罪名，解除了刘义康的宰辅职务，贬为江州刺史。刘义康的心腹孔熙先心怀不满，联络朝臣，企图反叛，拥立刘义康为帝。

范晔掌管禁军，手握实权，自然成了孔熙先拉拢的对象。孔熙先与范晔并无交情，于是他费尽心机，先与范晔的外甥谢综交上朋友，然后通过谢综，千方百计讨好巴结范晔。孔熙先经常与范晔赌博，故意输给他很多钱财。范晔贪图钱财，与孔熙先的关系越来越密切。

孔熙先见时机成熟，便煽动范晔说："我懂得天文，皇帝不会善终，而江州必出真龙天子。您是刘义康的旧属，他如果当了皇帝，您一定会飞黄腾达的。"范晔默不作声，没有反应。孔熙先见有机可乘，便不断地怂恿范晔参与谋反，并告诉他说，已经联络了不少人，事情必能成功，刘义康也派人做他的工作。范晔鬼迷心窍，竟然答应了。范晔真是糊涂，像这样的弥天大罪，他竟如此轻率。

孔熙先确实联络了不少人，包括大臣徐湛之、宫中侍卫队长许耀、大将军府史仲承祖，甚至还有僧人。他们打算寻找机会，发动政变，废杀宋文帝，拥戴刘义康上台。可是，他们忘记了，宋文帝可不是等闲之辈，疑心又重，他们的阴谋，怎么可能得逞呢？

445 年，徐湛之向宋文帝告密，宋文帝下令抓捕，一网打尽，经过审讯，案情大白。这场政变，根本没来得及发动，就被宋文帝扑灭了。徐湛之从此成为宋文帝的亲信，而孔熙先、谢综、范晔等人，都被绑赴刑场，斩首示众。范晔的儿子范蔼、范遥、范叔萎受到牵连，一同问斩。六年后，刘义康也被宋文帝杀掉。

《宋书》对范晔在刑场受刑的情景，描述得很详细。到了刑场，范晔对孔熙先说："可惜了，我满腹经纶，竟葬身此地。"范晔的生母和妻子，到刑场与范晔诀别。范晔的妻子抚摸着自己的三个儿子，泣不成声，回过头来骂范晔："你不顾百岁老母，不念皇上大恩，自己作死，倒没什么，只是连累冤杀了我儿。"范晔的老母亲一边哭，一边扑上去打范晔的耳光。范晔的儿子，也抓起地上的土团，狠狠地砸到范晔脸上。后来妹妹和姬妾与范晔作别，范晔悲伤哭泣，为他人所讥讽。范晔死时四十八岁。

俗话说，男怕入错行，女怕嫁错郎。范晔满腹才华，当个文学家、史学家，该有多好啊！可他追逐名利，削尖了脑袋往官场上钻，却又不懂为官之道，其结局，必然是可悲的。范晔的教训，极其深刻。

范晔之死，有点咎由自取。可是，同样是大文豪的谢灵运，死得就有些冤枉了。

谢灵运开创山水诗

谢灵运，是南朝宋时期文学家，是第一位全力创作山水诗的诗人，在文学史上占有重要地位。谢灵运不追逐名利，却喜欢纵情游乐，不拘法礼，任性妄为，也被宋文帝杀了，令人遗憾。

《宋书》记载，谢灵运是陈郡阳夏（今河南太康）人，生于会稽。谢灵运的祖父，是东晋名将谢玄。谢玄曾在淝水之战中大败前秦，在历史上赫赫有名。谢灵运的父亲，叫谢瑍，生性迟钝，与谢家其他精英截然不同，没有什么作为，二十六岁就死了。谢灵运的母亲，是书圣王羲之的外孙女。谢灵运出生在这样一个十分优越的家庭里，这对他的成长产生了重要影响。

谢灵运自幼聪慧过人，喜欢读书，博览经史，文章写得很好，在周围十分有名，得到大家夸赞。祖父谢玄非常喜欢他，常对人说："我生了一个愚笨的儿子，没想到有这么聪明的孙子。"

403年，谢灵运十八岁时，继承了祖父谢玄的爵位，被封为康乐公，享受食邑两千户的待遇，生活优越，应有尽有。谢灵运喜欢奢侈豪华，衣着华丽，饮食讲究，车子装饰得鲜艳而华丽，整日饮宴欢乐，人们都叫他谢康乐。

按照当时的惯例，谢灵运成年后，入仕做官，先后当过记室参军、从事中郎、中书侍郎、黄门侍郎，官都不大，而且都是闲职。谢灵运不追逐官职和名利，而是喜欢游山玩水，写诗咏志。

谢灵运创作了大量山水诗，他的山水诗，遥接建安文学之精神，又体现出独特的创新风格。谢灵运在他的山水诗中，表现出对大自然的热爱，流露出悟道后的喜悦，也表达了"与世不相遇"的悲愤，具有自然与人文相结合的韵味，深受人们喜爱。

谢灵运是历史上第一个全力创作山水诗的诗人，他留存下来百余首诗歌，近一半属于山水诗。山水诗在晋宋兴起，到唐代达到繁荣，首功当推谢灵运。谢灵运开创了山水诗的新境界，对后世产生了重大影响。

谢灵运在文学上极具天赋，成就斐然，但在政务上却是一般，曾经两次被罢免职务。刘裕代晋建宋之后，整顿官吏，谢灵运爵位由康乐公降为康乐县侯，食邑减少到五百户。而谢灵运却总认为自己才华出众，有参与国家大政的水平，但得不到赏识和重用，因而常常愤愤不平。

422年，刘裕病逝，刘义符继位，但大权掌握在四位顾命大臣手中。顾命大臣之一的谢晦，是谢灵运的堂弟，谢灵运当上了永嘉太守。永嘉郡境内有很多名山秀水，谢灵运如鱼得水，任情游玩，常常兴致勃发，一出去就十多天不回来，郡里政务一概不管。谢灵运游玩在山水之间，灵感泉涌，写诗作赋，快乐无比。谢灵运只当了一年太守，就干不下去了，可是，他的诗赋传到京城，人们竞相传抄，一时间名声大噪。

424年，宋文帝刘义隆登基，召调谢灵运入朝，先当秘书监，后任侍中。当时，谢灵运的文章和书法无人能及，宋文帝称之为二宝，谢灵运十分得意。可是，宋文帝只是欣赏他的文采，讨论国家大事时，并不让他参加，谢灵运很不满意。于是，谢灵运又经常外出游玩，而且不请假。时间一长，宋文帝生气了，让他自己辞职，回家乡去了。

428年，谢灵运回到会稽，他依靠祖辈留下的丰厚家底和深厚的人脉，生活富足，奴仆众多，纵情山水，会友作诗，无拘无束。有一次，谢灵运一边喝酒，一边自夸，说："魏晋以来，天下的文学之才有十斗，其中曹植占八斗，我占一斗，其他的人共有一斗。""才高八斗"的成语，便由此而来。

谢灵运性格放荡不羁，藐视官府，不遵法令，侵扰百姓，干了一些出格的事情，与会稽太守孟顗产生了矛盾。孟顗向朝廷告了他一状，除了列举他的种种劣迹外，还诬告他想要谋反。谢灵运知道后，上书为自己辩解。

宋文帝见双方各执一词，没有深究，只是不让谢灵运待在会稽了，让他去做临川内史，俸禄增加到两千石。谢灵运到临川赴任后，依旧如故，我行我素，不久，又被有关部门弹劾。朝廷派郑望生去搜捕谢灵运，谢灵运不肯就范，让人把郑望生捆起来，自己逃走了。最终，谢灵运还是被逮捕归案，宋文帝恼怒，将谢灵运充军广州。

433 年，谢灵运在广州充军期间，给了朋友薛道双一些钱财，让他招募勇士，前去劫救自己，可是没有成功。宋文帝闻之大怒，下令将谢灵运就地斩首。谢灵运死时四十九岁。

刘义庆编撰《世说新语》

　　《世说新语》，是我国最早的一部文言志人小说集，记录了东汉后期至魏晋时期一些名士的言行与逸事，对后世影响很大。作者是南朝宋的临川王刘义庆，也有人说是他组织文人门客编写的。

　　《宋书》记载，刘义庆，是刘裕的侄子。他自幼聪明过人，才华出众，受到伯父赏识。刘裕曾夸赞他说："此我家丰城也。"意思是说，他是南朝宋的依托。

　　刘义庆从十五岁开始入朝做官，起初担任秘书监。秘书监是掌管国家藏书与编校工作的官员，类似于图书馆馆长。官职虽然不高，刘义庆却很高兴，因为能接触和博览大量的皇家典籍。刘义庆凭着这个有利条件，如饥似渴地阅读史书文集，这为他日后编撰《世说新语》奠定了坚实的基础。

　　刘义庆后来升迁至尚书左仆射，相当于副丞相。他与丞相刘义康一起，处理朝政事务，辅助宋文帝开创了元嘉之治，很有政绩，受到宋文帝信任。可是，刘义庆发现，宋文帝与刘义康之间的矛盾逐步加深，形成了"主相之争"，他夹在中间，左右为难，而且极易发生不测之祸。刘义庆经过再三考虑，决定放弃朝中权力和在京师的优越生活，到外地任职，离开这个是非之地。后来，刘义康被杀，刘义庆没受任何影响。刘义庆够聪明的！

　　刘义庆外调，担任了荆州刺史。荆州地处长江上中游，物产富饶，地广兵强，而且顺江而下，可以直接威胁建康，战略位置非常重要，过去王敦之乱、桓玄之乱等大的叛乱，几乎都是从荆州起兵的。宋文帝让刘义庆镇守荆州，表明对他十分信任。刘义庆在荆州待了八年，他尽职尽责，加强军备，发展生产，安抚百姓，颇有政绩。

刘义庆后来担任了江州和南兖州刺史。此时，元嘉之治已见成效，社会稳定，经济发展，文化繁荣，百姓安居乐业，这使刘义庆有了时间和精力，集中搞一些文学创作活动。刘义庆"性简素，寡嗜欲"，不追逐名利地位，而喜好文学，广招四方文学之士，聚于门下，当时的名人鲍照、陆展、袁淑等人，都曾受到他的礼遇。

刘义庆在三十八岁时，开始编撰《世说新语》，当时名叫《世说》，后人改为《世说新语》。《世说新语》记录了东汉后期至魏晋一些名人的逸闻逸事和言行，涉及一千五百多个人物，包括帝王、将相、文人、隐士、僧侣等，全书有一千二百多篇故事或记录的言行，文字长短不一，有的只有三言两语。

《世说新语》通过对这些人物的描写，为人们展示了一幅社会动荡的历史画卷，涉及三国之争、八王之乱、永嘉之乱、偏安江南等许多历史事件，表现了人们所处的时代状况和生活面貌，鲁迅先生称它为"名士的教科书"。

《世说新语》记录了许多奇闻逸事，甚至是"咄咄怪事"，许多奇闻故事流传至今，有些则成为戏剧、影视创作的素材。比如，曹植作七步诗，就源于《世说新语》，而其他史籍并无记载。《世说新语》记录的奇闻逸事，很多是根据传说写的，不一定真实，但流传甚广，影响很大。

《世说新语》一经问世，便被人们争相传诵，推崇它的名人学士层出不穷。《世说新语》作为最早的"笔记小说"，是中国古代小说的萌芽，对后世影响深远。对此，刘义庆功不可没。

刘义庆还著有志怪小说《幽明录》和《典叙》《集林》《徐州先贤传》等作品，可惜大都散佚。

《世说新语》刚刚完成，刘义庆就患病离职，回到京城，不久病逝，时年四十一岁。宋文帝哀痛不已，赠其谥号为"康王"。刘义庆不慕名利，不涉足皇室之争，受到人们推崇。

刘义庆淡泊名利，喜好文学，在世时间不长，却为后人留下一笔宝贵的文化财富，所以，他的一生，是很有意义的，比争权夺利好多了。

裴松之补注《三国志》

宋文帝时期，开创了元嘉之治，经济发展，文化繁荣。不过，范晔撰写《后汉书》、谢灵运开创山水诗、刘义庆编撰《世说新语》，都是个人所为，与宋文帝没有多大关系。然而，裴松之补注《三国志》，却是宋文帝直接安排的，这是宋文帝在文化方面的一大政绩。

《宋书》记载，裴松之是河东闻喜（今山西闻喜）人。裴松之出身官宦世家，祖父、父亲都当过朝廷官员，他的舅舅，是豫州刺史庾楷。

裴松之从小喜爱读书，八岁时就能熟读《论语》《诗经》，长大后更是博览群书，满腹学问。裴松之步入仕途，由于才华出众，二十岁就担任了殿中将军，在皇帝身边值班侍卫。

不久，白痴皇帝晋安帝司马德宗即位。傻皇帝整天躺在床上，吃喝拉撒全都由别人照顾，裴松之自然无事可干。朝廷大权在司马道子父子手里，这爷俩无德无才，宠信奸佞，惹得天怒人怨。

裴松之的舅舅庾楷，跟随桓玄、王恭等人讨伐司马道子，派人召唤裴松之，并推荐他当新野太守。这是个升官的好机会，可裴松之认为，桓玄等人必不能成事，内部又各怀鬼胎，去跟随舅舅风险极大，因而迟迟不肯动身。果然，不久王恭兵败，庾楷死于桓玄之手，裴松之躲过一劫。在那个乱世之中，如果没有清醒的头脑，是难以安身立命的。裴松之是清醒的。

刘裕起兵，灭掉桓玄，执掌了朝廷。刘裕很赏识裴松之，称他有"廊庙之才"，让他随军北伐，担任主簿。裴松之认定刘裕是有为君主，尽心辅助。刘裕称帝后，裴松之先后任零陵内史、国子博士、冗从仆射等职，成为刘裕集团的重要成员。

宋文帝登基后，对裴松之也很信任，曾派他代表朝廷，巡行湘州，督察官吏，体察民情。裴松之忠于职守，认真负责，将他巡视的吏政和民情，归纳为二十四条，详尽而又准确，得到宋文帝赞许。此后，裴松之不断升迁，先后担任中书侍郎、司冀二州大中正、通直散骑常侍、永嘉太守和南琅琊太守，并被封为西乡侯。

宋文帝很重视文化和教育。当时，魏晋史学家陈寿写的《三国志》已经流传，宋文帝阅读后，感觉不太满意。因为陈寿是三国时期的人，他先在蜀国做官，魏灭蜀后又做了魏国和西晋的官员，当代人写史，有很多忌讳，记述比较简略，许多史料没有写进去。到宋文帝时期，有关汉末三国的史籍非常多，如《献帝春秋》《九州春秋》《英雄记》《魏书》《魏略》《吴书》，等等，其中有许多很有价值的史料。宋文帝便诏令裴松之，以这些史籍为基础，为《三国志》补注，丰富《三国志》的内容。

裴松之欣然接受诏命，他本身就是史学家，十分喜欢修史，于是，全身心投入这项工作中。首先，裴松之尽可能地收集有关三国的史籍，竟多达一百四十多部。裴松之对这些史籍进行认真阅读，选取有用的史料，并加以甄别，然后把它们补注到《三国志》中。经过几年辛苦努力，裴松之完成了补注，宋文帝十分满意。从此，《三国志》就附上了裴松之的补注，一起流传后世。

裴松之为《三国志》补充了大量史料，字数竟与《三国志》正文差不多，甚至有人说是正文的三倍，这极大地丰富了《三国志》的内容。比如，在《三国志》中，关羽、张飞的传记只有千字左右，赵云传更少，仅有四百字。裴松之补充了大量史料，使关羽、张飞、赵云的形象更加丰满，现在流传的关、张、赵的故事，很多都来源于裴松之的补注。

由于裴松之的补注史料翔实，所以，历代人们读《三国志》时，往往把裴松之的补注作为正文来读，这样，《三国志》与裴松之的补注相得益彰，一起流传后世。这是裴松之的一大贡献，当然，宋文帝也功不可没。

特别是，当初裴松之引用的那些史籍，如今大部分已经散佚，有幸保留在裴松之补注中的史料，就显得极其珍贵了。宋文帝看了裴松之补注之后，大为高兴，惊叹为"不朽之业"，这是有道理的。

裴松之的补注也有缺陷，由于涉及史籍较多，还有一些稗官野史，所以，其补注的有些史料，真实性受到人们质疑。但总体而言，裴松之的补注，起到了积极作用，产生了重大影响。宋文帝亲自安排的这项工作，是很有意义的。

451 年，裴松之寿终正寝，享年八十岁。裴松之的补注和他的名字，一起流传千古。

三次北伐国力大损

宋文帝执政三十年，开创元嘉之治，实现了国家强盛。宋文帝有宏图大志，企图北伐中原，统一全国。

可惜，宋文帝不懂军事，懂军事的檀道济等人又被他杀了，手下没有得力将领，特别是，北方的北魏也十分强大，北魏皇帝拓跋焘能征善战，所以，宋文帝三次北伐，都以失败告终，而且损失巨大，导致国力衰落。

《宋书》记载，在刘裕统一南方、代晋建宋的同时，鲜卑人建立的北魏政权，也统一了北方，强盛起来。这样，南朝宋与北魏，就成了势均力敌的对手。

417年，刘裕北伐，一举灭了前秦，占领长安，但不久，长安得而复失。

422年和423年，北魏趁刘裕病重和去世之际，大举南侵，攻占青兖二州、洛阳和虎牢关，夺取黄河南岸要地三百里，逼近南朝宋领土，气焰十分嚣张。

424年，宋文帝登基，他迅速巩固了自己的统治，采取一系列措施，使国力大为增强。此时，宋文帝二十多岁，血气方刚，他准备出兵北伐，给北魏点儿颜色看看。

此时，北魏的皇帝是拓跋焘，他于423年登基，比宋文帝早一年。拓跋焘比宋文帝小一岁，同样是血气方刚。从此，两个年轻人之间展开了殊死较量。所不同的是，宋文帝从小在皇宫长大，很少上战场；而拓跋焘则是在马背上长大，从小就跟着父亲南征北战。

430年，宋文帝觉得时机成熟，开始第一次北伐。宋文帝令右将军到彦之率五万主力部队北进，刘义欣率三万军队、刘德武率一万军队作为后援，又命骁骑将军段宏，率八千精锐骑兵，奔袭虎牢关。所有军队，都由到彦之统领。到彦之跟随宋文帝多年，是其十分信赖的心腹将领。到彦之虽然也能打仗，但最多算个二流将军。

到彦之率军北伐，此时北魏正与柔然交战，南边兵力减少，宋军乘虚而入，很快攻占了滑台、碻磝、洛阳、虎牢四镇，收复了黄河以南大部分地区。消息传来，宋文帝得意扬扬，传令嘉奖慰劳前线将士。

宋文帝的高兴劲还没过去，拓跋焘打败柔然，亲自率铁骑南下了。鲜卑骑兵凶悍异常，其势如暴风骤雨，宋军抵挡不住，纷纷败退，刚收复的洛阳四镇和河南之地，转眼间又被北魏夺了回去，宋文帝目瞪口呆。拓跋焘不肯罢休，乘胜向南进军，形势急转直下，十分危急。

宋文帝无奈，只好命时任江州刺史的檀道济率兵救援。檀道济身经百战，是当时名将，但不是宋文帝的心腹。檀道济果然名不虚传，与拓跋焘棋逢敌手，双方连续作战二十余日，打了三十多仗，最终将魏军赶了回去，双方恢复了战前疆界。这样，宋文帝第一次北伐，没有任何收获，反而伤亡惨重。

此后，檀道济留在北边，率军抵御北魏。北魏深知檀道济厉害，称他是南方的"万里长城"，好几年不敢越界南犯。436 年，宋文帝无故杀害了檀道济等人，自毁"长城"。北魏将士十分高兴，从此不惧江南。宋文帝做了一件大蠢事。

450 年，拓跋焘亲率十万大军，再次南下，攻击宋国。不料，宋军奇袭，烧毁了魏军粮草，拓跋焘只好退兵了。宋文帝见轻松击退了魏军，盲目乐观，遂下令第二次北伐。

宋文帝命刘义恭担任北伐主帅，兵分四路，大举进军。刘义恭是宋文帝的弟弟，深受宠信，却并无统兵才能，不是拓跋焘的对手。刘义恭先是御敌不力，后又畏敌不战，被拓跋焘看准战机，杀了个"回马枪"。拓跋焘不与宋军主力纠缠，不去攻打城池，而是率铁骑长驱直入，迅速抵达瓜步（今江苏六合境内），来到长江边上，声称要横渡长江，直捣建康。

敌军兵临城下，京师一片恐慌。宋文帝一边急令各军回援，一边下令所有男子都到长江防守，王公大臣的子弟也不能免。拓跋焘不愧是军事家，他知道渡江难度很大，并不是真的去攻击建康，而是为了调动宋军，使宋军疲于奔命。所以，当宋军匆忙南撤的时候，拓跋焘却掉头北返，轻轻松松地回去了。

魏军北返的时候，野性大发，采取了惨无人道的杀光、抢光、烧光政策，沿途的南兖、兖、徐、豫、青、冀六州，遭到史无前例的破坏。魏兵见人就杀，不分男女老少，连婴儿也不放过，房屋全部烧为废墟，造成六州一片萧条，元嘉之治就此告终。宋文帝第二次北伐损失惨重，战后刘义恭被免职，但不久又恢复职务。

452 年，北魏发生政变，拓跋焘被杀。宋文帝认为有机可乘，遂进行第三次北伐，以报六州被毁之仇。然而，北魏早有防备，结果仍然是无功而返。

宋文帝三次北伐，不仅没有收复失地，反而使人力物力遭受巨大损失。失败的原因，除了敌人强大、自己没有出色将领之外，也与宋文帝不懂军事和瞎指挥有着直接的关系。宋文帝没有作战经验，每次出兵，都制订详细的作战计划，将领不得随意变动，甚至连交战日期，也要由宋文帝亲自决定。战场形势瞬息万变，如此机械和呆板，焉能不败？所以，《宋书》评价说："战败丧师，固然是将领无能，但与皇上指挥不当是分不开的。"

宋文帝企图收复中原，统一全国，其愿望是好的，但不能正确分析大势和敌我双方力量对比，盲目决策，结果必然事与愿违。这表明，做任何决策，都必须把握大势，顺势而为，量力而行，精心谋划，否则，必受其害。

宋文帝三次北伐失败，造成国力衰落。然而，南朝宋最大的危机，不在于外部，而出自它的内部。第二年，朝廷发生政变，具有雄才的宋文帝，竟然死于亲生儿子之手。

儿弑父刘劭登位

453 年二月二十一日凌晨，皇宫一片寂静，人们都进入了梦乡，只有宋文帝的寝宫里还亮着灯光。宋文帝和心腹大臣徐湛之，正在商议一件大事，两人愁眉紧锁，焦虑不安。

突然，一阵急促的脚步声传来，徐湛之觉得有些异常，起身外出察看，刚到门口，白光一闪，就被砍飞了脑袋。宋文帝大惊，疾声高喊，音未落地，几个大汉扑上前去，将他乱刀砍死。宋文帝至死也不清楚，杀害他的元凶，竟然是自己的亲生儿子刘劭。

《宋书》记载，刘劭是宋文帝的嫡长子。424 年，宋文帝登基，封妻子袁齐妫为皇后，当年，袁齐妫生了儿子刘劭。宋文帝双喜临门，十分高兴。

刘劭既是长子，又是嫡子，所以自幼得到父亲宠爱，六岁就被立为皇太子，成为法定继承人。刘劭十二岁时，宋文帝给他娶了媳妇，修建了华美的宫殿，守卫东宫的羽林兵，与守卫皇宫的一样多。无论刘劭有什么要求，宋文帝总是有求必应。

刘劭长大后，身高七尺四寸，浓眉大眼，脸大口阔，身强力壮，擅长骑马射箭，也喜欢读史书。刘劭亲自管理东宫事务，招揽宾客，一切由他说了算，有时还干预朝政，宋文帝任其所为。

450 年，在大臣徐湛之、江湛的建议下，宋文帝发动第二次北伐，刘劭极力反对，文帝没有听从。结果，北伐兵败，北魏军队反攻至长江。宋文帝登上石头城，观望敌情，面有忧色。刘劭说："必须将江湛、徐湛之斩首，否则无法向天下人交代。"宋文帝说："北伐是我的主意，与他们无关。"

江湛、徐湛之两人，都是宋文帝的亲信，刘劭却看不上眼，经常在父亲面前称他俩为“佞人”，建议父亲疏远他们，可宋文帝始终对二人十分信任。宋文帝为了缓和矛盾，特意命刘劭聘江湛的女儿做儿媳妇。刘劭却非常厌恶江湛，每次举办宴会，都不邀请他。

刘劭的母亲袁皇后，起初很受宋文帝宠爱，后来，宋文帝又宠爱潘淑妃，生了次子刘濬。袁皇后怨恨成疾，不久病死。刘劭十分痛恨潘淑妃和她的儿子刘濬，视他们为冤家。刘濬却心眼灵活，知道与太子结怨，必无好果子吃，便千方百计巴结奉承，最后两人竟由冤家变成了好兄弟和同党。

刘劭和刘濬两兄弟，经常在一块吃喝玩乐，显得十分亲密。他们认识了一个女巫，名叫严道育。严道育给他们表演法术，十分玄妙，兄弟俩对她的法术深信不疑，奉为神明，与她交往密切。

刘劭、刘濬多有过失，常被父亲责备，他俩心生不满。当时，刘劭已近三十岁了，很想早点当皇帝，于是，便同严道育商议，问她有何办法。严道育知道宋文帝身体不好，时常有病，便大包大揽地说，她有办法，可以施以法术，让宋文帝早死，那样，刘劭就能名正言顺地接班了。刘劭大喜。

严道育弄了一尊玉像，好像宋文帝的模样，埋在含章殿前，施以巫蛊之法，进行诅咒。刘劭、刘濬和家奴陈天兴、宦官庆国，都参与了巫蛊之事，他们祈祷神灵，让宋文帝早日归天，刘劭早日登基。

陈天兴参与如此重大机密，自然得到刘劭宠信。刘劭把他调入皇宫卫队，而且担任队长职务。不料，宋文帝知道后，十分不满，认为家奴当上卫队队长，必有隐情，下令调查此事。刘劭担心巫蛊之事暴露，赶紧把陈天兴杀了灭口。陈天兴一死，吓坏了宦官庆国，他担心自己也会被灭口，于是向宋文帝告发了巫蛊之事，宋文帝震怒。

452 年七月，宋文帝下令抓捕严道育，挖出了埋在含章殿前的玉像。严道育仓皇逃进刘劭的东宫，刘劭把她藏了起来。后来，刘濬把严道育悄悄带到京口，藏在张旿的家中。宋文帝把刘劭、刘濬召来，严厉训斥，二人惊恐万分，不停地磕头请罪。宋文帝念及父子之情，没有将二人治罪。

453年二月，严道育藏在京口的消息泄露，宋文帝知道二子仍与严道育有来往，既震怒，又伤心，遂产生了废黜刘劭、赐死刘濬的念头。

宋文帝召心腹大臣徐湛之、江湛商议，二人自然支持废掉刘劭，但在立谁为太子问题上，却产生了分歧。宋文帝有十九个儿子，排行在刘劭、刘濬之后的，是三子刘骏，但刘骏素不得宠，被排除掉了。宋文帝倾向七子刘宏，刘宏时年十九岁，封为建平王。可是，江湛支持四子刘铄，因为刘铄是他的妹夫；徐湛之则支持六子刘诞，因为刘诞是他的女婿。宋文帝犹豫不决，一连多日，不能做出决断。

宋文帝心情郁闷，夜宿宠妃潘淑妃宫中，在枕边向她吐露了心事。不料，潘淑妃竟将这天大的机密，泄露给了儿子刘濬，刘濬立即报告了刘劭。刘劭十分惊慌，决定先下手为强，发动政变，弑杀宋文帝，夺位称帝。

刘劭早就培植好了自己的势力，随即与心腹张超之、陈叔儿、任建之等人密谋，详细策划政变阴谋，分头做好了各项准备。

453年二月二十一日晚上，刘劭集结了东宫将士两千多人，准备举事。刘劭将负责皇宫警卫的大臣袁淑、萧斌召到东宫，告以实情，请他们协助。袁淑大惊，极力劝阻，说："皇上没有防备，殿下举事，有可能成功。但是，成功之后，必不被天地所容，大祸就会随之而来。"刘劭见袁淑不从，一怒之下，把他杀了。萧斌恐惧，表示愿意随从。

凌晨时分，刘劭身穿戎装，带着萧斌，率队出发，迫使守门军士打开宫门，顺利进入宫中。张超之率数十人先行，直扑宋文帝寝室。宋文帝正与徐湛之商议废黜太子之事，毫无防备，被轻易杀死，时年四十七岁。刘劭命人分别杀死了江湛和文帝的一些亲信大臣。禁军将领卜天与，闻知宫中有变，率部下赶来救援，被刘劭率领的部队消灭。

不知出于什么心理，刘劭派亲信去后宫杀害潘淑妃，并交代亲信说，要剖开潘淑妃的胸膛，看看她的心是不是斜着长的。亲信阿谀刘劭，回报说："陛下说得没错，潘淑妃的心，确实是斜的。"刘劭说：

"只有这种邪佞之人，心才会斜着长。"

天明之后，刘劭控制了整个皇宫。他命刘濬率兵占据中堂，然后，召太尉刘义恭、尚书令何尚之等朝廷大臣入宫，对他们说，是徐湛之、江湛等人叛乱，杀了皇帝，逼迫他们拥戴自己为帝。刘义恭等人根本不信，但迫于形势，只得答应，于是，刘劭当天登基称帝，年号太初。

刘劭是历史上第一个通过弑父手段登位的皇帝，引发千古骂名，史学界不承认他是南朝宋的正统皇帝。《宋书》为他作传时，用的是"元凶劭传"的题目。

刘劭弑父夺位，大逆不道，人神共愤，那么，他的皇位，能够稳固吗？他的下场会好吗？

弟杀兄刘骏称帝

刘劭弑父篡位，犯下弥天大罪，消息传开，人心激愤，各地纷纷起兵讨伐，刘劭阵营也众叛亲离。最终，宋文帝最不宠爱的第三子刘骏，率兵攻破京城，杀了刘劭，报了父仇，登基称帝。可笑刘劭，龙椅还没坐热，就一命呜呼了，而且遗臭万年。

《宋书》记载，刘劭虽然如愿以偿当上皇帝，但自知罪孽深重，内心发虚，即位后称病，躲在内宫，轻易不敢出来，连父亲的入殓仪式，他也没有参加。宋文帝发丧时，刘劭不得不出来，他跪在父亲灵前，痛哭流涕，哀恸至极。此时，不知刘劭心中是何感受？

刘劭并非无能之辈，他知道自己的皇位，来得极不光彩，于是抓紧采取了几项措施，企图稳固统治。一是拉拢宗室。刘劭把叔父刘义恭、刘义宣，二弟刘濬、三弟刘骏、四弟刘铄、六弟刘诞等人和一些外戚，统统给予加官晋爵，希望能得到他们的拥戴。二是提拔亲信。对参与政变的有功人员大肆封赏，每人赐钱二十万，并提拔安插到重要岗位。三是铲除异己。徐湛之、江湛的党羽，很快被清除干净。四是安抚百姓。刘劭即位后下诏，减免赋税，停征徭役，救济穷人，把一些田野山泽分给贫民，以此收买人心。另外，刘劭还摆出一副谦恭的样子，逐一拜访公卿大臣，询问治国之道，同时派人巡视四方，体察民情，企图尽快稳定局势。可以说，刘劭采取的这些措施，还是不错的。可是，他的罪恶太大了，难以弥补，也不会被人们原谅。

果然，刘劭弑父的罪行，不胫而走，传遍天下，为人们所不齿。刘劭阵营的许多人，起初蒙在鼓里，得知真相后，都鄙视刘劭，也开始反叛了。

当时，刘劭的三弟刘骏，担任征南将军，率军在今湖北一带征讨蛮族叛乱。刘骏机智聪颖，文武双全，刘劭很忌惮他。刘劭弑父之后，立即派亲信董元嗣去刘骏处，传达徐湛之、江湛谋反弑君情况，企图嫁祸于人。同时，刘劭给刘骏手下大将沈庆之写了密信，让他伺机杀掉刘骏，接替刘骏职务。沈庆之当过太子步兵校尉，是刘劭提拔起来的，刘劭认为十分可靠。

刘劭双管齐下，考虑得相当周密。不料，董元嗣见了刘骏，却把刘劭弑父的实情和盘托出。刘骏听了，大哭不止，悲痛欲绝。众将士知道了此事，全被激怒了，大骂刘劭禽兽不如，纷纷要求讨伐逆贼。沈庆之恍然大悟，把刘劭的密信交给刘骏，表示决不与逆贼同流合污，愿帮助刘骏讨贼。刘骏与沈庆之等众将商议之后，任命沈庆之为征虏将军，柳元景为先锋，率军向建康进发，沿途发布讨逆檄文，将刘劭弑父罪行公布于天下。荆州刺史刘义宣、会稽太守刘诞、雍州刺史藏质等人，也纷纷举兵讨伐刘劭。

面对来势汹汹的讨伐大军，刘劭迅速采取了多项措施。一是宣布京师戒严，加强防务，防止内乱。二是将刘义恭等宗室软禁，以防他们里应外合。三是将刘骏、刘义宣留在京城的亲属扣押，充当人质。四是命亲信将领分别统兵，准备抵御。五是亲自视察军队，慰劳将士，并对将士悬以重赏。刘劭的部署有条不紊，十分周密，然而，他的罪行实在太大了，乃千古未有之大逆，除了几个铁杆死党外，没有人愿意帮助他。

刘濬对他倒是死心塌地，建议说："刘骏的军队，不习水战，陛下可亲率水军，溯江而上，与之决战，即便不能取胜，在外边也有较大的回旋余地。"刘义恭赶紧劝阻，说："万万不可！陛下出城，建康就难保了。"刘义恭是想把刘劭困在城内，便于讨伐军瓮中捉鳖。

刘劭也担心，他出城后，城中会发生内乱，于是，他想凭借高大的城墙，来抵御讨伐军。刘劭下令，京师一带的男丁，全部征召入伍，妇女们也去修筑工事，进一步加固城防。刘劭不知道，最坚固的城防，是人心，众志才能成城，如果人心相悖，即便再高大的城墙，又有什么用呢？

讨伐军没有遇到大的抵抗，就迅速兵临建康城下，随即展开猛攻，很快攻占了城南的新亭，依山修建营垒，站稳了脚跟。城内人心惶惶，一片混乱。刘义恭趁乱逃脱，跑到刘骏营中。刘劭大怒，命刘濬将刘义恭的十二个儿子全部杀掉。刘义恭是刘劭、刘濬的亲叔叔。

　　刘劭知道，已到生死存亡关头，他亲自披挂上阵，督促将士，并组织力量反攻新亭，企图挽回败局。战况十分激烈，双方死伤惨重。

　　刘义恭逃到新亭之后，力劝刘骏立即称帝，以瓦解敌军。于是，刘骏在战火中宣布即皇帝位，被称为宋孝武帝。刘骏称帝后，名正言顺，以皇帝的名义，诏令敌军将领投降。此招果然见效，刘劭的亲信将领褚湛之、刘道存、鲁秀、徐爰、张东、垣询之等人，纷纷投降或逃散，刘劭军队士气大溃。

　　鲁秀投降后，为了将功赎罪，亲自率领五百人的敢死队，爬上城墙，攻破了建康城。讨伐军涌入城中，刘劭士兵纷纷投降，街上满是丢弃的刀枪旗帜。刘劭想逃出城去，此时已不可能，只好藏到一口井里，却被搜了出来，真的是瓮中捉鳖了。刘濬趁乱逃出城去，正巧撞到刘义恭。刘义恭见到杀子仇人，分外眼红，亲手结果了他的性命。

　　刘劭被五花大绑，押送到刘骏面前。刘骏一见，两眼冒火，大骂不止。刘劭耷拉着脑袋，一声不吭。刘骏下令，将刘劭斩首，尸体抛入长江。刘劭、刘濬的妻妾子女全部处死，张超之等死党尽皆诛杀。女巫严道育，被当街鞭杀，焚尸扬灰，满城百姓，人人唾骂解恨。

　　刘劭弑父篡位，刘骏杀兄平乱，是南朝第一次大规模的宗室相残，社会反响极大。当时民谣流传说："遥望建康城，小江逆流萦。前见子杀父，后见弟杀兄。"

　　刘劭用卑鄙邪恶的手段，弑父篡位，然而，只当了两个月皇帝，就被诛杀，身首异处，而且连累全家死于非命。这表明：大逆不道，逆天而行，必定会天怒人怨，人神共愤，肯定是没有好下场的。

　　宋国遭此大难，日后国运如何？刘骏平定邪恶，登上皇位，他这皇帝又当得怎么样呢？

孝武帝中兴未果

453年四月，建康城笼罩在战火硝烟之中，到处是尸体和鲜血。刘骏在城南的新亭宣布称帝，并将新亭改为中兴亭，表达他中兴宋国之决心。随后，刘骏军队攻破建康，杀掉刘劭。刘骏在战场上登基称帝，在历史上也算一个奇观。

刘骏即位后，励精图治，针对文帝时期的弊端，采取一系列改革措施，颇有中兴味道。他执政十一年，很有一番作为和成效。可惜，他在后期由明变暗，大兴木土，奢侈无度。特别是他壮年而逝，引发宗室内斗，结果中兴没能成功，南朝宋走向衰败。

《宋书》记载，刘骏，字休龙，小字道民，是宋文帝刘义隆第三子。刘骏从小聪明机颖，喜欢读书，读书时能一目十行。他也喜欢骑马射箭，练习武艺。刘骏长大后，神明爽发，能文能武。如此优秀的儿子，因其母不受宠爱，宋文帝并不喜欢他。

442年，雍州刺史刘道产病死，境内的蛮族趁机叛乱。宋文帝任命刘骏为雍州刺史，担任讨蛮总指挥。自东晋百余年来，刘骏是第一位出镇边疆的皇子，况且他只有十六岁。刘骏虽然年轻，但有勇有谋，选贤任能，很快平息了叛乱，将十万蛮族人口纳入国家编户，稳定了局势。刘骏在雍州任职三年，他与民休息，兴修水利，发展经济，政绩显著。

此后，刘骏先后担任徐州刺史、兖州刺史、江州刺史，并担任安北将军，统率军队。刘骏参加了平定绿江蛮族叛乱和北伐战争，在战场上出生入死。有一次与北魏作战，刘骏军队几乎全军覆灭，仅有九百人生还。刘骏死里逃生，却受到文帝责罚，降了他的职务。刘骏由于不受父亲宠爱，没有在温室里成长，而是历经风雨磨炼，正是因为这种磨炼，才使他增长了才干，最终平定刘劭弑父之乱，登上皇位。

刘骏在战火中称帝，出乎许多人意料，尤其是宗室中有野心的人，更是大为不满。刘骏的叔父刘义宣，时任荆州刺史，他在刘劭弑父之后，首先起兵讨伐，比刘骏起兵还早，被称为"首创大义"。然而，他起兵的目的，是想趁乱觊觎皇位，结果被刘骏抢了先，他心里很不是滋味。

刘骏即位后，任命刘义宣为丞相，但刘义宣不愿离开荆州。荆州是当时第一大州，地广兵强，刘义宣掌管荆州十年，根基很深。刘义宣是想自己当皇帝，所以，丞相的高位，他并不看在眼里。

454年，刘义宣在荆州公开称帝，江州、兖州、豫州响应，一时间声势浩大。孝武帝一面调兵遣将，出兵讨伐；一面实施离间计，瓦解敌军。刘义宣叛乱不得人心，不到半年就被剿灭，刘义宣及其诸子均被诛杀。

后来，孝武帝的四弟刘铄、六弟刘诞、十弟刘浑、十四弟刘休茂等人，先后叛乱，均被孝武帝杀死。从此，孝武帝不再信任宗室亲王，更不敢重用他们，而是采取许多措施，限制和削弱宗室势力。与此同时，孝武帝大力提拔寒门人士，沈庆之升迁至太尉，开启了寒门位居三公的先例。这样，孝武帝加强了中央集权，巩固了自己的统治。

孝武帝十分重视刑律和法制改革，为此做出两项重要规定。一是郡太守必须亲自参加死刑案件的审讯，并对此负责；二是凡死刑案件，必须报上一级复核批准。后人高度评价这一举措，因为它以皇帝诏令的形式，正式确立了死刑复核制度，有效减少了冤假错案，对法制建设具有重要意义。

在经济改革方面，孝武帝颇有建树。他突出的成就，是彻底完成了土断制。土断制的中心内容，是整理户籍，加强土地管理。西晋灭亡之后，北方民众大规模迁移南方，造成人口和土地数量混乱，政府难以有效管理。所以，东晋建立不久，就开始实行土断制，但遭到豪强地主的抵制，收效不大。刘裕"义熙土断"，取得重大进展，但仍不彻底。孝武帝即位后，采取强硬手段，甚至使用军法处置的办法，比较彻底地完成了土断制，这对于发展经济、稳定社会、保障兵员、增加政府收入，都起到了重要作用。

在文化上，孝武帝推崇孔子，推广儒学。他下诏说："孔子思想，恩泽天下。在国家有难之际，出现许多忠勇之士，就是孔子思想教导的结果。所以，我们要修建孔庙，用诸侯之礼祭祀孔子。"在孝武帝的诏令下，孔庙四起，儒学兴盛。与此同时，孝武帝也尊重佛教，善待高僧，支持佛教发展。

孝武帝大胆进行军制改革，取消了自汉代以来实行的"世兵制"，改为"征兵制"和"募兵制"，士兵们都年轻力壮，提高了战斗力。孝武帝重视养马，训练骑兵，加强军备。孝武帝在任期间，与北魏进行了两次大战，均获胜利，收复了被北魏侵占的济水北岸大片土地。

孝武帝的个人文化修养非常高，他写的诗歌，菁华璀璨，才藻甚美，著有文集三十五卷。

孝武帝执政，很有成效，南朝宋几乎就要中兴起来。但到后期，孝武帝开始骄傲自满，大兴土木，扩建宫室，墙壁和柱子都用锦绣装饰，富丽堂皇。孝武帝的爱妃死了，他组织大批民工，在龙山开凿山路几十里，厚葬爱妃，江南从未有过如此隆重的葬礼。

孝武帝个人，变得好酒贪财。他诏令各地，进贡奇珍异宝。刺史进京，他强拉着他们赌博，非把他们的钱全赢光才罢休。孝武帝嗜酒如命，喝醉了，就伏在案几上昏睡过去。史书说他"终日酣饮，少有醒时"，这使得他的中兴事业很受影响。

总体来看，孝武帝是一位颇有作为的皇帝，但在历史上，他的名声并不好。主要原因是，《魏书》记载了他大量过失和淫乱之事。《魏书》虽然属于正史，但是北朝人写的，北朝与南朝是大敌，《魏书》对南朝皇帝极尽丑化诋毁之能事。所以《魏书》的记载，不可全信。

464 年，孝武帝不幸病逝，时年三十五岁，他的中兴大业，也戛然而止。孝武帝十五岁的长子刘子业继位，可只过了两年，刘子业就被杀了，南朝宋陷入混战之中。

宋国又杀一皇帝

南朝宋真是充满了暴戾之气，它建国四十多年来，出了五个皇帝，就有刘义符、刘义隆、刘劭三个皇帝接连被杀。作为九五之尊的皇帝，竟成了高危行业。

刘子业登上皇位，只过了两年，又被他的叔父刘彧杀死，死时只有十七岁。不过，刘子业即位后，凶残暴虐，荒淫无道，所以，他的死并不令人同情。刘子业被称为前废帝。

《宋书》记载，孝武帝共有二十八个儿子，有七个早夭。刘子业是嫡长子，母亲叫王宪嫄，是王导的后代，被封为皇后。

孝武帝起兵讨伐刘劭时，刘子业当时在建康，被刘劭囚禁起来，当了人质，好几次差点被杀，最终却活了下来。孝武帝登基后，立刘子业为皇太子，那一年，刘子业不到四岁。

刘子业眼睛像胡蜂，嘴像鸟，脖子很长，下巴很尖。他喜欢读书，粗懂历史，但性格偏急，从小就狂狷急躁，常被父亲斥责。有一次，刘子业写了一篇文章，字迹很不严谨。孝武帝训斥他说："书不长进，这是你的一条过错。听说你一向懈怠，性情急躁，为何如此？"刘子业赶紧谢罪，表示悔改。

孝武帝尽管对刘子业不太满意，但因他是嫡长子，还是让他接了班。孝武帝对儿子不放心，特意安排了五位顾命大臣，并分工具体，诏令："刘义恭、柳元景负责朝廷事务，颜师伯处理尚书府事务，王玄谟统领外监事务。"另外，孝武帝让他最信任的大臣沈庆之掌握军权，由他全权处理军务，并参与决定国家大事。

孝武帝自认为安排得十分妥当，不料顾命大臣之间发生内讧，被刘子业抓住机会，各个击破，把刘义恭、柳元景、颜师伯、沈庆之全杀了，只有王玄谟，因早被排挤出朝廷，侥幸免祸。杀了顾命大臣，朝中的内外大权，悉数被刘子业收回。刘子业年龄不大，还是很厉害的。

刘子业登基之时，坐上龙椅，接受玉玺，满脸喜悦，没有一丝丧父之痛。等到他独揽大权以后，更是随心所欲，为所欲为。大臣戴法兴规劝他，他干脆把戴法兴杀了，百官无不震恐。之后，刘子业又连杀几个大臣。在朝堂上，刘子业看哪个大臣不顺眼，就当众殴打，甚至杀掉。朝廷内外，人人惶恐。

刘子业的母亲王太后病重，派人去叫儿子。刘子业却说："病人身边有鬼，我不能去。"王太后大怒，对侍从说："拿刀来，把我肚子剖开。我怎么生了这样一个好儿子！"不几天，王太后病逝。

王太后去世不久，刘子业做了一个奇怪的梦，梦见王太后对他说："你不仁不孝，皇位不能长久。你父亲得罪了神灵，儿子虽多，无一人能够继承大业，最终，皇位会落在你的叔叔手里。"

刘子业做了这样一个梦，心中嘀咕，于是，他把所有的叔叔都囚禁在京城，严加看管。刘子业的十一叔刘彧、十二叔刘休仁、十三叔刘休祐，年龄比较大，刘子业更不放心，囚禁在自己身边，不离左右，而且百般欺凌侮辱。

刘彧体形肥胖，刘子业称他为"猪王"，在地上挖一个坑，灌满泥水，把刘彧扒光衣服，放进坑内，把盛杂食的木槽放在他面前，命他像猪一样去吃槽中食物，以此取乐。刘子业有十多次想杀掉他们，幸亏刘休仁有计谋，常常阿谀奉承，让刘子业高兴，这才拖延下来。

刘子业荒淫无道，狂悖暴虐，有些变态。他把刘休仁的生母杨太妃抓来，当着刘休仁的面，令左右侍臣百般羞辱。左右侍臣战战兢兢，只有右卫将军刘道隆，高高兴兴地奉旨行事。刘道隆后来被刘彧杀掉。

465年十一月，刘子业兽性大发，把所有的王妃、公主召集起来，排列在自己面前，命左右侍臣羞辱她们。刘子业四叔刘铄的妃子江氏，宁死不愿受辱，刘子业大怒，当即打了江氏一百鞭，并杀了她的三个儿子。刘子业经常命令宫女，一丝不挂，在宫中追逐戏闹，刘子业乐得合不拢嘴。有一个宫女不从，刘子业毫不犹豫地杀了她。

刘子业的姑姑刘英媚，是宋文帝第十女，嫁给何迈为妻。刘子业见姑姑长得漂亮，召进宫来，强纳为妃，改了姓氏，称为谢贵嫔，然后杀了一个宫女，给何迈送去，让他用公主之礼埋葬，对外谎称刘英媚已死。何迈不忍受辱，想要刺杀刘子业，却没有成功，反被刘子业杀死。

孝武帝的长女刘楚玉，是刘子业的亲姐姐，两人是一母所生，刘子业也敢与她乱伦。刘楚玉恃宠撒娇说："我与陛下，都是先帝的孩子。但陛下后宫美女数以万计，而我却只有一个丈夫，太不公平了。"刘子业听了，哈哈大笑，随即挑选了三十名精壮男子送给她，供她淫乐。

刘子业当皇帝时间不长，却是罪恶累累，劣迹斑斑。《宋书》说，周武王列举商纣的罪恶，不足刘子业罪恶的万分之一；霍光所说的昌邑王的过错，不足刘子业过错的毫厘。俗话说，多行不义必自毙，刘子业如此作孽，他的报应就要到了。

刘子业的叔叔刘彧，不堪忍受刘子业的暴虐，决心除掉他。刘彧与亲信阮佃夫、王道隆、李道儿等人，多次进行密谋，并买通了刘子业身边的亲信侍卫寿寂之、姜产之等人。刘彧觉得时机成熟，便开始动手了。

465 年十一月三十日，被买通的巫师诱骗刘子业说，华林园竹林堂有鬼，鬼怕天子，让刘子业亲自去射鬼。刘子业信以为真，于当天傍晚，由刘楚玉和一群美女陪同，来到华林园，寿寂之、姜产之带刀侍卫。刘子业在竹林堂中，设下酒宴，与刘楚玉欢饮。忽然，一群人持刀直入，来势汹汹。刘子业情知有变，慌忙离席逃走，一边逃，一边大喊寿寂之，让他救驾。寿寂之应声而到，一刀刺入刘子业后背。刘子业大叫倒地，寿寂之扑上去，再补一刀，结果了他的性命。

刘子业死后，被草草葬在秣陵县南。刘楚玉被赐死，供她淫乐的三十名男子全部被杀殉葬。寿寂之因功被封为应城县侯，后任南泰山太守，因广纳贿赂被杀。

　　刘彧杀了刘子业，登上皇位，被称为宋明帝。不料，刘子业的三弟刘子勋，也自立为帝。于是，以刘彧为首的叔叔派，与刘子勋为首的侄子派，水火不容，开展混战，南朝宋不可避免地走向灭亡。

叔侄相残宋国灭亡

刘子业死后，南朝宋出了两个皇帝，形成对峙。宋文帝的儿子们支持刘彧，孝武帝的儿子们支持刘子勋，双方厮杀，最终叔叔消灭了侄子们。随后，叔叔们之间又手足相残，人世间最美好的亲情荡然无存。南朝宋如此暴戾内斗，焉有不亡之理？

《宋书》记载，刘彧是宋文帝刘义隆第十一子。他少年时，聪明伶俐，风姿端雅，好读诗书，喜欢文学，撰写过《江左以来文章志》，并注《论语》两卷，流行于世。

刘彧小时候，死了母亲，孝武帝的生母路太后把他抚养长大。刘彧对路太后十分孝顺，深得路太后喜爱，待他像亲生儿子一样。孝武帝对其他兄弟都很猜忌，唯独对刘彧亲近，让他担任中护军，掌握禁军部分兵权。

孝武帝去世后，儿子刘子业继位。刘子业猜忌叔叔们，把刘彧等人全都囚禁起来。当时刘彧二十六七岁，年富力强，又掌过兵权，刘子业特别忌惮，除百般凌辱外，还想杀了他。

刘子业称刘彧为"猪王"，有一次，把他手脚捆起来，用木棍抬着，交给手下，说："今日杀猪。"刘彧的弟弟刘休仁机智，对刘子业说："听说陛下快有儿子了，不如等生下太子，再杀猪庆贺。"刘子业听了，觉得那样更好玩，暂时没有杀刘彧。刘休仁救了哥哥一命。

465年，刘彧密谋除掉了刘子业，在弟弟刘休仁、刘休祐、刘休范、刘休若等人的拥戴下，登基称帝，年号泰始。

在刘彧杀死刘子业的前一个月，江州长史邓琬，见刘子业昏暴无道，便计划拥戴孝武帝的三子刘子勋为帝。刘子勋当时担任江州刺史，他虽然只有十一岁，但聪慧好学，为人宽和。邓琬深受孝武帝厚恩，不忍江山败坏，便联合雍州刺史袁顗，打算以废昏立明的名义，号召四方讨伐刘子业，扶立刘子勋登位。

邓琬做好了各种准备，正要发出讨伐檄文的时候，不料刘彧抢先一步，杀了刘子业，自立为帝。有人劝说邓琬，承认刘彧的帝位，不要再扶立刘子勋了。邓琬不甘心，并且认为，刘子业死了，理应由孝武帝的其他儿子继位，刘彧得位不正。于是，邓琬、袁顗等人，在寻阳拥立刘子勋称帝，年号义嘉。

这样，南朝宋出现两个皇帝。俗话说，天无二日，世无二主，两个皇帝之间，必然要展开一场生死大战。当时，刘彧的兄弟们，多数在朝廷，而刘子勋的兄弟们，多数在地方，所以，刘子勋登基后，获得各地宗王的支持，各地都谴责刘彧篡位自立，纷纷起兵，从四面八方讨伐建康，使得刘彧政权的号令，不能出建康城外百里之地。南朝宋爆发了文帝系和孝武帝系两大阵营的内战，造成极大破坏，史称"义嘉之难"。

刘彧的政权，虽然领土、人口不及刘子勋的十分之一，但手里有一支精锐的军队，这得益于孝武帝的军制改革。孝武帝时期，加强中央集权，削弱地方势力，使朝廷的军事力量空前强大。刘彧是文人，不习武功，他依靠刘休仁诸弟和勇将萧道成，率领着兵强马壮的朝廷军队，先扫平浙东，再攻陷江陵、寻阳，继而平定江南和淮南各地，经过一年苦战，最终消灭了刘子勋政权。刘子勋、邓琬、袁顗被杀，刘子勋的弟弟刘子绥、刘子房、刘子顼、刘子仁、刘子真、刘子元、刘子孟、刘子舆、刘子嗣等十几人，被诛杀殆尽。

孝武帝有二十八个儿子，除了早夭七个，被刘子业杀了三个，此时全部被杀绝。刘彧为了斩草除根，连三四岁的幼子也没有放过。刘彧是文人，但照样杀人不眨眼。这都是皇权惹的祸，在皇权面前，只有利益，没有亲情。在皇室内战过程中，将军萧道成的势力迅速崛起，为宋国灭亡埋下了祸根。

刘彧在执政之初，革除刘子业时期的弊政，废除苛捐杂税，减轻赋税，但不久，就丧失意志，纵情声色，生活奢靡。他需要一件物品，往往要造九十件备用，正御、御次、副各三十件。他的太子刘昱年幼，刘彧担心他死后，他的兄弟们会篡权夺位，于是，便向曾经拥他登位的兄弟们痛下杀手。刘休仁曾经救过刘彧性命，而且在平叛中立有大功，但因他有计谋、有声望，刘彧全然不念救命之恩和手足之情，首先把他杀了。接着，刘彧又杀了刘休祐、刘休秀、刘休若等几个兄弟。

宋文帝有十九个儿子，此前早夭、病死、被顾命大臣杀死的有九人，被孝武帝杀死四人，刘彧又杀四个，只剩下两个了。第十八子刘休范，刘彧认为他平庸，不足为虑，没有杀他，但后来仍然被杀。只有第九子刘昶，见皇室险恶，投降北魏，才得以免祸，活到六十二岁。堂堂皇子，只有投降异族敌国，才能够保住性命，可悲啊！

北魏见南朝宋皇室内乱，大为高兴，趁乱南下，大举进犯。南朝宋因内战消耗了大量国力，抵挡不住，接连丢失冀、青、兖、徐四州和豫州六郡，退守到淮河以南，基本上以淮河为界了。当地民众，饱受战争之苦，史称"泰始之祸"。

472 年，刘彧当了六年皇帝后，患病去世，时年三十四岁。十岁的太子刘昱继位。刘彧临终前，任命了几名顾命大臣，并令萧道成为卫尉，参掌机要。

刘昱年龄不大，却生性好杀，喜怒无常。他刚即位时，内畏太后，外惮大臣，还不敢过于放纵，后来年龄一大，便无所顾忌了。刘昱也有些变态，他喜欢杀人，杀人花样还很多，如击脑、锤阴、剖心，等等，他一日不杀人，便觉得不快乐。

此时，萧道成的势力已经形成，控制了朝廷。于是，萧道成杀了刘昱，刘昱死时十五岁，被称为后废帝。

萧道成立了刘昱的弟弟刘準为皇帝，被称为宋顺帝。刘準当时十岁，名义上是皇帝，但朝廷大权都掌握在萧道成手里。三年之后，萧道成觉得时机成熟，要求刘準禅位于他，刘準只好顺从了。

刘準虽然十分顺从，但依旧没有逃脱被杀的下场。刘準乞求饶命，杀他的人却说："当初，你祖上刘裕，就是这样对待司马氏的。"刘準流着泪说："愿生生世世，不再生于帝王家。"刘準死时，只有十三岁。

479 年，萧道成在建康南郊登基称帝，建立齐国，史称南齐，南朝宋至此灭亡。

南朝宋自 420 年建立以来，经历了五十九年，是南朝中存在时间最长、疆域最大、国力最强的朝代。然而，自刘裕以来的历代皇帝，都充满了暴戾之气，杀戮过重，而且大多数是骨肉相残，死在自家人手里。刘裕有七个儿子，六个死于非命。刘裕的孙子众多，有六十多个，但除了早夭病死的以外，几乎全被杀光，造成国家灭亡、后代几乎断绝。许多人认为，这是刘裕的报应。

萧道成篡位建南齐

　　萧道成，原是南朝宋将领，他趁皇室相残之际，迅速扩大势力，控制了朝廷，最终篡宋建齐，当上皇帝。与其说萧道成篡宋，不如说南朝宋热衷于窝里斗，自己把江山断送了。

　　《南齐书》记载，萧道成，是萧何二十四世孙。萧何的孙子萧彪，免官后迁居东海郡兰陵县（今属山东临沂）。晋朝动乱时，萧道成的高祖萧整，举家南迁，居于晋陵郡武进县（今属江苏常州）。当时，寓居江南的北方人，居住地都用北方地名命名，萧族居住的地方，就叫南兰陵了。

　　427 年，萧道成出生在南兰陵。他仪表英俊，风姿特异，声音很洪亮，身高七尺五寸，身上长满鳞纹。宋文帝在建康鸡笼山上设坛讲学，萧道成年龄不大，就前往受业，学习儒学。萧道成博学多才，擅写文章，有很深的文学造诣，文风上推崇陆机、潘安。萧道成写一手漂亮的草书、隶书，是历史上著名的书法家。他还爱好围棋，并亲自撰写围棋著作，有《齐高棋图》二卷问世。

　　萧道成的父亲，叫萧承之，是南朝宋著名将领，有勇有谋。他最有名的事情，是设下空城计，智退敌兵。那是 430 年，到彦之第一次率军北伐，先胜后败，北魏军队反攻，进犯济南。萧承之当时任济南太守，见北魏军队聚集济南城下，知道寡不敌众，便令士兵隐蔽起来，大开城门。北魏怀疑城中有埋伏，没敢进城，绕城而过，使济南城得以保全。

　　萧道成从十几岁起，就弃文从武，跟随父亲驰骋沙场。他参加过讨伐沔北蛮部叛乱、山中蛮部叛乱、第二次和第三次北伐，多次与北魏军队作战，屡立战功。萧道成先后担任左军中兵参军、大司马参军、建康令、后军将军。经过战火洗礼，萧道成成长为一名智勇双全的著名将领。

465 年，刘彧杀死侄子，自立为帝，不久，刘子勋在寻阳称帝。刘彧很器重萧道成，升他为右军将军，命他与刘休仁等人，率军与刘子勋军队作战。萧道成充分展示了其军事才能，曾一日击破敌营十二座，屡战屡胜。经过一年苦战，刘彧军队消灭了刘子勋政权，平定各地，萧道成的势力也迅速崛起。战后，萧道成升迁为骁骑将军，被封为西阳县侯，成为朝廷重臣。

472 年，刘彧病逝，遗诏任萧道成为右卫将军，领卫尉，掌管禁兵，与尚书令袁粲、护军将军褚渊、领军将军刘勔共掌机事。因皇帝年少，朝廷大权尽在四人掌握之中。

474 年，桂阳王刘休范叛乱。刘休范才智平庸，言语迟钝，一直受到兄长们的鄙视，是刘彧唯一没有除掉的弟弟。平庸之人，不一定没有野心。刘休范见皇帝年少，朝廷被异姓把持，而自己是小皇帝唯一的叔父，在宗室中辈分最高，所以心有不甘，便在江州起兵，顺江而下，偷袭建康，企图夺取皇位。

朝廷得到消息时，刘休范军队已抵达建康西南的新林。主持朝政的袁粲，正在家中守孝，闻讯大惊，急忙回朝主持大局。袁粲命刘勔、萧道成各领一军，出城迎敌，命褚渊、刘秉防守建康城。

刘勔是南朝宋著名将领，作战勇敢，喜欢身先士卒，不料，在与敌军交战中，不幸中箭身亡。刘休范军队士气大增，很快攻至新亭。萧道成率军据守新亭，他见叛军兵锋正盛，并不出战，只发射弓箭，箭如雨下，叛军不能靠近城垒。

萧道成知道刘休范没有智谋，便心生一计，派手下将领黄回、张敬儿前去诈降，说萧道成早有投降之意。刘休范大喜，信以为真，款待二人。二人趁刘休范不备，将其刺杀，拿着他的人头，跑回了新亭。刘休范一死，自然军心溃散，叛乱很快就被平定了。

萧道成平定了叛乱，立有大功，晋爵为公，并升迁为中领军将军，掌握兵权，与袁粲、褚渊、刘秉号称"四贵"，共同执政。后来，萧道成权威日重，逐渐形成了他独掌朝政的局面。

与此同时，小皇帝刘昱逐渐长大，他凶狠残暴，以杀人为乐。刘昱常常带领几个亲信，夜晚出宫，遇见谁杀谁，遇见犬马牛驴，也要杀掉，百姓恐惧，夜里街上行人断绝。《宋书》和《南齐书》都记载了刘昱很多杀人的事例，读后令人毛骨悚然。

有一次，刘昱突然来到萧道成府上，萧道成正在裸露上身午睡。刘昱见萧道成的肚子又大又白，说："这是个很好的箭靶。"刘昱令萧道成裸露着肚子，站立不动，自己把弓拉满，就要射箭。刘昱的随从王天恩赶紧劝谏说："萧将军的肚子，是个难得的箭靶，如果陛下一箭把他射死了，以后就没有这么好的箭靶了，不如用骲箭射他。"骲箭，是一种以骨为镞的箭，不会伤人性命。刘昱拿骲箭一射，正中萧道成肚脐，高兴地大笑说："我的箭术怎么样？"

刘昱玩了这么一下，可惹了大祸了。当时，萧道成势力已经形成，受此惊吓，恼羞成怒，遂决心除掉昏君。他让亲信王敬则收买了刘昱身边的侍从杨玉夫、杨万年等二十五人。刘昱喜怒无常，身边的侍从也杀了不少。杨玉夫等人每天都战战兢兢，担心朝不保夕，都想杀了昏君。

477 年七月初七，刘昱微服出宫，晚上喝得大醉才回来，临睡前对杨玉夫说："今天是七月七，你要看牛郎织女会面，看到立即叫醒我；看不到，就杀了你。"杨玉夫心中惊恐，狠下心来，等到刘昱睡熟，一刀砍下了他的脑袋。杨玉夫把人头包好，连夜送给了王敬则，王敬则立即交给了萧道成。

第二天，萧道成身穿戎装，带兵入宫，召集"四贵"商议。萧道成对刘秉说："这是您的家事，您看如何处置。"意思是任命刘秉掌权，刘秉说："政务之职，我可以接受；至于军权，应当全部委托给萧领军（当时萧道成任中领军）。"萧道成又把权力让给袁粲，袁粲也不敢接受。当时萧道成的亲信王敬则拔剑说道："天下事都应向萧公禀报，谁敢有异议！"于是，萧道成决定，立刘昱的弟弟刘准为帝。杨玉夫等二十五人，都得到不同的爵邑封赏。萧道成当了骠骑大将军，开府仪同三司，把持朝廷。

袁粲、刘秉不满意萧道成专权，合谋想除掉他，不料事情泄露，反被萧道成所杀。褚渊支持萧道成，后来帮助他代宋建齐，受到重用，位极人臣。萧道成又除掉与自己不是一条心的沈攸之、黄回等大臣，当了相国，总领百官，完全控制了朝廷。那个十多岁的小皇帝，仅仅是个摆设而已。

479年，萧道成见时机成熟，便废杀小皇帝，自己登基称帝，建立齐国，史称南齐。因谶语说"金刀利刃齐刘之"，金刀是"刘"字，谶语有齐代刘的意思，所以取名齐国。

萧道成即位后，为了加强建康城的防务，于480年着手改建城墙，用砖砌筑，城郭大为改观。建康城的砖砌城墙，是始于南齐的。

萧道成执政期间，革除了南朝宋许多暴政，朝政比较清明。他尊崇孔子，推广儒学，选拔儒者为官；减免赋役，安抚流民，让百姓休养生息；提倡节俭，反对奢靡，皇宫中的金银器具改为铁器，禁止民间使用各种华丽饰物，甚至不准穿锦鞋。萧道成常说："我如果能治理天下十年，一定会让黄金和土一样不值钱。"萧道成采取一系列措施，促进了经济社会发展，为"永明之治"奠定了基础。

482年，萧道成称帝两年多之后，患病去世，终年五十六岁，谥号为齐高帝。

萧道成临终前，再三嘱咐太子萧赜，一定要吸取宋国皇室手足相残的教训，爱护兄弟，善待宗亲，把国家治理好。

那么，太子萧赜继位后，干得怎么样呢？

齐武帝开创永明之治

482年，萧道成逝世，太子萧赜继位，被称为齐武帝，年号永明。齐武帝当时已经四十二岁了，相当成熟，他英明果断，实施富国政策，开创了永明之治。

《南齐书》记载，萧赜是萧道成的嫡长子，母亲叫刘智容。刘智容十七岁嫁给萧道成，夫妻感情深厚，生有萧赜、萧嶷二子，在萧道成称帝前病故。萧道成称帝后，追谥她为皇后，而且此后没有再立新的皇后。

440年，萧赜出生于建康。他出生那天夜里，刘智容梦见有龙盘踞在屋上，因而为他取小名为"龙儿"。萧赜从小受到良好的教育，长大后担任寻阳国侍郎、江州西曹书佐、赣县县令等职。

465年，刘彧杀了皇帝刘子业，自立为帝。不久，刘子业的三弟刘子勋，也在寻阳称帝。萧赜的父亲萧道成，在刘彧朝中担任将军，率军征讨刘子勋。萧赜当时在刘子勋地盘上做官，他不顺从刘子勋，被南康相沈肃之关到南康郡的大牢里。族人萧欣祖、门客桓康等人率众劫狱，将萧赜救出。沈肃之带数百人追赶，萧赜等人拼死作战，杀死一百多人，生擒沈肃之，其他人溃逃。

萧赜率众据守揭阳山，招兵买马，很快发展到三千多人。萧赜带领这支队伍，攻克南康郡城，占领赣县，袭击豫章，配合萧道成作战，颇有战绩。刘子勋被推翻以后，萧赜进京担任征北中兵参军，后转任宁朔将军、广兴相。

后来，萧赜参加了平定刘休范叛乱、沈攸之叛乱，立有战功。萧赜有父亲的风范，治军、打仗都很有章法。萧道成十分高兴，说：

"真不愧是我的儿子！"战后，萧赜因功升任尚书仆射、中军大将军。萧道成称帝后，立萧赜为皇太子。

482年，萧赜继承皇位，是为齐武帝。齐武帝下诏，命各州郡和军队长官，在原地行丧三天，不得擅离职守；令驻守都城的禁军，加强戒备，不得松懈；任命褚渊为丞相，立长子萧长懋为皇太子。各项部署和安排，都周密妥当。

齐武帝即位后，处事果断，时有恩赦。他下诏要求各地，对野外的尸体全部妥善安葬；对四方犯人，罪无轻重，均予赦免；对鳏寡孤独和贫穷之人，给予救助；减轻赋役，与民休息，鼓励农耕，对受灾的百姓进行赈济。齐武帝多次下诏，明令官吏不得扰民害民。将领陈天福统领的部队，军纪不严，劫掠百姓，齐武帝下令，将陈天福斩首示众，百官为之震惶。

齐武帝继承了父亲勤俭建国的政策，以身作则，带头节俭。他不好饮宴，不喜奢华，身上不戴贵重的玉佩、挂饰等物，宫中不搞豪华装饰。齐武帝还诏令各地，不得将金银制成金箔银箔，不能用金银铸像，不准用金银装饰马鞍，女人不准穿绣花的裙子，百姓的婚丧嫁娶，也一概从简，不准奢侈浪费。在齐武帝治理下，齐国出现了以简朴为荣的新气象。

齐武帝不喜武功，致力于天下稳定。他派著名学者范缜，主动出使北魏，寻求通好。范缜的学识，受到北魏赞赏。在齐武帝任期内，边境比较安定，没有大的战争，保持了社会安定。

齐武帝推广儒学，重视文化和教育，在各地大办学校，注重对百姓的教化。同时，齐武帝也喜欢佛教，使佛教进一步兴盛。儒学和佛教，对于教化人们思想、稳定社会、巩固政权，都起到了积极作用。

南齐在南朝各国中寿命最短，只有二十三年，却出了七个皇帝，而齐武帝自己，就执政十一年，占一半时间。在他执政期间，修明政事，任用良吏，减少军事，勤俭建国，发展经济，使百姓无鸡鸣犬吠之警，都邑兴盛，士女富逸，史称"永明之治"。

齐武帝也有不成功的地方，主要是推行"却籍"政策失败。长期以来，南朝存在着世族伪造父祖爵位的现象，以逃避赋役。萧道成称帝后，想清查户籍，改变这种现状，但政策实行不久，他就去世了。齐武帝继续推行其父的政策，将那些被认为是伪造的户籍，一律退回本县改正，称为"却籍"。这项政策，涉及面太广，遭到世族们普遍反对，甚至引发了叛乱。虽然叛乱被迅速平息，但"却籍"政策却很难推进。齐武帝无奈，被迫妥协，半途而废了。

齐武帝牢记父亲临终前的教诲，爱护兄弟，善待宗亲，在他执政期间，没有出现宗室相残的悲剧。然而，宗族中并非没有矛盾，由于齐武帝处置不当和宗室间的矛盾，他的四子萧子响被杀，这使得齐武帝痛心疾首。

齐武帝有二十三个儿子，其中四子萧子响，过继给了弟弟萧嶷。萧子响后来担任荆州刺史，他勇力过人，性格鲁莽，常有不法之事。齐武帝派人调查，萧子响却把调查人员杀了。齐武帝大怒，令萧顺之率军讨伐。太子萧长懋与萧子响有矛盾，秘密告诉萧顺之，让他把萧子响置于死地。萧子响见朝廷军队到来，知道闯大祸了，要求只身进京，面见父亲请罪。萧顺之不许，双方开战，萧子响兵败被杀。

后来，齐武帝知道了事情真相，心中懊悔。有一次，齐武帝游赏华林园，见一只猴子悲嚎哀鸣，觉得很奇怪。华林园的官员告诉他说："它的一个孩子，前几天不慎掉下悬崖，摔死了，所以它不停地哀鸣。"齐武帝听了，一下子想起了萧子响，忍不住泪流满面，痛哭起来。齐武帝虽然没有责罚萧顺之，但萧顺之内心惭愧恐惧，由此发病，不久也死了。

齐武帝最大的失误，是死抱着"立嫡以长不以贤"的传统观念不放，没有选好接班人，致使齐国迅速衰落。

493 年，齐武帝病逝，终年五十四岁。由于他的太子萧长懋已经去世，便让萧长懋的长子萧昭业继承了帝位。因为齐武帝选错了接班人，齐国的内乱，就此拉开了大幕。

爷爷被孙子骗了

　　齐武帝的长子萧长懋死后，本应由次子萧子良继位。萧子良贤明有才，声望很高，是做皇帝的合适人选，可是，齐武帝却立了长孙萧昭业为皇太孙，做了储君。萧昭业荒淫无德，却善于伪装，很会演戏，结果是爷爷被孙子骗了。

　　《南齐书》记载，齐武帝在即位之初，就立萧长懋为皇太子。萧长懋外表忠厚仁孝，处事练达，除了使阴招害死四弟萧子响之外，史书没有记载他有其他劣迹。齐武帝对他很满意，对他继承江山很放心。不料，萧长懋命短，死在了齐武帝前头，死时三十六岁，齐武帝十分悲痛。

　　长子死了，理应由次子继位。次子萧子良，是萧长懋的同母弟，当时三十四岁，年富力强。他当过参军、主簿、安南长史、会稽太守、丹阳尹、扬州刺史等地方官，后又入朝担任尚书令、中书令、司徒，从政经验十分丰富。萧子良性情宽和，爱好文学，喜欢结交儒士，也崇尚佛学，可谓政、文、佛皆通，身边围绕着一群文人和武士，是"竟陵八友"的领袖人物。所以，不管从哪个方面说，萧子良都是理想的储君人选，可是，齐武帝的目光，却盯上了长孙萧昭业。

　　萧昭业，是萧长懋的长子，从小聪明伶俐，活泼可爱，深受爷爷齐武帝钟爱，连曾祖父萧道成也很喜欢他。人们常说隔辈亲，爷爷喜欢孙子，是人之天性，何况孙子是那么可爱呢。

　　萧昭业少年时，容貌俊美，喜欢读书，尤其写得一手好字。齐武帝专门下诏，不得把他的书法流传出去，而作为珍宝收藏于宫中。萧昭业十五岁时，齐武帝为他举行了盛大的成人加冠典礼，配给他二十人的仪仗队，文武百官一律得到赏赐，礼遇超过诸王。

萧昭业有一大绝技，就是特别会演戏，当面一套，背后一套。父亲去世时，萧昭业已经是成年人了，演技更加成熟。他当着众人的面，声泪俱下，哭得死去活来，所有人都被他感动了；可是，他一回到自己宫中，就喜笑颜开，照常寻欢作乐。

齐武帝曾在立储问题上犹豫不决，他在萧子良、萧昭业之间来回掂量，一边是他的亲生儿子，一边是他最钟爱的孙子，使他难以决断。最终，他以"立嫡以长不以贤"的古训为理由，立了萧昭业为皇太孙。

对齐武帝的决定，萧子良倒没有表现出什么，有些大臣却不满意了，王融表现得更为激进。王融是王导的六世孙，文才出众，与沈约、谢朓、萧衍等人，并称为"竟陵八友"，而且他还懂军事，此时担任宁朔将军。王融直接找萧子良商议，鼓动他伺机夺取皇位。萧子良是文人，处事不够果断，不忍违背父亲的旨意，犹豫不决。

萧昭业被立为皇太孙不久，齐武帝患病，萧昭业时常前去探视，跪在爷爷床前，含泪询问病情，一脸的哀戚状，令齐武帝十分感动。可是，萧昭业一回到自己住处，就原形毕露，他让胡妓排成乐队，两边夹阁迎奏，然后拥抱美女，欢笑酣饮。萧昭业甚至还让巫婆杨氏作法，诅咒爷爷快死，他好早登帝位。这一切，齐武帝都被蒙在鼓里，还以为他是"孝子贤孙"呢。

几个月后，齐武帝病危昏迷。萧昭业闻讯，匆忙进宫，却见王融全身披挂，手持兵器，凶神恶煞般地守在宫门外边，假称奉皇上旨意，任何人不得入宫，任凭萧昭业百般辩解，就是不让他进去。萧昭业知道情况不妙，但也无可奈何。王融的计划是，只要齐武帝一咽气，就立刻拥立萧子良登基，所以，他坚决不让萧昭业进宫。

不料，齐武帝回光返照，又苏醒过来，他见皇太孙不在身边，感到不对头。齐武帝知道，萧昭业在朝中没有势力，担心他死后，孙子不能顺利登位，于是做出一个重大决定，急令近侍率甲士把萧昭业接进宫来，不离自己身边，同时将堂弟萧鸾召来，任命他为辅政大臣，让他帮助萧昭业登基。齐武帝这一决定，断送了齐国的命运，也为萧氏子孙带来了灭顶之灾，因为萧鸾不是善类，他凶狠残暴，有着虎狼之心。

由于齐武帝的回光返照，使王融的计划流产了，在萧鸾的辅佐下，萧昭业顺利登上了皇帝宝座。萧昭业即位十天后，下令诛杀了王融。萧子良自然受到猜忌和排挤，他终日郁郁寡欢，很快就忧郁而死，时年三十五岁。

萧昭业当上皇帝后，终于可以为所欲为，不用再演戏了。齐武帝刚死，还未发丧，萧昭业就召集宫中乐工和演员们，奏乐歌舞。乐工演员怀念老皇帝，边献艺，边流泪。齐武帝大丧之日，萧昭业推说有病不去墓地，而在宫中举办歌舞表演，锣鼓声响彻云霄。这就是齐武帝最钟爱的好孙子！

萧昭业不会治国理政，也根本不想治国理政，整天就是吃喝玩乐，走马斗鸡。萧昭业淫乱得有点离奇，他不仅自己任意放纵，与庶母乱搞，而且允许皇后何氏乱找男人，皇后的房门，通夜大开，谁去都行。有人说，萧昭业夫妻是中国最早的性开放者，也是"伴侣交换"的先行者。

萧昭业的荒唐做法，令人难以置信。不过，《南齐书》和《南史》都有详细记载。在封建社会，皇帝地位高于一切，他们任性胡为，也就不足为奇了。

皇帝如此作为，朝廷大权自然都落到萧鸾手中。仅仅过了一年，萧鸾觉得时机成熟，悍然杀掉萧昭业，自己当了皇帝。萧昭业这位荒唐天子，只风流快活了一年，就一命呜呼了，死时只有二十一岁。

萧鸾杀了萧昭业还不罢休，又对萧氏子孙大开杀戒，齐国处于腥风血雨之中。那么，萧鸾为什么要这样做，他究竟是个什么样的人呢？

养虎为患萧氏遭殃

有个著名成语，叫"养虎为患"，人们都很熟悉。南齐开国皇帝萧道成，就干了一件养虎为患的傻事。他把侄子萧鸾从小养大，萧鸾长大后，篡夺了皇位，而且几乎杀光了萧道成的子孙。

萧道成在临终前，嘱咐儿子齐武帝，一定要吸取宋国教训，爱护兄弟，善待宗亲。他的儿孙们倒没有自相残杀，却都死在了别人手里，令人不胜唏嘘。

《南齐书》记载，萧鸾，是萧道成二哥萧道生的儿子。萧鸾很小的时候，父亲就死了。萧道成见他幼年丧父，十分可怜，便将他抚养成人，对他的慈爱恩惠，超过了亲生儿子。萧道成的太子萧赜，比萧鸾大十三岁，对他也很好。

萧鸾生性阴险，心肠很硬。他长大后，当过安吉县令，以严峻而闻名。后来，他担任淮南太守和宣城太守，用严刑治理地方，颇有政绩。

齐武帝萧赜即位后，对萧鸾很器重，调他入朝做官，先后担任度支尚书、散骑常侍、左卫将军、中领军、右将军，最后升迁至尚书左仆射，相当于副丞相。

493年，齐武帝临终时，担心爱孙萧昭业不能顺利登位，便任命萧鸾为辅政大臣，升为尚书令，加封为镇军将军，诏令朝廷大小事务，都由他裁决。

萧鸾行事果断，齐武帝刚一去世，他就召集群臣上朝，宣布齐武帝遗命，把萧昭业扶上龙椅，然后指挥群臣，依次跪伏，三呼万岁。由于萧鸾行动迅速，致使王融打算拥戴萧子良为帝的计划落空，萧昭业顺利登基。

萧昭业即位后，荒淫无道，胡作非为，吃喝玩乐，不理朝政，引起朝野不满。萧鸾控制了朝廷，手握大权，便滋生了篡位野心，想要废掉萧昭业。萧鸾找萧衍商议，萧衍说："废立皇帝是大事，恐怕会遭到众王反对，必须先剪除其羽翼，扫除障碍。"

萧鸾说："武帝的儿子虽多，但都很平庸，不足为虑，只有八子萧子隆，文武兼备，又占据荆州要地，只要把他召回来，就万事大吉了。"

萧衍献计说："萧子隆徒有虚名，全靠手下两个亲信。您可以先把他的亲信调入朝中，萧子隆就好对付了。"萧鸾大喜，依计而行，很快就把萧子隆弄到京城，不久就杀了他。

萧衍，是萧道成族弟的儿子。他文才出众，足智多谋，为萧鸾献计，又先后除掉了政敌杨珉、周奉叔、綦母珍、杜文谦等人，受到萧鸾的信任和重用。然而，正是这个萧衍，后来灭掉南齐，建立了梁国。

494年，萧鸾一切准备就绪，公然发动政变，杀死了萧昭业。萧鸾没有贸然篡位称帝，又扶立萧昭文当了皇帝。萧昭文是萧昭业的弟弟，当时只有十四岁。然而，萧昭文只当了七十五天皇帝，就又被萧鸾杀了。随后，萧鸾以萧道成第三子的身份，登上帝位，被称为齐明帝。

萧鸾是以旁宗夺位而立，心里发虚，担心众王不服，便对萧氏子孙大开杀戒。萧鸾杀害诸王，没有任何理由和罪名，常常是在夜间，派兵突然包围其住所，翻墙破门而入，不问青红皂白，不分男女老幼，统统斩尽杀绝，然后，将家产封存没收。手段之残忍，令人发指。

萧子真，是齐武帝的第九子，生性懦弱，没有才能，更无野心，萧鸾依然没有放过他。夜晚，兵进府中，萧子真吓得一头钻进床底下，却被士兵搜了出来。萧子真下跪磕头，苦苦哀求，饶他一命，愿为奴仆，可是，丝毫不起作用。

萧锋，是萧道成的十二子，从军多年，勇力过人。萧鸾不敢到他家中去杀他，就让他到太庙兼任祠官，然后，在夜里派兵包围了太庙。萧锋不甘就擒，拼死搏斗，连杀多人，终于寡不敌众，被乱刀砍死。

萧子伦，是齐武帝十三子，时任南兰陵太守。萧鸾担心，如果派兵去杀他，萧子伦必会领兵抗拒。萧鸾与亲信华伯茂商议，华伯茂说："我了解萧子伦的为人，不需要派兵，我一个人去，就能搞定。"

华伯茂手执毒酒，来到南兰陵。萧子伦心中明白，今日是他的死期，于是，整理好衣冠，平静地说："当初，高帝灭宋而自立，如今子孙受害，乃是天意，不可抗拒。"萧子伦接过毒酒，一饮而尽，死时只有十六岁。

萧道成有十九个儿子，齐武帝有二十三个儿子，孙辈有几十人，除了早夭和病死的，此时活着的还有三十多人，基本上都被萧鸾屠戮殆尽。萧道成真是养了一只恶虎！

其实，猛兽自幼被人养大，对人是有感情的，一般不会伤人，就连生性残忍的狼，也是如此，由此看来，萧鸾还不如禽兽。

萧鸾也遭到了报应，他有十一个儿子，除了有残疾的长子和两个早夭的儿子外，其他的儿子均死于非命。不过，老子的孽债由后人偿还，是不公平的。

萧鸾当了四年多皇帝，除了屠戮宗室的恶行外，多少也有点政绩。他有很强的为政能力，明察秋毫，严厉打击贪污腐败；他不搞奢华，停建大型工程，废除皇宫的新林苑，把土地还给百姓；他抵御北魏的侵犯，维护了国家安全；他提倡节俭，停止各地向朝廷进贡，不收金银礼物，但他自己却好豪华，宫中金玉满堂，被人称为"外俭内奢"。

498 年，萧鸾病死，时年四十七岁。

萧鸾的长子有残疾，次子萧宝卷继承了皇位。萧宝卷既残暴又昏聩，还不如他老子。有如此昏暴的皇帝，南齐的末日就要到了。

昏暴皇帝萧宝卷

萧宝卷，是南朝时期有名的昏君。历史上的昏君不少，有的昏聩不明，有的残暴不仁，而萧宝卷却是兼而有之。他既荒唐昏庸，又凶残暴虐，以致死后被追贬为"东昏侯"。

《南齐书》记载，498年，齐明帝去世，萧宝卷继位。齐明帝告诫儿子，一定要吸取萧昭业被杀的教训，做事要杀伐果断，先发制人。萧宝卷频频点头，牢记在心。萧宝卷当时十六岁，齐明帝为他安排了六名顾命大臣，结果不到一年，全被他杀掉了。

萧宝卷自幼口吃，不爱与人交往，也不喜读书，而热衷于玩耍。他在宫中捉老鼠，通宵达旦，感觉很快乐。萧宝卷即位后，仍然迟钝少言，不与大臣们交流，只亲近身边的宦官和侍卫。他挑选了数百名力大善骑的人，称为"逐马"，整日不离身边，既保护他的安全，又听从他的命令去杀人。

齐明帝死后，灵柩摆放在太极殿，按礼节应放一个月，由王公大臣哭吊。萧宝卷十分厌恶，想赶快把灵柩埋了，因顾命大臣徐孝嗣反对，才没有提前下葬。该萧宝卷哭的时候，他却哭不出来，只好假装嗓子疼。有一次，大臣羊阐进来哭吊，他是个秃顶，头上戴着头巾。羊阐跪拜磕头，俯仰痛哭，不慎将头巾掉在地上，露出了光头。萧宝卷一见，哈哈大笑，并对左右嬉笑说："这可以叫作秃鹙啼叫吧！"

萧宝卷厌烦朝政，而沉湎于酒色。他常常在夜里鼓吹呼叫，吃喝玩乐，天快亮时去睡觉，到第二天下午才起床。群臣去上朝，只好坐在那里等候，许多人饥渴难忍，坐得麻木跌倒。好不容易等皇帝起床朝会了，又很快匆忙结束，什么事都决定不了。

朝中各部门和大臣们的奏案，萧宝卷也懒得看，常常两三个月不做处理，奏案堆积如山，有的不知弄到哪里去了。有一次，有个宦官拿纸包裹鱼肉回家，到家打开一看，包鱼肉的纸，竟然是中枢机关的紧急奏案。

萧宝卷在宫中玩腻了，时常出城游览，一个月要出去二十多次，常常夜里出去，天明才回来。他不想让人看见，便把百姓全都赶走，只留下一座座空宅，郊外几十里之内，几乎家家尽空。萧宝卷偶然遇到行人，就顺手杀掉。

魏兴太守王敬宾死了，尚未装殓，家人就被驱逐，不许留下。等到家人回来时，王敬宾的尸体，已被老鼠啃得不成样子，两只眼睛都被吃掉了。有一次，萧宝卷进入一户人家，见一个孕妇躺在床上，快要分娩了，因而无法外出。萧宝卷残忍地剖开她的肚子，看是男是女。

有一天夜里，萧宝卷出城游览，皇宫失火。当时宫门已闭，里面的人不能出来，外面的人不敢进去。火势越来越大，宫女、宦官被烧死很多，惨叫声、哭喊声惊天动地。结果，十余座大殿和三千多间房屋，被烧为灰烬。萧宝卷下令重建，而且要比原来的高大豪华，致使国库消耗殆尽。国库不够用，就从民间加征赋税，甚至派兵到集市上抢夺。许多百姓家破人亡，不少人坐在路边痛哭，集市也都离散。

萧宝卷凶残暴戾，杀人如同儿戏，没有人敢对他劝谏。大臣张欣泰私下说："秦朝那么富有，建了一个阿房宫而灭亡，现在一下子建起十几个阿房宫，岂不危险了？"

萧宝卷荒淫无道，皇宫的墙壁上，画上男女猥亵的图画，他恣意纵情，淫乱无度，不知有多少女人。他十分宠爱潘妃，却照样与潘妃的姐妹乱搞。

潘妃，名叫潘玉儿，又叫潘玉奴，是一名歌伎，她父亲是小商贩。潘玉儿美艳动人，能歌善舞，妖冶风骚，萧宝卷被她迷住了，纳入后宫，封为贵妃，专门为她建了三座人殿，取名神仙、玉寿、永寿。三殿俱用金璧装饰，极尽豪华。萧宝卷又命人用金子制作莲花，铺在地面上，让潘妃在上面行走，叫作"步步生金莲"。

潘妃出身井市，萧宝卷为了让她重温儿时的记忆，特意在宫中建了一个集市，卖肉、卖酒、卖杂货，各种生意都有。萧宝卷令王公大臣和宦官、宫女都去赶集，让潘妃当管理市场的头，他自己充当手下。为了再现当年的市井生活，集市上动用了几千人，热闹非凡。此事闹得沸沸扬扬，百姓编了歌谣，唱道："阅武堂，种杨柳，皇帝卖肉，潘妃卖酒。"

潘妃恃宠放纵，肆意妄为，萧宝卷有过失，潘妃也敢用棍子打他。潘妃的父亲潘宝庆，仗女得势，威风八面，横行四方。他见谁家富有，便开口索要，如果不给，他就诬告人家有罪，打入大牢，财产便据为己有。为了不留后患，他还指使官府，把人杀掉，有的全家被害。

潘妃唯一令人怜叹的，是萧宝卷被杀后，她也自缢而死。苏轼专门作诗曰："月地云阶漫一樽，玉奴终不负东昏。临春结绮荒荆棘，谁信幽香是返魂。"不过，《资治通鉴》却说，潘妃是在狱中被缢杀的。

萧宝卷如此昏聩无德，残暴不仁，他的皇位，怎么会坐得长久呢？

各地兴兵灭昏君

萧宝卷荒暴无道，自然激起人们反对，有的则想趁乱篡位，因此，各地纷纷兴兵造反，结果，萧宝卷只当了三年皇帝，就被杀掉了，死时只有十九岁。这是他咎由自取、罪有应得。

《南齐书》记载，齐明帝临终前，安排了六位顾命大臣，分别是：外戚江祏、江祀、刘暄，宗室萧遥光、萧坦之，大臣徐孝嗣，被称为"六贵"。这六人都是齐明帝的心腹，但并不齐心，而且都有很强的权力欲，每人轮流发布敕令。萧衍见此情景，感叹道："政出多门，朝廷就要乱了。"情况果然如此。

江祏、江祀兄弟俩，是萧宝卷的表叔，曾拥戴齐明帝即位，立有大功。江祏兄弟接受遗命，辅佐萧宝卷，起初十分尽力，对萧宝卷的荒唐行为，多次进行劝谏。谁知，萧宝卷不仅不听，反而怀恨在心。江祏兄弟见昏君难以辅佐，便与刘暄、萧遥光秘密商议，想废掉萧宝卷，另立明君。

可是，他们在立谁的问题上，产生了严重分歧。江祏想立齐明帝三子萧宝玄，刘暄却与萧宝玄不和，想立六子萧宝夤。萧遥光自恃年长，想要自立，江祀支持他。事情八字还没一撇，他们就吵得不可开交了。刘暄是萧宝卷的舅舅，一气之下，告发了江祏等人。

萧宝卷闻之大怒，立即派兵捉拿，江祏兄弟没有防备，束手就擒，随即被杀。萧遥光恐惶，举兵叛乱，他兵力弱小，便派人打开监狱，释放囚犯，借此壮大力量，这能起多大作用啊？刘暄、萧坦之、徐孝嗣带兵平叛，不到四天，就杀死萧遥光，平息了叛乱。

三个顾命大臣谋反，使萧宝卷大为震惊，他想起父亲临终时先下手为强的告诫，决定趁其不备，将剩下的三个顾命大臣一起干掉。刘暄、萧坦之、徐孝嗣三人，自认为平叛有功，正满心欢喜地等待赏赐，但做梦也没有想到，等待他们的，是一条黄泉路，全被萧宝卷杀掉。

萧宝卷即位不到一年，就杀掉了六位顾命大臣，他们的兄弟子弟和党羽一同被诛。受徐孝嗣牵连的沈昭略，临死前怒骂徐孝嗣，说："废昏立明，是古今大义。你不明事理，助纣为虐，致有今日。"沈昭略愤怒地拿瓶子砸破了徐孝嗣的脸，说："让你做个破面鬼，免得无颜去见先人。"

刘暄告密有功，又是萧宝卷的亲舅舅，萧宝卷起初不想杀他。亲信徐世标却说："先帝很受高帝和武帝的恩惠，尚且杀光了他们的子孙，舅舅怎么可信呢？"萧宝卷觉得有理，遂下令把舅舅一块杀了。

萧宝卷连杀六位顾命大臣，朝野震惊。萧宝卷没有了约束，更加肆无忌惮，为所欲为了。后来，他又杀了曹虎等几个大臣，朝中人人自危。萧宝卷的凶残昏聩，引起人们反对，大臣们为了自保，纷纷起兵造反。

499年十一月，太尉陈显达在寻阳起兵。陈显达是南齐名将，征战沙场多年，官至太尉，此时已经七十三岁了。萧宝卷即位后，陈显达不愿留在京师，请求去江州当了刺史。如今，陈显达见萧宝卷暴虐无道，屡诛大臣，十分气愤，遂起兵造反，发出檄文，列数萧宝卷罪行，声言要拥戴萧宝寅为帝。

陈显达率军一直打到长江南岸，兵临建康城下，京师震动。萧宝卷急忙派将军崔慧景领军对敌。崔慧景也是南齐名将，此时六十二岁。朝廷军队训练有素，势力强大，崔慧景指挥有方，最终消灭了叛军，陈显达被杀。

崔慧景平叛有功，却受到萧宝卷猜忌，被调出朝廷。500年三月，崔慧景在广陵起兵，奉萧宝玄为君主。崔慧景率军打到建康城下，包围京师十二天，最终却被朝廷禁军击败，崔慧景被杀。萧宝玄也被萧宝卷杀了。

萧宝卷连续平定两起叛乱，趾高气扬起来，更加热衷于游玩行乐。他外出时，街巷悬挂上幔子，变成高高的屏障，屏障之内，军乐齐鸣，鼓角横吹，百姓叫喊奔逃，跑得慢的，受到鞭打，有的甚至被杀。由于萧宝卷经常外出，街上一片萧条，商人无心经营，农民种田打柴的路，也因此被阻断。

不久，萧宝卷又无故杀害了尚书令萧懿。萧懿的三弟萧衍，此时担任雍州刺史，闻知兄长被杀，异常悲愤，遂在襄阳兴兵，讨伐萧宝卷。

萧衍胸有谋略，能文能武，非常人能比。他起兵之后，势力发展很快。这时，恰逢宗室萧颖胄在荆州起兵，拥戴齐明帝八子萧宝融。萧衍主动与萧颖胄联合，拥立萧宝融在江陵称帝，即齐和帝。这样，萧衍势力更加强大，而且师出有名。

萧衍率军抵达建康城下，萧宝卷仍然游乐如故，并不在乎。他认为，叛军已经两次打到建康，均被消灭，这次也不例外。不料，萧衍大军人多势众，军阵严整，守城将士见了，心惊胆战，皆无斗志。萧宝卷令亲信宦官王宝孙督战，王宝孙不懂军事，只会大骂众将士无能，逼着他们出战。将军席豪被迫出战，结果战死，所带兵马全军覆灭。席豪是城中第一名将，他一死，军心顿时土崩瓦解。

见形势危急，萧宝卷的亲信们建议，拿出钱财，赏赐将士，以激励军心。萧宝卷吝啬，舍不得拿钱，反而说："贼军前来，又不是针对我一个人的，凭什么让我拿钱？"亲信们纷纷磕头，流泪哀求，萧宝卷始终不肯。

守城将领王珍国、张稷，平日里就对萧宝卷不满，如今见大势已去，便决定发动兵变，杀掉昏君，迎接萧衍入城。

王珍国率兵冲进宫殿，萧宝卷仍在拥抱着美女，吹笙歌唱《女儿子》。见士兵们执刀涌入，萧宝卷回头呵斥："恶奴，你们想造反吗？"话音未落，他的脑袋就被士兵砍了下来。

《南齐书》评价说，萧宝卷肆行无道，罪恶如同夏桀和商纣。他的死，是引火自焚。

萧衍进城，控制了朝廷，他以皇太后的名义，谴责萧宝卷的罪行，将其追贬为东昏侯。东昏，是古代地名，汉武帝时期置东昏县，在今河南兰考一带。

萧衍总揽军政大权，被封为梁王。502年，萧衍废杀萧宝融，登基称帝，改国号为梁。至此，南齐灭亡。

南齐兴起"永明体"

　　南齐存在了二十三年，除了十几年的永明之治外，很多时候都充满了杀戮和血腥。然而，就在这不太长的永明年间，兴起了一种新的诗风，叫永明体，对后世产生了重大影响。

　　所谓永明体，就是一种新体诗，因兴起于齐武帝永明之治期间，所以被称为永明体。在永明体之前，诗坛上主要流行古体诗，古体诗语言艰涩，十分难懂，被称为古诗、古风。永明体，则追求声韵格律、清新通畅、通俗易懂，受到人们喜爱，很快流行起来。

　　永明体的主要特点，一是篇幅较短，以五言四句和五言八句为主，句式趋于定型。二是讲求声律，以平声韵居多，要求"四声八病"。三是重视写作技巧，讲究骈偶、对仗。四是追求意境，构思巧妙，把写景与抒情结合起来，使之融为一体。

　　推动永明体形成的关键人物，是齐武帝的次子萧子良。萧子良喜爱文学，广泛结交文人，他当时是竟陵王，担任司徒，有许多便利条件。于是，萧子良在建康鸡笼山西邸，广招天下有才之士，聚集了大批文人，多达八十余人。其中最出名的，有萧衍、谢朓、沈约、王融、范云、萧琛、任昉、陆倕八人，被称为"竟陵八友"。可以说，萧子良组织的这个文人集团，推动了永明体的产生和形成，对后代诗歌发展产生了重大影响。

　　永明体的主要代表人物，历来认为是谢朓、沈约、王融三人。另外，善识声韵的周颙、开创梁国的萧衍等，都对永明体发展做出了重要贡献。

　　谢朓，是齐梁时期最为杰出的诗人。他的诗风，上承曹植，善于以警句发端，而在写景抒情方面，则兼取谢灵运、鲍照两家之长，有自己独特的风格，历来为人们所称道。

沈约，在当时名望甚高，创作的永明体诗歌数量最多，而且他在理论上，对永明体做过阐述。沈约与萧衍关系密切，帮助他建立了梁国，也推动了永明体发展。

王融，也是颇有才华的诗人。他的诗歌含蓄而有韵致，细腻而清新自然，语言华美而流畅。王融积极参与政治，策划拥立萧子良登基称帝，可惜失败被杀。

萧衍代齐建梁之后，积极推行永明体，他本人也写了许多清丽可读的诗歌。在梁陈时期，永明体又有进一步发展，有何逊、阴铿、吴均、徐陵、庾信等九十多位文人，对新体诗做过有益探索，其中成就最大的，是梁朝的何逊和陈朝的阴铿。

何逊，是今山东临沂人，著名诗人。他擅长描绘景物，抒写离别情绪，语言流畅，辞意隽美，意境清幽，使人难以忘怀。何逊在诗歌方面的探索，进一步发展了永明体，为律诗走向成熟做出了贡献，也使他成为南梁时期独树一帜的优秀诗人。

到了南陈时期，阴铿接过永明体的大旗，继续向前发展。阴铿是今甘肃武威人，少年时就能写诗作赋，尤善五言诗，在文学上取得突出成就。杜甫将阴铿和何逊合称"阴何"。

永明体自诞生以来，经历近百年时间，在无数诗人的共同努力下，取得了辉煌的成就。它标志着从前占主体地位的古体诗告一段落，新体诗开始走上历史舞台；它以清新自然的诗风，为当时的诗坛注入了新的气息，树立了新的美学风范；它以多年积累的丰富艺术经验，为后来唐诗的繁荣奠定了基础，也可以说，南朝齐国开创的永明体，是唐诗兴盛的重要源头。

永明体也有缺陷和弊病，主要是对声律的要求过分苛细，但这并不影响它在文学史上的地位。永明体对中国诗歌的发展，无疑做出了极其重要的贡献。

杰出诗人谢朓

　　谢朓，是永明体的主要代表人物之一。他出身高门世族，与谢灵运同族，人称"小谢"。谢朓文采出众，才华横溢，可惜生逢乱世，命运同谢灵运一样，遭人诬陷致死，年仅三十六岁。

　　《南齐书》记载，谢朓，是陈郡阳夏（今河南太康）人。谢朓出身贵族，祖父、父亲都是朝廷重臣，祖母是《后汉书》作者范晔的姐姐，母亲是宋文帝刘义隆的女儿，都是显赫人物。

　　谢朓从小好学，文章清丽，颇有声名。他十五岁那年，南朝宋国灭亡，萧道成建立齐国。谢朓家族受影响不大，他依旧过着轻裘肥马、广结诗友的贵族生活。

　　谢朓十九岁时，入仕做官，先是担任无关紧要的小吏，后当了齐武帝八子萧子隆的属官，随萧子隆到荆州赴任，从事文学创作。此时处于永明之治时期，社会稳定，经济文化比较繁荣，谢朓创作了不少诗歌。他与沈约等文人来往密切，成为"竟陵八友"之一，开始探索形成永明体。

　　495年，谢朓升任宣城太守，实现了他"凌风翰""恣山泉"的愿望。可是，这个时候，永明之治已经结束，政局动荡不安。齐明帝萧鸾，连杀齐武帝的两个孙子，自己篡权登位，并且大肆屠杀高帝、武帝的子孙。谢朓既愿意当官，又对现实不满，陷入矛盾之中，他的许多诗歌，都体现了这种矛盾心情。在宣城任上，谢朓将他的诗歌创作，推向了数量和艺术的高峰，所以，后人称他为"谢宣城"。

　　谢朓一生，创作了大量诗歌，流传至今的，有二百余首。谢朓的诗风，以清新、清丽、清俊见称，多描写自然景物，对山水诗有新的发展。谢朓不是单纯地写山水，而是与抒发感情自然结合起来。谢朓沉浮于政治旋涡之中，目睹仕途险恶和朝廷黑暗，因而常常通过对景物的描写，表现出自己对宦途的忧惧和人生的苦闷。

谢朓除了写诗以外，也写辞赋和散文。现存的几篇赋，如《思归赋》《高松赋》《游后园赋》等，都是体制短小，声律协调，富有抒情色彩。他写的散文，也很有诗情画意。

谢朓在诗歌创作上，达到了很高的艺术成就，在当时就被誉为最杰出的诗人。沈约说："二百年来无此诗。"萧衍说："三日不读谢朓诗，便觉口臭。"

谢朓的诗歌，对后世产生了深远影响。在中国文学史中，谢灵运与谢朓合称大谢、小谢。唐代大诗人李白、杜甫等人，都推崇谢朓。李白作诗曰："三山怀谢朓，水澹望长安。""我吟谢朓诗上语，朔风飒飒吹飞雨。""蓬莱文章建安骨，中间小谢又清发。"由于李白十分赞赏谢朓，所以，清代名士王士禛说，李白"一生低首谢宣城"。

谢朓的诗也有缺点，有时不能做到全篇尽善尽美，结尾显得平淡。但他对后世的影响，是显而易见的，谢朓对中国诗歌的发展，做出了特殊的贡献。

谢朓也有让人诟病的地方，他为了自保，竟然出卖了自己的岳父王敬则。王敬则是齐国开国功勋，是高帝、武帝的心腹武将，他对齐明帝残杀高帝子孙强烈不满，想兴兵造反。王敬则派五子王幼隆去联系谢朓，谢朓却怕祸及自身，心中恐惧，随即告发。结果，王敬则兵败被杀，全族被诛，而谢朓因告密有功，被升为尚书吏部郎。

谢朓做的这件事，确实不太地道，以至于同僚沈昭略看不起他，时常嘲笑他。《南齐书》说，谢朓的妻子，对丈夫出卖父亲极为愤慨，她是武将之女，经常怀藏利刃，想要杀死丈夫，为父报仇，吓得谢朓不敢见她。

齐明帝死后，儿子萧宝卷继位。萧宝卷昏暴无道，江祏、萧遥光等人想废了他，拉拢谢朓参加。谢朓仍然不敢干，并且将机密告诉了别人。江祏、萧遥光闻之大怒，来了个恶人先告状，诬陷谢朓谋反。

萧宝卷昏聩，不问青红皂白，将谢朓打入大狱，不久，一代文豪谢朓，无声无息地死在了狱中。

可叹谢朓，处心积虑为了自保，最终仍然没有保住自己的性命。在乱世之中，人的生命犹如浮萍，是由不得自己做主的。

大科学家祖冲之

祖冲之是南朝时期著名科学家。他一生致力于科学研究，在数学、天文历法、机械制造等方面，均有突出成就，特别是他提出的"祖冲之圆周率"，领先世界一千多年，为人类做出重大贡献。

《南齐书》记载，祖冲之是范阳蓟（今河北涞水）人。西晋末期，祖冲之的先辈迁徙江南避乱，祖冲之出生在建康。他的祖父祖昌，任南朝宋的大匠卿，是负责土木工程的官员；父亲祖朔之，做奉朝请，他学识渊博，常被邀请参加朝廷典礼。

祖冲之从小受到良好的家庭教育，爷爷给他讲"斗转星移"，父亲教他读四书五经，使他对文学、哲学、自然科学，都产生了浓厚兴趣，尤其对奥妙无穷的天文学和自然科学，他更是想弄个明白。

祖冲之学习十分刻苦，而且用心钻研。他把自上古以来的各种文献、记录、资料，几乎全部搜罗起来，潜心学习研究，亲自进行测量和计算，直到得出正确的结论为止。所以，祖冲之年龄不大，就有了博学多才的好名声。

在南朝宋时期，祖冲之到总明观工作。总明观，是朝廷设立的研究、教学、藏书三位一体的机构，也是全国最高的科研学术机构，相当于现在的中国科学院。总明观藏有大量图书，包括天文、历法、算术等方面的书籍。祖冲之如鱼得水，他一边如饥似渴地学习，一边进行研究创造。

祖冲之后来到地方任职，先后担任南徐州从事史、公府参军、娄县县令、谒者仆射等职务。他一边履行职责，一边坚持进行科学研究。祖冲之通过实践，汲取了丰富营养，使他的研究能够与实际相结合，取得了很大进展。

在南齐时期，祖冲之担任长水校尉的官职。当时，皇帝更换频繁，权力之争激烈，政治黑暗，社会动荡不安。祖冲之不求做官，不慕名利，不参加任何派别斗争，而是全身心地投入科学研究之中。所以，政治上的风云变幻，对他没有什么影响。

祖冲之并不是不关心社会和政治，只是不参与权力斗争。这个时期，祖冲之重点研究了文学和社会科学。他针对当时国力衰退的弊端，写了一篇《安边论》，建议朝廷开垦荒地，安定民生，增强国力，巩固国防。齐明帝萧鸾看后，大为赞赏，曾打算让祖冲之巡行四方，兴造大业，但当时皇权之争太重要了，齐明帝没顾得上，只好不了了之了。

祖冲之一生，不图富贵，不求名利，他孜孜以求的，是进行科学研究。他坚持不懈，锲而不舍，经过长期努力，耗费心血，终于取得了重大成就。

祖冲之的成就之一，是他精确计算出圆周率值，在 3.1415926 和 3.1415927 之间，成为世界上第一位将圆周率值计算到小数第七位的科学家。圆周率的应用非常广泛，涉及多个领域，如何正确地推求圆周率的数值，是世界数学史上的一个重要课题，在这方面，祖冲之成为世界第一人。

祖冲之的成就之二，是精心编成了《大明历》。在此之前，实行的是《元嘉历》，祖冲之经过研究，修正了《元嘉历》中的许多错误，形成了新的历法。《大明历》在 510 年开始实行。

祖冲之的成就之三，是机械制造。祖冲之设计制造过水碓磨、铜制机件传动的指南车和千里船、定时器等，在当时极为先进。《南齐书》记载说，有感于诸葛亮造有木牛流马，祖冲之就造了一种器械，不借风力水力，也不用人力，启动机关，它就能自己运行，甚是奇妙。萧子良喜好古物，祖冲之为他制作了一个不倒器。

祖冲之的成就不仅限于自然科学，他在哲学、文学等方面，也有很深的造诣。祖冲之著有《易义》《老子义》《庄子义》《释论语》等哲学著作，撰写了《述异记》等文学作品。祖冲之还精通乐器音律，甚至赌博也是高手，没有人能够赢他。真是多才多艺！

500 年，祖冲之与世长辞，享年七十二岁。

祖冲之为人类做出了卓越贡献，永远被人们所怀念。世界天文学家联合会将月球上的一座山，命名为"祖冲之环形山"，把一颗行星命名为"祖冲之星"。祖冲之计算出来的圆周率值，被人们称为"祖率"。

萧衍篡齐建南梁

502年，萧衍篡位称帝，建立梁国，史称南梁，也叫萧梁。梁国是南朝第三个朝代，历经四代皇帝，存在五十五年，其中，萧衍的在位时间竟长达四十八年。

萧衍，被称为梁武帝，是中国历史上十分有名的皇帝。他博学多才，集文学家、经学家、艺术家、佛学家于一身；他前期贤明，文治武功，但后期却昏聩起来，痴迷佛教，导致国家衰亡，自己也被饿死。那么，梁武帝萧衍，究竟是个什么样的人呢？

《梁书》记载，萧衍是南齐皇帝宗室，他父亲叫萧顺之，是齐高帝萧道成的族弟，他们是同一个高祖。因此，萧衍有着良好的家庭背景。

464年，萧衍出生在秣陵县（今属南京江宁）同夏里三桥宅。他出生时，与众不同，膝盖骨有两块并列的骨头，头顶高高隆起，右手心有"武"字一样的纹理，人皆称奇。

萧衍从小喜欢读书，长大后博学多通，胸有谋略，有文武才干，尤其喜欢文学。他与沈约、谢朓等人，一起游于竟陵王萧子良门下，被称为"竟陵八友"。萧衍的谋略和胆识，是其他七人无法相比的，当时的名流贤达，都很推崇他。

萧衍是个大孝子，从小就知道孝敬父母。他六岁那年，母亲张尚柔不幸病逝，萧衍一连三天，水米不进，哀哀哭泣，悲哀之状超过成年人，内外亲属都很怜悯敬重他。

后来，萧衍在荆州做随王萧子隆属官的时候，听说父亲病重，他立即辞掉官职，连夜回奔，日夜兼程，路上不吃不睡，一刻也不停歇。萧衍本来身强力壮，但回到京城时，已经消瘦不堪，销毁骨立，亲戚朋友都不认识他了。父亲去世时，萧衍哭得气绝，好久才苏醒过来。他每次哀哭，都吐血数升，人们都被他的真情至孝所感动。

父亲去世后，萧衍在家守孝三年，然后复官，在朝中担任太子庶子、给事黄门侍郎。在此期间，权臣萧鸾很器重他，两人关系不错。萧衍为萧鸾出谋划策，帮助他谋取了皇位。萧鸾登基后，提拔萧衍为中书侍郎，后又升为黄门侍郎，萧衍开始显赫起来。

萧鸾登基第二年，北魏皇帝拓跋宏，亲率三十万大军进犯南齐。萧鸾命将军崔慧景、裴叔业率军迎敌，后听说北魏分兵攻打义阳，又派将军王广之和萧衍领兵前去增援。

王广之领兵进到义阳附近，听说北魏军队凶悍，便畏缩不前。萧衍请求充当先锋，去和北魏军队交战。王广之很高兴，派部分军队归萧衍指挥，进兵义阳。

萧衍趁着夜晚，悄悄赶到义阳，登上贤首山，命士兵在山上山下插满旗帜。等到天一亮，义阳城中的守军，看到满山遍野都是军旗，认为齐国大军已经赶到，士气大增，马上整军出城，攻击魏军。萧衍命山上的士兵，顺风放火，摇旗擂鼓，高声呐喊，杀下山去。萧衍全身披挂，亲自上阵，身先士卒。北魏军队不知虚实，受到两头夹击，溃不成军，大败而逃。

后来，萧衍又几次参加与北魏的战争，立有战功，升任雍州刺史。看来，萧衍不仅文采出众，打仗也有一套，属于文武双全。萧衍从此精心治理雍州，有了一块可靠的根据地。

萧鸾死后，儿子萧宝卷继位。萧宝卷昏庸无道，残暴不仁，萧衍觉得，南齐的统治不会长久，便有意取而代之。他在襄阳整顿兵马，制造器械，暗地里做好了各种准备，打算一有机会，就举兵起事，夺取皇位。

机会来了。500年，萧宝卷冤杀了萧衍的兄长萧懿。萧衍悲愤，遂打着为兄报仇的旗号，公开造反了。萧宝卷的统治不得人心，民众纷纷响应，萧衍很快聚集甲士万余人，马千余匹，船三千艘。这时，宗室萧颖胄也在荆州起兵，萧衍与他联合，拥立萧宝融为帝，势力更加强大。萧衍率领大军杀向建康，很快兵临城下。

在这危急时刻，城中的皇帝萧宝卷，依然沉湎于酒色之中，并谴责众将士无能。守城将军王珍国异常愤恨，暗中与萧衍联系，给萧衍送去一个明镜，表明心迹，然后，率兵冲入皇宫，杀死萧宝卷，迎接萧衍大军入城。

萧衍入城后，把萧宝融扶上皇位，自己当了大司马，控制了朝廷。萧衍的好朋友沈约，多次劝他自立为帝，第一次劝，萧衍装糊涂；第二次劝，萧衍说考虑一下；第三次劝，萧衍就答应了。萧衍不是不想当皇帝，而是要做好各种准备，等待时机。

502年四月，萧衍一切准备就绪，觉得时机成熟，就在南郊祭告天地，登基称帝，被称为梁武帝，定国号为"大梁"。不久，萧衍将萧宝融杀害。

萧衍称帝以后，吸取南齐灭亡的教训，非常勤奋，不分春夏秋冬，都是五更起床，批阅公文奏章，从不懈怠。冬天北风呼啸，天寒地冻，他也不肯在被窝里多暖和一会儿，照样早起，以致把手都冻裂了。

梁武帝萧衍知道，要想治理好国家，必须要加强吏治，选贤任能，因此，他十分重视对各级官吏的选拔任用。萧衍经常接见官吏，亲自进行考察，并训导他们要勤政爱民。萧衍重视对官吏的考核，政绩突出的给予升迁，不称职的及时罢免。

当时，由于萧宝卷的黑暗统治，致使社会混乱，经济凋零，财政困难，百姓痛苦。梁武帝即位以后，迅速纠正各种弊端，励精图治。他下令废除严刑峻法，实行宽和政策；减轻赋税，减少徭役，鼓励农耕，发展经济；广开言路，采纳众议，设置意见箱，不管是官员还是百姓，都可以给朝廷提出批评建议。梁武帝采取的这些措施，俨然一副开明君主的样子。

梁武帝提倡勤俭建国，他上台伊始，就宣布减少宫中开支，遣散宫女两千多人。他自己身体力行，带头节俭，穿布衣，吃素食。在历史上，萧衍是出名的节俭皇帝。史书记载，他一床被子盖两年，一顶帽子戴三年，穿的衣服洗了又洗，十分破旧了，也舍不得扔掉。这在历代皇帝中，是十分少见的。

在梁武帝萧衍的精心治理下，南梁经济得到恢复，政治清明，法律宽松，百姓安居乐业。再加上这个时期，北魏发生内乱，分裂成东魏和西魏两个政权，双方不断交战，与南朝的战争减少，老百姓基本上过了一段太平日子。

与此同时，南梁的文化得到较快发展，涌现出一大批有成就的文学家。梁武帝自己就是文学家，他当皇帝以后，作赋写诗的兴趣依然不减。在他的带动下，大臣们纷纷效仿，甚至连赳赳武将，也以会吟诗为荣，每逢打了胜仗，在庆功宴上，文武大臣都作诗庆贺。梁武帝一生作诗无数，有八十多首诗歌流传后世。

梁武帝精通经学，他少年时就做过深入研究，当皇帝以后，虽然日理万机，仍然手不释卷，潜心钻研，常常熬到深夜。他撰写了《周易讲疏》等经学著作，共二百多卷，为经学发展做出了重要贡献。

梁武帝对音乐也有研究，亲自谱写歌曲，还会吹拉弹唱。梁武帝在书法绘画上也有很深的造诣，他特别欣赏王羲之的书法，是历史上第一个大力推崇王羲之的皇帝。在他的影响下，南梁兴起了有史以来第一波学习王羲之书法的高潮。在此之前，王羲之的名气，没有儿子王献之的名气大，由于梁武帝的推崇，王羲之名气大盛，后来被戴上"书圣"的桂冠。

《南齐书》评价说："历观古昔帝王人君，恭俭庄敬，艺能博学，罕或有焉。"意思是说，历代帝王，像梁武帝这样庄严肃穆、博学多艺的，十分罕见。

梁武帝除了这些功绩和成就以外，还有一件十分让他欣慰的事情，就是他有一个好儿子。他的太子萧统，性情纯孝仁厚，才华出众，受到朝野爱戴，被称为"昭明太子"。梁武帝百年之后，由他继位，可保南梁无虞，所以，梁武帝十分高兴。

然而，令人想不到的是，这么优秀的儿子，竟然英年早逝，死在了父亲前头，这给了梁武帝一个十分沉重的打击。

仁孝太子萧统

在南朝时期，皇帝的儿子们大多数不成器，这也是各朝代不能长久的重要原因。然而，梁武帝萧衍的儿子萧统，却是个出类拔萃的优秀人物，他聪慧贤明，宽厚仁义，心地善良，才华出众，不仅得到朝臣拥戴，老百姓也都称赞他。

《梁书》记载，501年，萧衍起兵不久，萧统出生在襄阳。萧衍年近四十始得长子，自然大喜。当时，徐元瑜归降，萧颖胄暴死，萧衍把这三件事，称为"三庆"。萧衍称帝后，随即立两岁的萧统为皇太子。

萧统天生聪明机灵，三岁开始学习《论语》《孝经》，到五岁时，就把《诗》《书》《礼》《易》《春秋》全部学完，而且能够背诵。萧统八岁时，亲自到国学摆设祭品，祭祀先师孔子。父亲考核他的学业，让他讲解《孝经》，萧统讲得条理清晰，头头是道，梁武帝十分高兴。

萧统和他父亲一样，从小就很孝顺。他出居东宫后，经常思念母亲而闷闷不乐。梁武帝知道以后，让他每五天可去朝见母亲一次。萧统的母亲叫丁令光，是梁武帝的贵嫔，住在永福宫。萧统便常常留居永福宫，有时三五天才回东宫。

萧统十六岁时，丁贵嫔生病，他回到永福宫，日夜不离左右，精心伺候母亲，几个月不脱衣睡觉。后来，丁贵嫔去世，萧统悲痛万分，几天水米不进，以致昏厥过去。梁武帝听说后，下旨令他进食，萧统才勉强喝了点稀粥。萧统本来身体粗壮，在母亲丧事期间，竟然消减了大半，众人见了，没有不感动落泪的。

萧统生性仁爱，富有同情心，对所有人都很好。他十二岁那年，在宫内看司法官判案，见十几名犯人跪在地上，听法官宣判。萧统觉得判得过重，心里不忍，便对法官说："我能判案吗？"法官见他年幼，开玩笑说："可以。"不料，萧统真的坐到大堂上，判起案来。他把原判重刑的人，都改为杖五十，然后释放。司法官不知所措，报告了梁武帝萧衍。梁武帝看了案卷，觉得萧统判得有些道理，笑着让照此办理。此后，梁武帝经常让萧统旁听审案，萧统宽大处理了不少人，他的仁爱之名传播开来。

萧统自十五岁举行成人加冠仪式以后，梁武帝就让他参与国家大事，朝廷各部门和大臣们的奏章都让他看。萧统逐一认真阅读，提出自己的意见。吴兴郡屡次因受水灾歉收，有大臣上奏说，应挖一条大河，泄洪于浙江，梁武帝同意了。萧统经过认真思考，认为工程太大，耗资过多，而且需要征调吴郡、吴兴、义兴三郡民工，必会影响农耕生产，建议暂停此工程。梁武帝觉得有理，下诏按他的意见办。

萧统十分关心百姓疾苦，听说哪里受灾，他就收敛笑容，很不开心，并及时上奏朝廷，安排救灾。每逢阴雨连绵和大雪纷飞的时候，萧统就派人走街串巷，察看贫困人家，拿钱物救助他们。萧统把自己的布帛捐献出来，做成短衣短袄，送给流落街头、无家可归的人，每年都要做三千多件。有人死后无力收埋，萧统就替他们购买棺材，予以安葬。他自己则节衣缩食，生活简朴。太子的仁德之名传遍天下。

萧统不喜音乐，不好女色。他在东宫二十多年，从不蓄养歌伎，梁武帝赐他一班宫廷女乐，他也不喜欢，很少用她们。有一次，萧统与友人在御花园游赏风景，吟诗作赋。有人建议说，如果有女乐，就更好了。萧统笑了笑，没有正面回答，而是吟诵了左思的两句诗："何必丝与竹，山水有清音。"友人听了，面露愧色。

萧统最大的爱好，是研讨学问，写诗作赋。他广招文人学士，与他们商讨古今学问。当时东宫有藏书三万卷，名士才子济济一堂，其盛况是南朝从未有过的。萧统一有空，就埋头撰写诗赋文章，养成了习惯。萧统一生创作了大量文学作品，有《文集》二十卷，《文选》三十卷，五言诗二十卷，后人把它们编辑成《昭明太子集》。萧统是南朝著名文学家。

萧统还喜欢佛教，阅读了许多佛教经书，并在宫中建了慧义殿，作为讲解佛经的教堂。萧统经常召集有名望的僧侣，与他们一起谈佛论经。他的父亲萧衍，也十分推崇佛教，后来竟达到痴迷的程度。所以，在南梁时期，佛教大盛。

萧统性情仁慈，他几次在饭菜中发现苍蝇、小虫之类，都悄悄拨了出去，从不声张，怕厨人因此获罪。有一次，他在街上遇见手执荆棍的官吏，问他们，回答说是用荆棍清道赶人。萧统说："用荆棍打人，多疼啊！换成小板子吧。"并嘱咐道："吓唬一下就行，不要真打。"

531 年三月的一天，萧统在后宫池塘采莲，因船工划船不慎，他跌落水中，伤了股骨。萧统怕船工受罚，严令不许声张，只以偶然患病上报。后来，病情渐重，左右要报告皇帝，萧统仍然不让，说："为什么要让父亲为我担忧呢？"说着，难过地哭了起来。梁武帝每次派人询问他的病情，萧统都说已经好了。

到了四月初七，萧统病情恶化，侍从赶紧报告了梁武帝萧衍。梁武帝赶到时，萧统已经说不出话来，只用泪眼深情地盯着父亲。梁武帝此时已经六十八岁了，他心如刀绞，老泪纵横，抚摸着爱子，痛哭不止。萧统死时，只有三十一岁。梁武帝下诏，让他穿着帝王的衣冠下葬。

《资治通鉴》说，萧统因为蜡鹅厌祷事件，曾与父亲有过嫌隙。可是，《梁书》和《南史》均无此记载，父子俩的感情，始终都很好。爱子早逝，梁武帝身心遭受巨大打击，使他更加沉湎于佛教，以求心灵上的宽慰。

萧统仁义有德，尽人皆知，他死后，朝野悲痛。京城的男女老幼，都自发地跑到太子宫哭吊，街上满是痛哭流涕的人群。全国的百姓，包括守边的士兵，听到丧讯，都十分悲哀。池州曾经遭受大灾，是萧统亲自安排送粮赈灾，才使百姓度过劫难。萧统死后，池州百姓哭声一片，特向朝廷请来了萧统的衣帽，建起了衣冠冢和太子庙，世代祭祀。在萧统出生地襄阳，人们为了纪念他，建起了昭明台，至今仍是襄阳市的标志性建筑。

昭明太子萧统，永远为人们所怀念！

梁武帝四次当和尚

在历史上，萧衍是个出名的信佛皇帝。其实，推崇佛教的皇帝不少，但都是把它当作统治工具，唯有梁武帝真心信佛，是虔诚的佛教徒。他晚年时，看破红尘，四次出家当和尚，并且在全国大兴佛事。由于梁武帝信佛过了头，致使朝廷混乱，国力衰落，他本人也身受其害，死于侯景之乱。

《梁书》记载，梁武帝萧衍博学多艺，才华出众，是个儒者，所以，他原先是推崇儒学的。梁武帝建国后，崇尚孔子，修建国学，增加生员，建立五馆，设置《五经》博士，推广儒学。梁武帝还亲自写了《制旨孝经义》《孔子正言》《中庸讲疏》《春秋问答》等儒学著作。

笔者在读《梁书》时，看到梁武帝在登基后十几年内，在诏令中多次引用孔子和儒家的礼乐制度，要求推行仁政，兴建学校，敦治儒术，开馆纳士，提拔儒生。508 年，梁武帝下诏说："建国立业，以教化百姓为首务。要致力于人伦孝道之教习，弘扬智仁勇，使王道播扬于四方，让圣人的教诲变成人们的行为准则。"516 年，梁武帝再次下诏，强调要"弘扬廓大仁德之教化"。可见，在梁武帝执政的前期，是推崇儒学的。

当然，也有史料说，梁武帝在即位第三年，就率僧俗两万多人，在重云殿举行佛事，对佛教表示信仰。其实，这并不矛盾，梁武帝博学多通，很早就对佛教产生兴趣，只不过此时还没有达到痴迷的程度，更没有想出家为僧，遁入空门。梁武帝是在晚年之后，遭受了一连串精神打击，特别是痛失爱子，才使他心灰意冷，皈依佛门，几次出家当和尚。

梁武帝遭受的第一个沉重打击，是他的亲弟弟与他的女儿乱伦，而且密谋要杀害他。

梁武帝的六弟萧宏，小他十岁，身高八尺，容貌俊美，官至太尉、骠骑大将军。梁武帝很宠爱这个弟弟，打了败仗，不加责备；窝藏杀人凶手，也不忍心追究。可是，萧宏不知感恩，反而更加肆无忌惮，胆大妄为，竟然与自己的亲侄女、梁武帝的嫡长女勾搭成奸。

梁武帝的长女，名叫萧玉瑶（一作萧玉姚），被称为永兴公主。萧玉瑶从小被娇惯，张狂任性，做事不考虑后果。她与六叔好上以后，对他死心塌地。六叔对她说："你杀了你爹，我做皇帝，封你当皇后。"萧玉瑶果真照办，她安排两个刺客，让他们男扮女装，假装婢女，跟着她进宫刺杀父亲。可是，皇宫里的侍卫不是吃干饭的，刺客刚一进宫，就被抓获了。

梁武帝萧衍得知真相，气了个半死。这事谁能受得了，换了别人，恐怕会气死了。萧衍把女儿撵出城外居住，萧玉瑶不久得病死了。家丑不可外扬，梁武帝没有追究弟弟，但肯定窝着满满一肚子火。萧宏后来也得病死了。

梁武帝遭受的第二个沉重打击，是他的次子萧综，不承认是他的儿子，与他公开决裂，投降北魏去了。

萧综的母亲，名叫吴淑媛，原是萧宝卷的侍妾，被萧衍纳为妃子，七个月以后，生下了萧综。梁武帝一直以为是自己的骨肉，对他疼爱有加。后来，吴淑媛失宠，怨恨萧衍，告诉儿子说，他并非萧衍骨血，亲爹是萧宝卷，萧宝卷是萧衍杀的。萧综血气方刚，投降了北魏，改名为萧缵，还穿上丧服，为萧宝卷戴孝，发誓要为亲爹报仇。北魏十分高兴，授予萧综高官厚禄，把这事大肆宣扬。梁武帝听了，又气了个半死。

接连遭受打击，梁武帝心中受伤，有点接受不了，他开始迷恋佛教，寻求精神上的安慰。527年，梁武帝第一次到同泰寺出家。皇帝当和尚，可是从未听说过的事情，朝廷顿时炸了锅，公卿大臣们赶紧跑到寺里，劝说萧衍回朝。也许萧衍出家的决心不够坚定，也许他还挂念着朝中一大堆事没人管，所以，他只在寺里住了三天，就回去继续当皇帝了。

529 年，梁武帝脱下帝袍，换上僧衣，又跑到同泰寺去当和尚。这一次比上次坚决一些，待了十二天。群臣自然又去苦劝，并捐给寺里一亿钱，梁武帝才很不情愿地回来了。

在爱子萧统死了以后，梁武帝精神上受到更大打击，一直心灰意冷。546 年，梁武帝又第三次到同泰寺出家了。这次任凭群臣如何苦劝，他就是不肯回去。群臣急了，狠狠心，拿出两亿钱，买通了寺院。寺里僧人见有这么多钱，也巴不得梁武帝回去。群臣用了多种办法，好不容易才把梁武帝请了回来。

谁知，仅过了一年，梁武帝又第四次出家了。这一次，萧衍似乎铁了心，在同泰寺一连住了三十七天。大臣们费尽心机，又拿出一亿钱，好歹把萧衍弄了回来。看来，皇帝想当和尚，是很不容易的，身不由己。

梁武帝一心向佛，见当不成和尚，便大兴佛事。他经常跑到同泰寺，去主持讲解佛经。梁武帝从此很少过问朝政，而专心研究佛经。他从佛经中找到根据，下令僧人必须吃素。过去，汉传佛教是允许和尚吃肉的，从南梁开始，就形成了吃素的习惯。萧衍本人，更是身体力行，只吃素食，决不吃荤，而且五十岁以后，不再近女色。梁武帝还下令，祭祀宗庙，不准用猪牛羊，改为水果和蔬菜。梁武帝让祖宗也吃素。

在梁武帝的带动支持下，南梁佛教达到鼎盛，全国寺庙林立，僧人众多，数不胜数。杜牧有诗道："南朝四百八十寺，多少楼台烟雨中。"其实，寺庙远比这个数量要多，有人说，佛寺达两千八百多座，僧民近百万人。佛教过盛，耗费了大量国力，也造成兵源和劳动力短缺，南梁不可避免地衰落下去。

梁武帝在晚年的时候，又做了一件引狼入室的蠢事，导致侯景叛乱，南梁开始分崩离析了。

引狼入室侯景叛乱

萧衍晚年，引狼入室，导致侯景叛乱。侯景之乱，不仅重创了南梁，使南梁分裂，走向灭亡，而且打破了长期以来南北平衡的格局，形成了南弱北强的态势，最终由北方统一了南方。

《梁书》记载，侯景是朔方（今山西朔州）人，也有人说他是雁门人，羯族。侯景少年时，深受边镇好武剽悍风气的影响，恃勇好斗，横行不羁，乡里人都怕他。侯景长大后，体格强健，善于骑射，被选做北镇戍兵，立有战功。《南史》却说，侯景右腿短，是个跛脚，不擅长弯弓骑马，只是靠智谋取胜。

在北魏末期，北方大乱，北魏分裂成东魏和西魏两个政权。在乱世之中，侯景大显身手，左右逢源，先是追随北魏权臣尔朱荣，后又投靠东魏权臣高欢。侯景很有谋略，治军严整，为人残暴，很舍得拿钱奖赏将士，因而他的部队战斗力比较强，多次打胜仗，立下不少战功。

高欢很器重侯景，提拔他为吏部尚书，封为濮阳郡公，后又升迁他为司徒，兼定州刺史，拥兵十万，统治河南地区。不过，高欢后来看出侯景为人奸诈，临终前嘱咐儿子高澄说："侯景狡诈多计，反复难知，我死后，必不会为你所用。"

果然，侯景向来看不起高澄，对人说："高欢活着，我不敢有异；现在高欢死了，我不能与小儿共事。"他想去投靠西魏，但西魏对他不感兴趣，不得已，侯景决定投降南梁。

547年，侯景派使者去南梁，请求归降。梁武帝召集群臣商议，尚书仆射谢举和许多大臣都不同意，说侯景是反复小人，不宜收留。

当时，梁武帝已多次出家，是一个虔诚的佛教徒了。《南史·侯景传》：（梁武帝）于善言殿读佛经，因谓左右黄慧弼曰："我昨梦天下太平，尔其识之。"同时，侯景当时占据河南之地，手里又有十万军队，他若投降，南梁可以扩大疆域，增添力量。所以，梁武帝不顾大臣们反对，坚持接纳了侯景，并封侯景为河南王、大将军，董督河南南北诸军事。梁武帝的这个决定，结果引狼入室，祸乱南梁。

东魏高澄得知侯景降梁之后，迅速出兵攻击侯景，梁武帝赶紧派侄子萧渊明率军援助。侯景的士兵都是北方人，不愿意与东魏打仗，士气不振，被打得大败，死伤四万多人，部队溃散，河南之地也丢掉了。侯景只好带着残兵败将，南渡淮河，占据寿阳（今安徽寿县）安身。由于南梁大兴佛事，武备松懈，萧渊明带领的南梁军队，缺乏训练，战斗力不强，不是东魏军队对手，几乎全军覆灭，主帅萧渊明也当了俘虏。

侯景见南梁军队如此不堪一击，心里凉了半截。他又看到，皇帝萧衍一心出家，朝廷混乱，统治力下降，已经出现衰败之兆。于是，侯景在占据寿阳之后，又起了反叛南梁之心。他把当地的青壮年，全部招来当兵，并召集铁匠，日夜不停地锻造兵器。

侯景还拉拢朝中大臣，以便作为内应。萧衍的侄子萧正德，是那个与亲侄女乱伦的萧宏的第三子，也是品行低劣，而且久蓄异志。侯景设法与他交好，结成同党。对侯景的种种反常行为，不少大臣提醒梁武帝，劝他早做防范，梁武帝却不以为然。

东魏赶走侯景，收复了河南之地，便想与南梁和好，因为当时西魏是它的主要敌人。梁武帝想让东魏放回侄子萧渊明，也同意和好。侯景担心自己成为双方和好的筹码，极力反对，并要求率军北伐，被梁武帝驳回。

侯景起了疑心，害怕梁武帝会把他交给东魏，换回萧渊明，那他就死无葬身之地了。侯景诡计多端，心生一计，派人冒充东魏使者，去见梁武帝，伪造了东魏书信，说是愿意放回萧渊明，但需要拿侯景交换。梁武帝不知是假，回信说："你们如果早晨把萧渊明放回来，我们晚上就把侯景送过去。"侯景见信大怒，说："我就知道这老家伙少情寡义。"于是，下决心举兵反叛。

548年八月，侯景在降梁一年之后，就在寿阳公开起兵叛乱了。此时的梁武帝，确实已经昏聩，他竟然命侄子萧正德为平北将军，率军据守长江，抵御侯景。萧正德早已与侯景沆瀣一气，他派了数十艘大船，悄悄把侯景军队运载过来。侯景不费吹灰之力，就轻而易举地渡过长江天险，很快兵临建康城下了。

梁武帝得知侯景兵临城下，把军务托付给太子萧纲。萧纲是萧衍的第三子，是昭明太子萧统的同母弟弟，萧统去世后，他被立为皇太子，此时已经四十七岁了。萧纲紧急部署建康防务，并赦免囚徒，扩充军队。萧纲命大臣羊侃总督城中兵马，叛军多次攻城，均被击退，战况十分激烈。不料此时内奸萧正德打开宣阳门，迎接叛军进城。侯景士兵纷纷涌入城中，杀人放火，朝廷军队死伤惨重。

建康城虽然失守，但大臣羊侃却退守宫城，拼死抵抗，侯景久攻不下。当时，宫城中有两万士兵和十多万避难百姓，羊侃把他们组织起来，多次打退叛军进攻。侯景无奈，将宫城团团包围，断绝了宫城与外界的联系。

侯景没等攻克宫城，于十一月初一，拥立萧正德为帝，改元正平，自封为丞相。

549年三月，侯景引玄武湖水灌宫城，四面猛攻，此时，羊侃已经病逝，宫城终于被侯景占领。

侯景带兵进入皇宫，见梁武帝萧衍端坐龙椅，镇静如水。此时，萧衍已经八十六岁，胡子头发全白了，但仍然精神矍铄，目光炯炯。萧衍从容地问侯景："你是哪里人，为什么作乱？"

侯景见了梁武帝，内心胆怯，流下汗来，听到问话，竟不知如何回答。梁武帝又说："你应该管束好你的部队，不要骚扰百姓。"侯景唯唯诺诺。退出皇宫后，侯景对左右说："我一生征战沙场，杀人无数，从来没有胆怯过，不知道为什么，今天竟然害怕一个老头子。"

两个月之后，梁武帝因侯景减少了他的膳食，病饿而死。侯景又杀死萧正德，立太子萧纲为傀儡皇帝。

551年，侯景废杀萧纲，再立萧衍的曾孙萧栋为帝，不久，又废掉萧栋，自立为帝，国号为"汉"。不过，侯景当皇帝只有一百多天，就兵败被杀，一命呜呼了。

在侯景之乱的危急时刻，有一位大臣舍身为国，尽显忠臣本色，受到人们赞扬，青史留名。

靖难忠臣千古流芳

常言道："疾风知劲草，板荡识诚臣。"越是在国家危难之际，越能显示一个人的品格。在侯景之乱的时候，就出现一位靖难忠臣，名叫羊侃。

《梁书》记载，羊侃是泰山梁甫（今山东新泰）人，是著名"悬鱼太守"羊续的后代。羊续是东汉时期的南阳太守，以廉洁出名，有人给他送鱼，他却悬于门庭，留下了悬鱼拒贿的佳话。

羊侃的祖父羊规，原是南朝宋刘裕的部下，后来身陷北方，留在北魏为官，但常思念南方。羊侃的父亲羊祉，任北魏的雁门太守，他也常常对儿子们说："我们怎能长久滞留在异国，你们以后一定要想办法回归南朝。"

羊侃从小身体强壮，气力过人，长大后拜名师学艺，武功高强。他能在墙壁上直立行走，左右横行七步。八尺高的石人，羊侃抓起它们，互相撞击，能将石人打得粉碎。羊侃练就铁掌功，他手插宫殿的硬地，竟然插进一指多深。羊侃不到二十岁，就随父征战沙场，立有战功，被任命为尚书郎。

528年，羊侃率三万兵马，背叛北魏，南归梁朝。北魏派大军追击拦截，羊侃且战且走，到达淮河时，还剩万余人。羊侃正准备渡河，士兵们却流泪唱起了北方歌曲，他们都是北方人，不愿离开故土。羊侃理解士兵们的心情，没有强迫他们，而是含泪辞别，只带少数人过河，投奔了南梁。

梁武帝萧衍很赏识羊侃，任命他为徐州刺史。羊侃从此忠心耿耿为南梁效力，他率军平定了闽越地区叛乱，两次参加北伐，屡立战功，被任命为冠军将军，封为高昌县侯。

548年，侯景叛乱，梁武帝向羊侃询问对策。羊侃说："侯景早有反叛之心，必来南攻建康，我们应该派重兵占据采石，做好防范。"朝臣却认为，侯景不一定敢进犯建康，更不会来得那么快。因此，梁武帝没有采纳羊侃的建议，只是令他率千余骑兵，驻扎在建康城外。

侯景因为有萧正德做内应，所以进军神速，很快兵临建康城下。此时，南梁建立已有四十七年，境内平安无事，公卿各安其位，百姓们都没经历过战争。侯景叛军突然到来，满城皆惊，秩序大乱。梁武帝把军务委托给太子萧纲。萧纲很器重羊侃，急忙把他召回，命他总督城中兵马，领兵防御。

羊侃首先稳定城中秩序，下令斩杀在武库私取兵器的士卒，又散布消息说，援军很快就会到达，稳定了人心。然后，羊侃加固城防工事，划分防御区域，皇室成员也都参加防卫，做好了各项准备。梁武帝从国库中拿出金银绢帛，交给羊侃，让他赏赐士卒。羊侃推辞不受，而是散尽自己的全部家产，犒赏部下。羊侃说："国难当头，要财产有什么用呢？"

叛军没有遇到多大阻力，就顺利抵达建康城下，因而气焰十分嚣张。侯景令大军将建康城团团包围，四面攻打。城上早有准备，箭如雨下，滚石檑木一齐打来，叛军死伤一片。侯景下令火攻，纵火烧东华、西华各门，城墙四周火焰冲天。羊侃也有防备，在城墙上蓄存了许多水桶，往下灌水灭火，使火攻不能奏效。

第二天，侯景用几百头木驴攻城，城上用石头往下砸，木驴都被砸碎了。侯景又造了许多尖顶木驴，形状像棺材，石头砸不破。于是，羊侃造了许多雉尾火炬，灌上油脂，扔到城下，木驴都被烧为灰烬。

在战斗最激烈的时刻，内奸萧正德打开宣阳门，大批叛军蜂拥入城。羊侃见城门已破，只好率军退入宫城。宫城不是很大，但墙高坚固，也可以抵挡一阵子。羊侃和众将士心里都很明白，皇帝住在宫城内，一旦城破，朝廷就完了，所以，他们暗下决心，一定要豁出命来，拼死保卫朝廷。

侯景指挥士兵，将宫城围得水泄不通，奋力攻打；羊侃则激励守城将士，拼死抵抗，多次打退叛军进攻。叛军见攻不进去，纷纷爬到东宫房顶，居高临下，向宫城内射箭，造成很大威胁。到了深夜，羊侃组织了敢死队，杀出一条血路，冲入东宫，纵火焚烧，把东宫夷为平地。

侯景失去了制高点，便在宫城东西两侧，堆造土山，想要压制宫城。羊侃命士兵挖掘地道，直通到土山底下，使得土山崩塌。侯景一计不成，又生一计，命人制作高达十多丈的登城楼车，打算从车上往城中射箭。众人都很担心，羊侃笑着说："楼车太高而壕沟松软，来时必然倾倒，不会起什么作用。"结果果然如此，众将士都十分佩服。

侯景见小小的宫城久攻不下，又担心外地的援军会赶来救助朝廷，心中十分焦虑。他刚入城时，想着迅速稳定局面，还能约束军队，不侵犯百姓，如今气急败坏，便放纵士兵，任意烧杀抢掠。士兵们放火烧毁了太府寺、士林馆、西马厩等建筑，还闯入百姓家中，搜刮抢夺财物，把女人劫到军营奸淫，街上满是尸体，建康城成了人间地狱。

羊侃的长子羊鹭（一作羊耽），不幸被侯景士兵抓住。侯景如获至宝，派人劝降羊侃，说："你儿子在我手里，你若投降，可保住你儿子的性命。"羊侃大义凛然地说："我把全家都用来报答皇上，尚嫌不够，怎么会计较一个儿子呢？"

侯景把羊鹭拉到城下，把刀架在他脖子上，威胁羊侃说："你若不降，就杀了你儿子。"羊侃流着泪对儿子说："我原以为你已经死了，原来你还活着。我决心以身报国，你也应该为朝廷而死。"说着，拉满弓，就要亲手射死自己的儿子。侯景军被羊侃的忠义所感动，最终没有杀他的儿子。

侯景用尽一切办法，宫城始终屹立不倒。侯景无奈，就在宫城周围，建筑起一道土墙，截断了它与外面的联系。侯景军抓了大批百姓去筑土墙，王公大臣也去背土，昼夜不停地干。士兵们对百姓随意殴打鞭捶，有些老弱病者，干不动了，就被杀了填进土墙，哭号声响成一片，回荡在天地之间。

侯景断绝了宫城与外界的联系，就立萧正德做皇帝，还娶了他的女儿。

548 年十二月，羊侃劳累过度，精疲力竭，病逝于宫城，终年五十四岁。羊侃死后，侯景终于攻破宫城，占领了整个建康城。

羊侃在建康城破的危急情况下，仍然坚守宫城达数月之久，拖住了侯景军队主力，为外地组织援军争取到了宝贵时间。

侯景虽然占领了建康城，但并未征服整个梁国，各地纷纷起兵，讨伐侯景，南梁处于战乱之中。

南梁分裂走向灭亡

侯景之乱，不得人心，各地纷纷兴兵讨伐，不久，叛乱就被平息。然而，侯景死了之后，局势却更加混乱，为了争夺皇位，宗室内部发生混战，造成南梁分裂，最终灭亡，被南陈取代。

《梁书》记载，侯景在建康城与羊侃鏖战之时，各地援军陆续赶来，有衡州刺史韦粲、司州刺史柳仲礼、南陵太守陈文彻、宣猛将军李孝钦，以及梁武帝的子孙萧纶、萧嗣、萧大连等人，兵力达到几十万，声势浩大。侯景见了，有些胆寒，一度想停战讲和。老百姓深受鼓舞，扶老携幼欢迎官军。

然而，令人想不到的是，由于朝廷热衷于佛事，致使纲纪紊乱，法令松弛，军纪很差。官军到来之后，不是想着如何与叛军作战，而是四处抢掠百姓，使民众深受其害。更为严重的是，各地来的官军，没有统一的指挥，相互之间又有矛盾，基本上是乌合之众，没有什么战斗力，所以，刚一交战，就溃不成军，韦粲战死，柳仲礼身受重伤。侯景把韦粲的头砍下来，挂在城头示众，官军见了，人心胆怯，不敢再与叛军作战。侯景攻占宫城之后，逼迫梁武帝下诏，让各路援军都回去了。

看来，各地的官员，对援救朝廷不怎么卖力。那么，梁武帝的儿子们呢？梁武帝有八个儿子，此时已死去四个，太子在侯景手中，还剩下六子、七子和八子三个。

梁武帝的第六子，名叫萧纶，此时四十二岁，担任南徐州刺史。萧纶平时行事有些荒唐，但关键时候却是忠勇可嘉。他听说侯景叛乱，立即率三万兵马南下，昼夜兼程，迅速抵达建康附近，是最先赶来的一支援军。

萧纶率军直奔钟山，出其不意发动进攻，侯景没有防备，吃了败仗。不过，侯景打仗很有一套，他迅速调整部署，分三路围攻萧纶。萧纶军队经过长途行军，将士疲劳，又寡不敌众，结果大败溃散。

后来，萧纶无奈投靠了北齐，虽然身在异国，仍不忘讨伐叛逆。551年，萧纶兵败被俘，宁死不屈，惨遭杀害。百姓可怜他，建了祠庙供奉。

梁武帝的第八子，名叫萧纪，当时四十岁，担任益州刺史。他治理蜀地已有十一年，颇有政绩。侯景之乱时，由于益州遥远，萧纪得到消息较晚。550年，萧纪得知梁武帝已死，大哭一场，随即发布文告，准备率军前去讨贼。他的七哥萧绎听说后，写信制止他出兵，信中说："蜀中是斗绝之地，易于动乱，难以安定，弟弟可镇守，我自当灭贼。"

萧纪心里明白，哥哥不让他出兵，是怕他去抢夺皇位，心生不满。于是，552年，萧纪在成都自立为帝，但不到一年，就被哥哥萧绎杀了。

梁武帝的第七子，名叫萧绎，当时四十一岁，担任荆州刺史。萧绎是"独眼龙"，从小因病瞎了一只眼睛，因此心理也不健康。荆州地处建康上游，顺江而下，可直达京师，十分便利。荆州地广兵强，萧绎都督荆、雍、湘、司、郢、宁等九州诸军事，手握重兵。因此，侯景围攻建康时，梁武帝派人赶到荆州，任命萧绎为侍中、假黄钺、都督中外诸军事、司徒承制，授予他平叛大权。梁武帝把希望寄托在这个独眼儿子身上。

可是，萧绎却眯起那只独眼，心里打起了自己的算盘。长史王冲催促他赶快就任大都督之职，号令天下勤王。萧绎却说："我的地位并不低，难道还稀罕都督的名号吗？"萧绎是在盘算着，如何能借着这个机会，自己当上皇帝。王冲不知道他的心思，多次催他出兵，萧绎生了气，干脆把王冲杀了。

建康陷落、梁武帝死了以后，萧绎终于出兵了。可是，他并不是出兵讨贼，而是攻击自己的侄子萧誉。萧誉，是昭明太子萧统的次子，当时任湘州刺史。侯景之乱时，萧誉领兵去救京师，尚未到达，宫城失陷，梁武帝被迫下诏令援军返回，萧誉只好回去了。因萧誉不依从七叔萧绎，所以萧绎首先灭了他。萧誉的弟弟萧詧，当时任雍州刺史，带兵去救哥哥，也被萧绎击败，萧詧便投靠了西魏。

萧绎打败了两个侄子，又向哥哥萧纶下手了。萧纶讨伐侯景失败以后，跑到郢州，招兵买马，扩充实力，准备继续讨伐侯景，因而威望日盛。萧绎攻打侄子的时候，萧纶写信劝阻，萧绎不仅不听，反而在灭了侄子以后，又派兵攻打哥哥。萧纶势力弱小，被逼投靠了北齐。

萧绎不去讨伐叛逆，反而出兵攻打侄子和哥哥，目的是铲除异己，清除他称帝道路上的障碍。侯景也看出了他的用心，在控制朝廷之后，派三路大军南下，一路占领三吴地区，一路攻破广陵，一路进攻江州、郢州，直逼荆州治所江陵。侯景军队烧杀掳掠，无恶不作，江南遭受极大破坏。

萧绎见侯景军队即将兵临城下，慌了手脚，便以割让汉中为代价，向西魏求援。西魏正想借机扩大地盘，欣然答应。西魏军队凶悍，重创侯景军队，萧绎收复失地，侯景逃回建康。随后，萧绎派大将王僧辩、陈霸先，率军东进，进攻建康，准备消灭侯景。

侯景让儿子侯子鉴领兵迎敌，并嘱咐道："敌军势大，只可固守，等待局势变化。"可是，侯子鉴并没有听从老子的话，而是与敌军展开决战，结果全军覆灭，只有他一人逃了回来。

侯景听说兵败，吓得哭了，用被子蒙上头，躺到床上，半天才爬起来，连声叹气说："唉！唉！真坑死你爹了。"不久，侯景被杀，侯景之乱终被平息。

552 年，萧绎清除了一切障碍，顺利登基称帝了，被称为梁元帝。梁元帝没有在建康登基，而是在江陵称帝。不过，割据益州的萧纪，此时已抢先一步，自立为帝了，南梁分裂，出了两个皇帝。梁武帝仅存的两个儿子之间，又展开了一场争夺皇位的大战，最后，梁元帝把弟弟杀死了。

趁两兄弟混战的时候，西魏出动大军，攻占了益州，然后，继续东进。554 年，西魏大军进攻江陵。当时，陈霸先驻军京口，王僧辩镇守建康，他们还没来得及援救，江陵就被攻破了。可叹独眼皇帝萧绎，费尽心机，只当了两年皇帝，就被杀掉了。西魏攻占江陵之后，立了投靠他们的萧詧当傀儡皇帝，史称后梁。

北齐见南梁混乱，也要趁火打劫。他们派兵护送俘虏萧渊明到建康，要求立他为帝。陈霸先、王僧辩打不过北齐军队，只好同意了。当然，萧渊明是傀儡皇帝，做不了半点主。

北齐趁机夺取了江北大片土地，西魏也占领了巴蜀和荆襄等地，使得南梁在短短几年之内，就丧失了三分之二的领土。从此，南弱北强的格局形成，南朝再也无力与北朝抗衡了。

后来，陈霸先的势力逐渐增强，他杀掉王僧辩，逼萧渊明退位，又立了梁元帝的第九子萧方智当皇帝。陈霸先把持了朝廷。

557 年，陈霸先废掉萧方智，建立陈国，自己当了皇帝。

那个被西魏控制的后梁，又苟延残喘了三十三年，最终被隋朝灭掉。

曾经繁荣一时的南梁，只用了不到十年时间，就迅速土崩瓦解了。

吝啬之人难成事

吝啬，是指把金钱财物看得过重，该花的时候不花，更舍不得送给别人。这是一种消极的人格特征，有这样性格的人，是决不会成就大事的。可惜，梁武帝的八子萧纪，就是这种性格的人。

《梁书》记载，萧纪生于 508 年，是梁武帝最小的儿子。梁武帝当时已经四十五岁了，所以，对这个小儿子格外疼爱，六岁就封他做武陵王。

萧纪从小勤奋好学，很有文才，而且待人温和，心思缜密，喜怒不形于色。萧纪长大后，梁武帝任命他为扬州刺史。诏书写好之后，梁武帝又在后面加写了四句话，夸赞萧纪说："贞白俭素，是其清也；临财能让，是其廉也；知法不犯，是其慎也；庶事无留，是其勤也。"意思是说，萧纪节俭廉洁、勤勉慎重，给予他很高的评价。

537 年，梁武帝任命三十岁的萧纪为益州刺史。益州道路艰险，萧纪不愿意去。父亲告诉他说："天下正在大乱，唯有益州可免于灾祸，你一定要勉力而行。"萧纪哭着告别了父亲，去了遥远的西方。后来，梁武帝思念儿子，专门派著名画师张僧繇入蜀，绘了萧纪的画像带回来。梁武帝每天看着画像，心中在默默流泪。

从此，萧纪在遥远的益州，精心治理巴蜀之地。他为政宽和，稳定社会，鼓励农耕，发展经济，还与西域各国通商，商业十分发达，益州成了天府之国。

萧纪不好声乐，厉行节俭，各方面表现都不错。不过，他有一个很大的缺点，就是生性吝啬，府库中堆满了金银，也不舍得拿来奖赏别人。性格吝啬的缺点，在平常时候，危害尚不明显，但到了关键时候，危害就大了。

侯景之乱爆发以后，因路途遥远，萧纪得到消息较晚。当他得知建康陷落、父亲已死，异常悲愤，遂发布文告，要率军讨贼。当时，萧纪管辖巴蜀十三州，地广人众，兵精粮足。他的哥哥萧绎，当时镇守荆州，担心萧纪入京，会夺取皇位，急忙写信阻止了他。

萧纪明白哥哥的意思，但他认为，哥哥是文人，又瞎了一只眼睛，不配继承大统。于是，552年四月，萧纪在成都自立为帝。半年之后，萧绎灭了侯景，也在江陵称帝。这样，南梁出现两个皇帝，两个皇帝之间，必然要有一场恶战。

552年秋季，萧纪亲率大军，顺江而下，打算攻取江陵。萧绎听说弟弟出兵，着实吓了一跳，他知道弟弟的才能和实力，不敢小觑。萧绎迅速调集兵力，封锁了瞿塘峡口，阻止益州战船东下，同时，不顾引狼入室的危险，派人与西魏联系，让他们进攻成都，捣毁萧纪的老巢。西魏对巴蜀之地垂涎已久，很痛快地答应了。

萧纪率领益州大军，乘船向东进发，江面上摆满了战船，首尾相连，声势浩大。战船来到瞿塘峡口，却见江陵军队已在峡口两岸修筑城堡，用铁索截断江面，战船不能通过。萧纪下令，全军弃船上岸，与江陵军队展开厮杀，双方进行混战，死伤惨重，一时难分胜负。

益州军队也在大江两岸修筑城堡，步步为营，向前推进，战事十分激烈。这样持续了一段时间，忽然传来消息，说西魏军队正在攻打巴蜀，快要到达成都了。益州将士都是巴蜀人，听说家乡战乱，家人不知死活，人人惊慌，纷纷要求撤军回去。

萧纪不想回去，而且也不惊慌，原来，他早有准备。在大军出发之前，萧纪把府库里的黄金拿出来，分别制成一斤重的金饼，有数百个之多。此时，萧纪让人用绳子把金饼吊起来，悬挂在大帐门口，发布命令说："谁打仗勇敢，立有战功，谁就可以得到金饼。"

俗话说，重赏之下，必有勇夫。望着沉甸甸、黄澄澄的金饼，益州将士果然士气大振，作战十分卖力，接连打了几个胜仗。得胜回营之后，将士们都眼巴巴地盼着，希望金饼能挂在他们的脖子上。

然而，萧纪见这些黄金宝贝，即将归别人所有，十分心疼，实在舍不得，所以，虽然打了几个胜仗，却没有一人得到金饼。将士们失望了，私下里纷纷抱怨，不满情绪弥漫军营。

将军陈智祖觉得情况不妙，急忙去见萧纪，劝他赶快把金饼赏赐给将士们。萧纪皱着眉头，不吭声。陈智祖下跪，流着泪说："陛下如果吝惜这些黄金，大事就完了。"萧纪勉强答应了，可过后仍然舍不得。就这样，在整个战争期间，萧纪一个金饼也没舍得奖赏给别人，致使军中怨言四起，军心动摇，后来连打败仗，被萧绎一连夺去三个城堡。

萧纪吝啬，他哥哥萧绎却十分大方，他花重金收买益州将领。游击将军樊猛等人见钱眼开，决定背叛萧纪，并请示萧绎说："擒获萧纪容易，只是要死的，还是要活的?"萧绎冷冷地说："只要萧纪活着，你们就没有功劳了。"

樊猛心领神会，带领部下，跳上龙船，闯进萧纪卧室。萧纪情知不妙，在船中绕床奔跑，一边跑，一边向樊猛等人扔金饼，说："这些金子送给你，只是让我见一下七哥。"樊猛冷笑着说："你想见皇上，皇上却不想见你。"萧纪本来幻想着，如果能见到七哥，或许七哥能念手足之情，会留他一条性命，但听樊猛这么一说，心里便明白了，也绝望了。

萧纪抱着最后一线希望，指着床下满满一堆金饼，对樊猛说："你饶我不死，这些金子就都送给你。"樊猛狂笑道："杀了你，这些金子照样是我的。"说着，手起刀落，把萧纪的脑袋砍了下来。

萧纪死后，益州军队作鸟兽散，有的投降了萧绎，有的逃回家乡。萧纪的那些宝贝金饼，自然全都落入别人之手。

由于益州军队东下打内战去了，西魏乘虚而入，顺利占领了巴蜀地区，从此，益州不再归南梁所有了。

中国古代有句名言，叫"财聚人散，财散人聚"，这是一条真理。综观古今中外，凡干大事者，必不能吝啬财物；凡吝啬财物者，必不能干成大事。

萧纪吝惜金饼而兵败身死的教训，值得人们永远牢记!

心术不正枉读书

高尔基曾经说过，书籍是人类进步的阶梯。莎士比亚也说过，书籍是人类知识的总统。喜欢读书，历来被认为是一种美德。

然而，用什么态度去读书，应该从书籍中汲取什么样的营养，却是读书者需要面对的一个大问题。

梁武帝的第七子萧绎，一生酷爱读书，也喜欢藏书。可是，在他兵败身死之际，却抱怨说，是读书害了他，一把火把宫中藏书烧为灰烬。那么，事实真的是这样吗？

《梁书》记载，萧绎自幼喜欢读书，嗜书如命，五岁就能背诵《曲礼》。后来，萧绎因病瞎了一只眼睛，但仍然手不释卷。父亲心疼他，让人给他念书听，萧绎便昼夜不停地听书，常常听到天亮。五个侍从轮流给他读书，尚且撑不下来，时常打瞌睡，而萧绎却是精神抖擞，乐听不疲。如此喜爱读书的皇帝，在历史上十分罕见。

萧绎读了大量书籍，自然很有才华。他也喜欢写书，著有《孝德传》三十卷、《忠臣传》三十卷、《注汉书》一百一十五卷、《内典博要》一百卷，等等，总共有五百卷以上，是历史上著书最多的皇帝。萧绎还工于书法，善于绘画，各种技艺无所不通，甚至还会占卜算卦，真是多才多艺。

萧绎一生，读书无数，遗憾的是，他并没有从书中汲取好的营养，树立起好的品德，反而学会了不少阴谋诡计。

萧绎善于伪装，外表忠厚而内心猜忌，遇到学问比他好的人，一定要千方百计予以诋毁和陷害，骨肉近亲也不例外。萧绎的姑姑有八九个儿子，都享有盛名，萧绎经常造谣污蔑他们，破坏他们的名誉。

有个叫刘之遴的学者，学问比他好，萧绎十分嫉妒，借请他喝酒的机会，竟然把他毒死了。《南史》说，像这样的事情，萧绎干了很多。

尤其令人不能容忍的是，当侯景叛乱、国家危难的时候，萧绎置忠孝和民族大义于不顾，竟然暗藏私心，打起了谋取皇位的小算盘。萧绎排行老七，按照继承顺序，他本来离皇位较远，可是，他采取一系列卑鄙手段，极不光彩地登上了帝位。萧绎先是坐拥实力，不救国难，故意放纵侯景作乱，致使父亲死亡，然后攻打哥哥和侄子，等到清除掉登基道路上一切障碍之后，他才出兵灭掉侯景。最后，又不惜出卖国家领土，勾结西魏，杀掉弟弟萧纪。其所做所为，哪里有一点仁义道德？萧绎号称饱读圣人之书，似乎都读到狗肚子里去了！

萧绎读了大量圣贤之书，却不讲仁义道德，任意残害自己的宗亲骨肉。他先后杀害了侄子萧誉、堂弟萧恺、弟弟萧纪父子，攻击哥哥萧纶和侄子萧詧。他把弟弟萧纪的两个儿子萧圆照、萧圆正关进监狱，断绝食物。萧圆照和萧圆正兄弟俩，饥饿难忍，竟然咬自己手臂上的肉吃，撑了十三天，终于被活活饿死。

萧绎为了谋取皇位，不惜丧权辱国，他把汉中送给西魏，又勾结西魏攻击益州。萧绎虽然如愿以偿当上皇帝，却丢掉了襄阳、汉中、巴蜀等大片土地，削弱了自己，壮大了敌人，致使南梁灭亡。所以，萧绎属于亡国之君。

萧绎灭掉弟弟萧纪之后，派使者去西魏，要求他们退出巴蜀，按照旧图划定疆界。这简直就是与虎谋皮、痴人说梦，怎么可能呢？西魏得到益州，占据了长江上游的有利位置，正在磨刀霍霍，准备攻打江陵了。

萧绎处心积虑地当上皇帝，可他并不是当皇帝的材料，面对此时的危险，竟然毫无察觉，更没有防备。萧绎猜疑心很重，他把两员领兵大将陈霸先、王僧辩都安置在外地，朝中没有能臣，守城兵力也不多。有人建议他说，江陵是四战之地，无险可守，很容易遭到攻击，应该迁都建康。萧绎算了一卦，以为天命在此，因而置之不理。《梁书》说，萧绎就像一个人站在即将破裂的冰面上却不知危险那样。

554年，西魏做好一切准备，大军云集襄阳，挥师南下，从陆路攻击江陵。此时，萧绎在江陵城中，还在讲述经书，等到敌军即将犯境，这才发现。萧绎急忙派出军队，出城防御；命令全城戒严，老百姓都去修栅栏，作为防御工事；派人紧急征调王僧辩等人，率军来救。

西魏军队来势凶猛，很快兵临城下。将领胡僧佑领兵御敌，双方激战，因寡不敌众，兵败溃散，胡僧佑也阵亡了。魏兵放火，把木栅栏工事烧得精光，江陵城眼看不保了。

此时，萧绎正在神情紧张地进行占卜算卦，结果大凶。萧绎把卜具摔到地上，仰天长叹说："天要亡我！"有人劝萧绎趁乱逃出城去，以图再起。萧绎说："天意如此，事情肯定不能成功，徒然增加耻辱罢了。"有人劝萧绎投降，萧绎犹豫了一下，却答应了。

萧绎派皇太子和大臣王褒出城与西魏交涉，西魏同意了。于是，萧绎骑着白马，穿着白衣，走出东门投降。萧绎抽剑砍击门扇说："想不到我竟落到这种地步！"萧绎投降后，西魏并没有放过他，把他杀掉了。

萧绎在出城投降之前，做了最后一件造孽的事，使他成为千古罪人。萧绎荒谬地认为，他的失败，是因为读书太多了，说："读书万卷，犹有今日。"萧绎下了最后一道命令，将宫中所藏的十四万卷书籍全部烧毁。这些图书，有萧绎自己收藏的，也有自秦始皇以来历代收集的珍贵史籍。"江陵焚书"，是对中华文化的巨大破坏，被称为又一次文化浩劫。萧绎的罪行，不亚于秦始皇。

萧绎一生，博览群书，却没有从中汲取好的营养，而是变得自私贪婪、冷酷无情，为了私欲，无所不用其极。可见，如果不用正确的态度去读书，心术不正，即便读书再多，也是枉然。

徐娘化妆半个脸

梁元帝萧绎，在历史上并不十分出名，可他的妻子徐娘，却名气很大，几乎无人不晓。因为有一个成语典故，叫作"徐娘半老，风韵犹存"，流传甚广，而且沿用至今。

徐娘，名叫徐昭佩。徐昭佩有一个奇怪的行为，她化妆只画半个脸，一半是浓妆艳抹，一半是本来面目，甚是奇特。这是为什么呢？

《梁书》对徐昭佩的记载十分简略，说她是东海郯（今山东郯城）人，出身官宦世家。徐昭佩的祖父徐孝嗣，当过南齐太尉；父亲徐绲，是南梁的侍中、信武将军。徐昭佩是萧绎的结发妻子，生有一男一女。太清三年（549 年）被谴死，葬于江陵的瓦官寺。

《南史》对徐昭佩的记载，就详细多了，记述了她的许多事情，所以，徐昭佩的故事，才能够流传到今天。

《南史》记载，在萧绎九岁的时候，就娶了徐昭佩为妻。萧绎当时被封为湘东王，徐昭佩成了王妃。徐昭佩出嫁时，车子行到西州，突然狂风大作，掀起房屋，折断树木，过了一会儿，雪霰并下，帘幕都变成了白色。等到徐昭佩回娘家的时候，又晴天响起霹雳，把西州府衙门前的石柱都震碎了。人们都认为，这是不祥之兆，后来，徐昭佩果然不守妇道，被逼自杀。当然，这种带有迷信色彩的记述，不足为信。

史书没有记载徐昭佩的出生年月，不知道她出嫁时年龄多大，但肯定比萧绎大很多。徐昭佩结婚时，丈夫尚小，她只能守活寡。好不容易等到丈夫长大了，徐昭佩做了回真正的女人，生下了两个子女。可惜好景不长，丈夫又移情别恋。徐昭佩年龄逐渐大了，萧绎喜欢更加年轻漂亮的女人，对她十分冷淡。徐昭佩的心情，可想而知。

徐昭佩深受刺激，心生怨恨，十分愤慨，行为有些怪异。她平时化妆，只画半个脸，像个阴阳人一样。萧绎见了，感到惊奇，自然要问。

徐昭佩嘲笑他说："你只有一只眼，只能看半个脸，所以，有半脸妆就足够了。"萧绎听了，自尊心受到打击，恼羞成怒，脸涨红得像猪肝。徐昭佩看到他这副模样，开心地大笑起来。她就是想用这种方式，来报复萧绎，以发泄内心的怨恨和不满。

萧绎受到妻子嘲讽，对她更加冷落。徐昭佩也更加苦闷，她常常借酒消愁，有时喝得酩酊大醉。徐昭佩醉酒呕吐，总是要想办法吐到萧绎身上，恶心他。

徐昭佩对不受萧绎宠幸的侍妾，关系都很好，没有王妃的架子，经常和她们一块吃饭喝酒，交杯共饮，而对那些受到萧绎宠爱的女人，徐昭佩则对她们横眉冷对，视如仇敌，时常打骂，有时还拿刀要杀她们。

徐昭佩为了更有力地报复萧绎，开始乱找男人。徐昭佩首先勾引了萧绎身边的侍从暨季江，与他私通。又勾引了一个叫贺徽的人，与他在普贤尼寺幽会，并互写情诗，赠送对方。徐昭佩甚至还勾引了瑶光寺里的和尚智远，与他鬼混。萧绎被戴了好几顶绿帽子，却还有兴趣写了《荡妇秋思赋》，描写徐昭佩的淫秽行为。

徐昭佩年轻时，是个美女，年龄大了，依然很漂亮。暨季江经常感叹道："柏直的狗，虽然老了，仍能狩猎；萧溧阳的马，虽然老了，仍能驰骋；徐娘半老，仍然风韵多情。"从此，"徐娘半老，风韵犹存"和"徐娘半老，风情尚在"的成语，就流传开来。

549年，徐昭佩唯一的儿子萧方等，不幸溺水身亡。徐昭佩失去了精神支柱，痛不欲生。萧绎也迁怒于她，逼她自杀。徐昭佩万念俱灰，含恨投井而死。可怜风韵犹存的半老徐娘，就此香消玉殒了。

徐昭佩是个悲剧人物，她的悲剧，是丈夫萧绎造成的，更是封建制度造成的。不知道人们在徐娘的"半妆脸"上，能否体会到她的悲愤、忧郁和无奈呢？

大文豪热衷高官

梁武帝是个文人，执政时间又长，因而南梁的文化比较繁荣。其中，沈约是当时文坛领袖，堪称一代文豪，他突出的贡献，是撰写了"二十四史"之一的《宋书》。可惜，沈约热衷于追求高官厚禄，结果事与愿违，忧郁病逝。

《梁书》记载，沈约是吴兴武康（今浙江德清）人。他十三岁时，家中遭难，父亲被杀，他和母亲逃走，流离异乡。沈约自幼好学，昼夜手不释卷，母亲怕他劳累过度，晚上常给他减油灭灯，催他早点休息。沈约就白天读书，晚上躺在床上背诵。经过刻苦学习，沈约博通众书，满腹学问，写得一手好文章。

沈约性格高傲，不肯受辱。他少年时，因为家贫，去向一个亲戚借米。亲戚把米借给了他，却出言不逊。沈约大怒，把米倒在地上，头也不回地走了。后来，沈约做了高官，并不忌恨那人，反而让他担任了官职。

沈约成年后，入仕做官。在南齐时期，沈约先后担任奉朝请、外兵参军、厥西县令、襄阳县令，后入朝任尚书度支郎，被太子萧长懋看中，当了太子家令，兼著作郎，又任中书郎、黄门侍郎等职。南齐后期，沈约逐步升迁为吏部郎、东阳太守、国子祭酒、左卫将军，成为朝廷高官。

沈约一边热衷于仕途，一边喜爱文学，他与萧衍、谢朓、王融等人，结成了"竟陵八友"，共同开创了"永明体"。沈约写了大量诗歌辞赋，不仅题材广泛，内容丰富，而且写作手法高超，艺术上别具特色。沈约在文学理论上也有建树，他的文学主张和创作实践，领导了当时文坛风气。

沈约的突出成就，是撰写了《宋书》，使《宋书》成为传世之作。南朝宋灭亡后，社会上流传着徐爰、何承天、苏宝生等人编纂的《宋书》，但徐爰等人都是南朝宋人，对许多史实进行曲笔讳饰，使《宋书》存在很多问题。于是，齐武帝下诏，让时任著作郎的沈约重新修撰《宋书》。

沈约以徐爰等人撰写的《宋书》为基础，做了大量补充修订，收录了许多诏令、奏议、文章等原始史料，在史料的取舍上更加客观，达到"实录"。因此，沈约撰写的《宋书》，对后世研究有很高的价值，所以流传至今。

沈约与同是文人的萧衍关系密切，当萧衍起兵，攻占建康，控制朝廷之后，沈约力劝萧衍废掉齐和帝萧宝融，自己当皇帝。当时，萧衍既要表示谦逊，又要等待时机，所以，沈约劝了三次，萧衍才同意。沈约又为萧衍起草了诏书，为他登基做了许多工作。萧衍为了标榜自己是被"劝"当皇帝的，自然要表彰沈约的功劳，沈约成了南梁的开国功臣。萧衍称帝后，任命沈约为尚书仆射，封为建昌县侯，食邑千户。

沈约尽心尽力地辅佐梁武帝萧衍，为了杜绝后患，沈约极力主张，杀掉了废帝萧宝融，文人有时候心肠也很毒辣。萧衍爱佛，沈约就大力弘扬佛法。大臣范缜不信佛，写了《神灭论》，沈约便写了《神不灭论》，并卖力地组织围剿《神灭论》。萧衍也对沈约恩宠有加，沈约的母亲去世，萧衍亲自前往吊唁。沈约服丧完毕，萧衍升任他为侍中、右光禄大夫，不久，又提升为尚书令。

可是，不知从什么时候开始，沈约与梁武帝的关系出现了裂痕。沈约希望能得到御史台的官职，御史台是中央监察机关，负责纠察、弹劾官员和肃正纲纪，其长官属于三公之一。沈约认为，凭他的声望、资历、能力和功劳，是完全能够胜任的，不少人也认为沈约合适。可是，梁武帝就是不用他。沈约不满意了，要求辞职，梁武帝也不批准。沈约让好朋友徐勉为他求情，请求按三公待遇让他告老还乡，梁武帝仍然没有同意，只是给他增加了乐队人员。沈约没有达到目的，心情闷闷不乐。

　　有一次，沈约陪梁武帝饮宴，碰上豫州献来栗子。梁武帝一时高兴，与沈约比赛，看谁能说出有关栗子的典故多，结果沈约少说了三条，梁武帝很开心。事后，沈约却对别人说："我是故意少说的，这老头爱面子，否则他会羞死的。"梁武帝知道了，十分恼怒，要治他的罪，经徐勉一再劝谏才罢休。

　　沈约与大臣张稷有姻亲关系，有一次，梁武帝在沈约面前表示对张稷不满，沈约却为张稷辩护。梁武帝终于发怒，斥责道："你说这种话，还像个忠臣吗？"气得拂袖而去。沈约没想到梁武帝会如此大怒，吓了一跳，梁武帝走时，他也没有起身相送。

　　此时，沈约已经年龄大了，心情郁闷，又不慎摔了一跤，于是生起病来。沈约在病中，做了一个骇人的梦，梦见齐和帝萧宝融找他报仇，用剑割掉了他的舌头。沈约梦醒后，吓得冷汗淋漓，便请来一位僧人，为他做佛事，声称当初劝萧衍当皇帝，不是他的本意，而是萧衍自己想当。不料，这事又被梁武帝知道了，自然又是大怒。梁武帝几次派人去责备他，沈约连病带吓，很快就去世了，终年七十三岁。

　　沈约死了，梁武帝仍然怒气未消。有关部门商议，想追封沈约谥号为"文"，这应该是比较恰当的。可是，梁武帝却说："怀有别的心思而不表露出来，应该叫隐。"于是，沈约的谥号为"隐"。

　　沈约才华横溢，当个文学家有多好啊，可他非要追求三公，结果事与愿违。历史上的三公多如牛毛，有几人能为后人所知？而沈约之名能够流传后世，靠的还是他的文才。

范缜创作《神灭论》

梁武帝好佛，全国上下大兴佛事，南梁俨然成了佛国。然而，有个人却勇敢地站了出来，公开反佛，他就是范缜。

范缜是南朝著名的唯物主义思想家、杰出的无神论者。他的哲学著作《神灭论》，继承和发扬了荀况、王充等人的唯物论思想，是中国古代思想发展史上具有划时代意义的不朽作品。

《梁书》记载，范缜是南乡舞阴（今河南泌阳一带）人，出身于破落的士族家庭。范缜很小的时候，父亲就死了，他和母亲相依为命，并以孝敬母亲而闻名。

范缜少年时，孤贫而好学，投拜名师，刻苦学习。范缜的同学中，有很多乘车跨马的贵族子弟。他们锦衣玉食，狂妄自大，范缜却是布衣草鞋，出入步行，但并未因此感到自卑，相反，他生性倔强耿直，不向权贵低头，而且敢于发表"危言高论"，同窗士友都畏他三分。

范缜成人后，精通儒学，对《周礼》《仪礼》《礼记》造诣颇深。由于北方战乱，范缜来到建康。他曾向当局提出过政治改革的建议，但未得到回应。在南朝宋时期，范缜怀才不遇，很不得志，以致不到三十岁就有了白头发，遂写下《白发咏》《伤暮诗》，借此抒发自己内心的不平。

萧道成建立南齐以后，为了巩固统治，起用了一批新人。范缜时来运转，踏入仕途，先担任宁蛮主簿，后升迁为尚书殿中郎。范缜的满腹才华，有了用武之地，很快就声名鹊起。

齐武帝继位后，很器重他，多次派他出使北魏，寻求与北魏通好。范缜渊博的知识和高雅风度折服了北魏，北魏朝野对他都很尊重，范缜为双方暂时息兵和好做出了重要贡献。

齐武帝的次子萧子良，爱好文学，广招天下名士。范缜经常应邀参加聚会，但他并不是"竟陵八友"之一。萧子良和萧衍、沈约等人，既喜欢文学，也爱好佛学，而范缜却对佛教嗤之以鼻，大唱反调，坚决不信因果报应那一套。

有一天，萧子良问范缜，说："你不信因果报应，那人为什么会有富贵贫贱之分呢？"范缜答道："人生就像树上的花一样，这些花同时开放，随风飘落，有的落到草茵上，有的掉进粪坑里。殿下就像草茵上的花，下官就像粪坑里的花，这都是随风飘落的缘故，哪里有什么因果报应呢？"萧子良听了，不以为然，但也驳不倒范缜。

范缜不信佛，不敬神灵。太原王氏嘲讽他说："范先生，你竟然不知道祖先的神灵在哪里，真不孝啊！"范缜反唇相讥："你既然知道祖先的神灵在哪里，却不肯自杀去侍奉他老人家，大不孝啊！"王氏面红耳赤，哑口无言。

范缜提出了"形存神存，形谢神灭"的无神论观点，认为灵魂是附在形体上的，人一死，化作腐土，灵魂也就没有了。范缜的神灭论，抓住了时弊，击中了佛教的痛处，许多佛教徒写文章，围攻范缜。范缜毫不畏惧，更不屈服，一一予以驳斥，双方展开论战。范缜认为，有必要把自己的观点，进行系统整理和阐述，于是，开始创作《神灭论》。

在南齐晚期，范缜出任地方长官，担任宜都（今湖北宜都一带）太守。当时宜都境内有三神庙、胡里神庙等诸多庙宇，祭神活动十分频繁，百姓负担很重。范缜在任期间，坚持无神论，下令断其香火，不准搞祭祀活动。

萧衍灭齐建立南梁后，因与范缜有旧情，任命他为晋安太守。后来，范缜又入朝担任尚书左丞、中书郎、国子博士等职。范缜为官清廉，恪尽职守，但仍然坚持神灭论观点，并将《神灭论》充实完善，修订成稿，在亲戚朋友中传播。

《神灭论》坚持物质第一性原则，系统阐述了无神论思想，指出人的神与形，是互相结合的统一体，形亡则神灭，根本不会存在"神不灭"。范缜的《神灭论》，戳穿了神学的谎言，与佛教格格不入，针锋相对。

当时，南梁佛教盛行，给社会带来极大危害。范缜针砭时弊，大声疾呼，要求禁止佛事。他说："佛教妨害国家政事，和尚败坏社会风俗，我痛心这种弊害，想把人们从这种弊害的深渊里挽救出来。为什么人们宁愿倾家荡产去求僧拜佛，而不肯救济贫穷人呢？是因为佛教用渺茫的谎言迷惑人，用地狱的痛苦吓唬人，用荒诞的言辞欺骗人，用天堂的快乐引诱人。所以，人们脱下儒者的服装，披上僧人的袈裟，人人抛弃亲情，家家断绝后嗣，以致军队缺少士兵，田间没有农夫，粮食被僧人吃光，财物被寺庙耗尽。所以，佛教的流行如不加以制止，它的祸害就没有止境。"

范缜的《神灭论》一面世，犹如石破天惊，社会上议论纷纷。佛教徒们视为洪水猛兽，纷纷进行声讨。梁武帝萧衍是个虔诚的佛教徒，不能容忍范缜对佛教的不敬，专门颁发了《敕答臣下神灭论》，对无神论观点进行驳斥，要求范缜"改邪归正"。

大文豪沈约，秉承梁武帝旨意，组织大批文人，写了七十多篇文章，围剿《神灭论》，他自己也亲自写了《神不灭论》。那个与亲侄女胡搞的萧宏，也起劲地攻击范缜。这样的人渣也信佛，岂不是对佛教的绝妙讽刺？

范缜蒙受巨大压力，但他毫不屈服，将《神灭论》改写成宾主问答体，共有三十一个问答，据理反驳。这样，双方开展了一场大论战。在论战中，范缜"辩摧众口，日服千人"，表现出了大无畏的战斗精神。

梁武帝下令禁止《神灭论》流行，但是，真理怎么能禁止得住呢？《神灭论》得到许多人的认同和支持，一直流传到现在，千百年来始终闪烁着耀眼的光芒，成为我国人民宝贵的精神财富。

范缜得罪了权贵，自然断送了仕途，而且被流放到了广州，晚年历经坎坷，只担任一个闲职。但范缜无怨无悔，始终坚持真理不动摇。

515 年，范缜病逝，寿约六十五岁。

范缜虽然死了，但他的唯物主义无神论思想和为捍卫真理坚贞不屈的精神永远不死！

刘勰撰写《文心雕龙》

南梁文化繁荣，文学批评也开始活跃起来，我国历史上第一部文学理论专著《文心雕龙》，就诞生在南梁，作者名叫刘勰。

《梁书》记载，刘勰是东莞莒（今山东莒县）人。刘勰家庭生活十分不幸，他从小死了父亲，成为孤儿。史书没有记载他有母亲和其他亲人，只说他无家可归，只好在定林寺栖身，与僧人一起生活了多年，因而他对佛教十分熟悉。由于家贫，刘勰一生都没有结婚。

刘勰虽然家境贫寒，孤苦伶仃，却很有志向，自幼喜欢读书，勤奋好学。他不仅读了许多佛教经义，而且读了大量文学作品，使他的文学功底十分深厚。史书没有记载他的学习经历，但根据他的条件，肯定是请不起老师的，只能依靠自学，或者由有文化的僧人教授他。

刘勰读书的最大特点是善于思考，他对文学发展和诸多文学作品，有着自己的看法和见解，于是，他在三十岁左右的时候，开始撰写文学理论专著，取名叫《文心雕龙》。

为什么叫这个名字，刘勰在序言中说："'文心'，是指写文章一定要用心，就像涓子写《琴心》、王孙写《巧心》一样，必须心无旁骛；'雕龙'，是指修饰文章的语言，要像雕刻龙纹一样，必须细致入微。所以，取名叫《文心雕龙》。"这番解释，把刘勰对待做学问精益求精的态度，表现得淋漓尽致。

刘勰在定林寺，一边与僧人做佛事，一边精心撰写文稿，多数时间是在晚上。每当夜深人静的时候，僧人们都进入梦乡，刘勰却在微弱的灯光下，苦苦思索，进行创作，其辛苦程度，可想而知。经过五年的呕心沥血，刘勰终于完成了不朽之作《文心雕龙》。

《文心雕龙》分上下两编，共五十篇，包括"总论""文体论""创作论""批评论""总序"五部分。其中，"批评论"最为精彩，它从不同的角度，对过去时代的文风和作家的成就，比较恰当地提出了批评，并对文学批评的方法做了研究和探讨。这是中国有史以来最精密的文学批评著作。

《文心雕龙》是中国第一部系统完整、结构严密、论述细致的文学理论专著，它系统论述了文学的形式和内容，探讨了继承与革新的关系，指出了艺术思维活动具体形象性这一基本特征，总结了南朝以前的文学成果，探索了文学的审美本质及其创造、鉴赏的规律。《文心雕龙》字数并不太多，只有三万七千多字，却耗费了刘勰五年的心血。

《文心雕龙》对中国文学的发展，产生了极其重要的影响。范文澜先生评价道："系统全面深入地讨论文学，《文心雕龙》实是唯一的一部大著作。"这部大著作，是由当时一个名不见经传的年轻人，在偏僻的寺庙里完成的，更显得伟大而独特。

刘勰完成《文心雕龙》以后，并没有被当地名流所认可。刘勰不甘心，想得到大文豪沈约的支持，可是，他这个小人物，是见不到沈约的。刘勰想了个办法，他背着书，在沈约府前等候，等到沈约出来时，刘勰乘机把书送给了他。沈约看后，大加赞赏，并推荐给别人，《文心雕龙》才开始流行起来。

刘勰写了《文心雕龙》，开始有了名气，便步入仕途做官。他先后担任奉朝请、车骑仓曹参军、太末县令，后入朝担任东宫通事舍人，官职都不显赫。

刘勰在任东宫通事舍人的时候，抓住一个机会，得到升迁。当时，梁武帝下诏，要求祭祀的供品，由牛羊猪改为水果蔬菜。祭祀祖庙的供品，已经改过来了，但祭祀天地、社稷却仍用牲畜。刘勰觉得不妥，上书建议说，祭祀祖庙和祭祀天地的供品，应该一样，都用水果和蔬菜。梁武帝很赞成，下诏执行，并提升刘勰为步兵校尉。这是刘勰一生当中，担任的最高官职。当然，这个官职也不是很高。

刘勰从小在寺庙长大，阅读了大量佛经，因而他最擅长的，是写作有关佛学的文章。当时，都城里寺院、佛塔、名僧的碑文和墓志铭，都请刘勰来写，刘勰也喜欢写这一类的文章，总是有求必应。

刘勰晚年时，思念他从小长大的地方，要求回定林寺去，梁武帝同意了。于是，刘勰重回故地，在定林寺与慧震和尚一起，修订寺里的佛经，佛经修订好了，刘勰便请求出家当和尚。为了表示决心，刘勰把头发胡子都烧掉了。梁武帝下诏同意，刘勰就换掉官服，改穿僧衣，改名慧地，在定林寺正式出家了。一年后，刘勰病逝，享年六十岁左右。

刘勰只是一个普通的小人物，然而，他却凭着自己的辛勤创作和不懈努力，奠定了他在中国古代文学批评史上独一无二的地位，创造了奇迹。

"江郎才尽"是聪明之举

有个著名成语，叫作"江郎才尽"，比喻一个人的文才用尽了，才华由盛而衰。

这个成语，来源于南梁时期的江淹。江淹年轻时才华出众，做了高官以后，却再也写不出好文章来了。他自己说是才华用尽了，其实，江淹是绝顶聪明之人，他是故意把才华掩盖起来，不想再出名招风了。

《梁书》记载，江淹是济阳考城（今河南民权）人。他从小丧父，家境贫寒，却聪慧过人，勤奋好学，常仰慕司马相如、梁鸿的为人，倾心于诗赋文章，长大后才华横溢，远近闻名。

江淹成年后，被举荐为秀才，步入仕途，担任南徐州从事，不久转任奉朝请。建平王刘景素喜欢有才学的人，招聘江淹做他的幕僚。刘景素是宋文帝刘义隆的孙子，他喜好文学，礼贤下士，胸有大志，名声颇佳。刘昱即位后，昏庸无能，朝政混乱，刘景素想趁乱起兵，夺取皇位。他身边的幕僚为求富贵，纷纷赞同，唯有江淹表示反对。

江淹劝刘景素说："应该接受历史上管叔、蔡叔和七国之乱的教训，您不求国家安危，而听信左右的计谋，是很容易招致灾祸的。"刘景素不听，与几个心腹日夜谋划造反。江淹心中着急，便一连写了十五首诗劝谏他，刘景素仍然不听。

江淹感到灾祸即将来临，只好想办法寻求自保。江淹故意惹怒刘景素，让刘景素把他贬为吴应县令。后来，刘景素果然兵败遭祸，他和身边的幕僚全被杀了，江淹远在外地，安然无恙。

萧道成执政以后，知道江淹有才干，提升他为尚书驾部郎、骠骑参军事。不久，荆州刺史沈攸之起兵作乱，萧道成问江淹怎么办。江淹说："过去，项羽强，刘邦弱；袁绍兵多，曹操兵少。然而，项羽和袁绍都失败了，这说明有德行就有天下，您何必忧虑呢?"

萧道成觉得江淹说得太笼统，让他细说一下。江淹分析道："您有五胜，一是勇敢有奇谋，二是宽容仁厚，三是人们愿意为您效力，四是天下人心都向着您，五是以朝廷讨伐叛逆，符合大义。而沈攸之有五败，一是志大而器量小，二是有权威但无恩服，三是士卒无心作战，四是人心背离，五是兵力分散。所以，即便有十万叛军，也必败无疑。"后来情况果然如此，叛乱很快被平息了。这表明，江淹是很有智谋的，看问题高人一等。

江淹在南齐官运亨通，先后任中书侍郎、庐陵内史、骁骑将军、尚书左丞、御史中丞等职。江淹为官清廉，处事公正，朝廷内外都对他很恭敬。齐明帝萧鸾夸赞他说："自刘宋以来，从没有过严格清明的中丞，你是仅有的一个。"

500年，平西将军崔景慧发兵围攻京城，城内许多官员争相去和崔景慧联系，而江淹却料定崔景慧不能成功，在家里装病不出门，结果崔景慧很快兵败被杀。过了不久，萧衍起兵，到达新林，许多人对他并不看好，很少有人与他联系，而江淹却一反常态，脱去官服，换上百姓衣服，出城投靠了萧衍。许多人都说，江淹料事如神，有先见之明。

萧衍建立南梁后，很器重江淹，先后任命他为秘书监、冠军将军、司徒左长史、相国右长史，最后，江淹顺风顺水，一直升到吏部尚书、左卫将军的高位，而且还被封为醴陵侯。萧衍利用江淹的名气和影响力，网罗了一批人才。江淹也发挥聪明才智，为南梁尽心尽力。

江淹身居高位，位极人臣，并没有扬扬得意，反而感到高处不胜寒。他常对家人说："我出身寒门，能得到这样的高位，实在是不敢想的。俗话说，知足者常乐。人生只要平安快乐，何必追求富贵呢?现在我功成名就，很想回家过平常人的日子。"

于是，江淹多次请辞，梁武帝总是不批准。江淹又以生病为由，要求辞去吏部尚书等实职，梁武帝只好改任他为金紫光禄大夫。金紫光禄大夫地位很高，但没有实权，不致招风惹祸，这正是江淹所希望的。

江淹头脑清醒，在政治旋涡中安然处之，在文学方面也成就非凡。他是南朝著名文学家，一生创作了大量诗赋文章，现存诗歌一百四十二首、辞赋二十八篇。江淹的诗赋，富有新意，在题材、内容、语言、风格等方面，都独树一帜，达到神形兼备的境界，受到人们推崇。

可是，江淹到晚年时，当了朝廷高官，却再也写不出好作品来了。《梁书》说，江淹年轻时，因文章写得好而出名，但到了晚年，才思有所减退，人们都说他的才华已经用尽了。那么，是什么原因让江淹的才华用尽了呢？《梁书》没有说。

《南史》对此却有记载，据江淹自己说，他做了两个梦，一个是梦见大学者郭璞对他说："我有一支笔，放在你那里多年，现在要还给我。"江淹就把一支五彩笔还给了他。另一个梦是，江淹梦见西晋文学家张协对他说："从前把一匹锦寄放在你那里，现在要还给我。"江淹也还给了他。从此，江淹就再也写不出好文章了，"江郎才尽"的成语也流传开来。至于江淹说的梦，到底是真是假，只有他自己心里清楚。

其实，江淹的"江郎才尽"，原因很简单，他身居高位，功成名就，就不想再出名了，免得树大招风。特别是，梁武帝萧衍也是很有成就的文学家，如果江淹的文章写得比他好，能是好事吗？沈约的才华高于梁武帝，却在比赛讲栗子典故时，故意少说了三条。可惜，沈约仍然没有摆脱文人的高傲，向别人说出了实情，惹得梁武帝大怒。江淹比沈约聪明多了，他假装做梦，说自己才尽，把才华掩饰起来，以求平安自保。这个办法够绝的！这也从一个侧面，反映出南梁政治上的黑暗和官场的险恶。

505年，江淹病逝，享年六十二岁。梁武帝十分悲痛，为他穿白衣致哀，并赐家属钱三万、布五十匹。江淹谥号为"宪"，比沈约的谥号好多了。

"江郎才尽"，其实是一种高超的处世之道。人世间是复杂的，锋芒毕露，出尽风头，未必是好事。江淹是有大智慧的人，深知这个道理，所以才"江郎才尽"了。

　　对江淹的处世之道，今天的人们，是否可以领悟和借鉴呢？

陈霸先废梁建南陈

557 年，南梁被南陈取代。陈国是南朝第四个朝代，也是最后一个朝代。南陈历经五个皇帝，存在三十二年。南陈的开创者，是南梁权臣陈霸先。

《陈书》记载，陈霸先是吴兴长城（今浙江长兴）人，祖籍颍川，永嘉之乱时家族南迁。陈霸先的祖上，做过不是很大的官，到他父亲陈文赞这一代，就沦为平民百姓了。

503 年，陈霸先出生，他长大后，身高七尺五寸，额头隆起，手长过膝。陈霸先和刘邦一样，不爱劳动，不治家产，洒脱自在，喜欢结交豪杰，胸有大志。陈霸先练习武艺，阅读兵书，处事果断，受到人们推崇。

陈霸先成年后，在乡里当里司，后来到了建康，做了油库吏。在陈霸先三十多岁的时候，被吴兴太守萧暎看中，萧暎认为他有英雄气概，不同寻常，把他招至军中，陈霸先从此开始了军旅生涯。

萧暎十分器重陈霸先，说他日后必定前程远大。后来，萧暎升任广州刺史，把陈霸先也带去，让他担任了直兵参军。有一次，广州境内发生叛乱，萧暎命陈霸先领兵平叛。陈霸先年轻时读过的兵书派上用场，他巧施计策，很快平息了叛乱。萧暎大喜，升任他为西江督护、高要郡守。

543 年，交州豪杰李贲发动叛乱，占据交州，自称越帝，声势浩大，多次打败朝廷军队。梁武帝得知朝廷兵败，十分气恼，下令赐死领兵将领卢子雄。卢子雄的部将杜天合、杜僧明等人，十分不满，心生怨恨，遂发动兵变，包围了广州城，形势十分危急。

陈霸先当时驻军高要，闻讯后亲率三千精兵，日夜兼程，迅速抵达广州，一战解了广州之围，杜天合被杀，杜僧明投降。此战使陈霸先声名大振，梁武帝很高兴，任命他为直阁将军，并派画师绘了陈霸先的画像观看。

544年，萧暎在广州病故。陈霸先感念其知遇之恩，亲自护送灵柩回京师。梁武帝下诏，任命陈霸先为交州司马，率军讨伐李贲。陈霸先立即返回广州，整顿兵马，领兵攻打交州。陈霸先治军严整，用兵有方，经过两年苦战，终于平定叛乱，李贲被杀。战后，陈霸先因功升任振远将军，督七郡诸军事。陈霸先手握兵权，迅速崛起。

548年，侯景之乱爆发，全国大乱。陈霸先想率兵勤王，可惜路途遥远，鞭长莫及。梁武帝死后，陈霸先领兵前往荆州，投到萧绎帐下，为其效力。萧绎很器重陈霸先，任命他为平东将军、东扬州刺史等职，并都督会稽等五郡诸军事。

552年，萧绎命陈霸先、王僧辩二将，分两路讨伐侯景。陈霸先从豫章（今江西南昌）出发，率甲士三万、战舰两千艘，水陆并进，在今安徽怀宁一带与王僧辩会师。两人齐心协力，沿途攻克芜湖、姑孰，迅速抵达建康。征讨大军与侯景军队展开决战，最终消灭了侯景，收复了建康。

灭掉侯景之后，萧绎在江陵登基称帝，是为梁元帝。梁元帝任命陈霸先为征北大将军、南徐州刺史，不久，又升任他为司空，位列三公。因梁元帝疑心很重，陈霸先并不在朝中任职，而是驻守京口；王僧辩被封为司徒，也不在朝中任职，而是镇守建康。

554年，西魏大举进攻江陵，江陵没有得力将领，很快失陷，梁元帝被杀。陈霸先与王僧辩商议，打算在建康拥立梁元帝的儿子萧方智为帝。不料，北齐见南梁混乱，趁火打劫，派兵护送俘虏萧渊明过江，要求立他为帝。陈霸先坚决反对，王僧辩觉得无力抵挡北齐大军，表示同意，两人产生了分歧。最终，在北齐的压力下，萧渊明登上帝位。

萧渊明当皇帝，自然是北齐的傀儡。陈霸先对此强烈不满，暗中做好准备，打算一有机会，就废掉萧渊明，另立新君。

555 年，陈霸先趁北齐朝廷混乱之际，突然发难，袭杀王僧辩，废黜萧渊明，拥立萧方智为帝。陈霸先任尚书令，都督中外诸军事，可带甲士百人出入宫殿，控制了南梁朝廷。

陈霸先采取突然袭击，杀掉王僧辩，掌握了朝廷大权，王僧辩的部下不服，纷纷兴兵反抗陈霸先，谯秦二州刺史徐嗣徽，甚至率兵打到了石头城。陈霸先沉着应对，采用各个击破的方法，最终将叛乱一一剿灭，巩固了自己的统治。

557 年，陈霸先废掉萧方智，自己当了皇帝，国号为"陈"，史称南陈，陈霸先被称为陈武帝。可怜萧方智，此时只有十五岁，当皇帝不到两年。不久，陈霸先派人将萧方智杀害，萧方智年仅两岁的儿子萧文华，也一同遇害。

陈霸先成了南陈开国皇帝，但此时的南陈，已不能与南朝前三个朝代同日而语了。江北大片土地，被北齐夺去；巴蜀汉中，被西魏占领；江陵一带，还有一个受西魏控制的后梁。南陈疆域大大缩小，只控制江陵以东、长江以南、交趾以北地区。南陈是南朝领土最小、人口最少、实力最弱的国家，它最终被北朝灭掉，是必然的。

陈霸先称帝以后，表现还是不错的。他一面笼络江南士族，收买人心，恢复经济，稳定社会；一面整顿兵马，征伐北齐，试图收复淮南失地。陈霸先处理政务宽和简约，每临军机大事，总有破敌制胜之策，政权逐渐得到稳固。建康城遭受战火毁坏，陈霸先下令兴工修复。他本人则生活俭仆，克勤自律，不喜声色犬马，是历史上有名的节俭皇帝。

可惜，陈霸先当皇帝不足两年，就得病去世了。终年五十七岁，葬于万安陵（今江苏南京郊区）。

三十年后，南陈灭亡。王僧辩的儿子王颁，纠集其父旧部，大肆毁坏万安陵。他们挖开陈霸先的坟墓，破棺焚尸，将骨灰倒在池塘中，上千人争相去喝。万安陵被彻底捣毁，成为轰动一时的大事件。

陈霸先一生征战，靠武力夺取了南梁江山。然而，当皇帝不到两年就死了，死后也不得安宁，最终尸骨无存、灰飞烟灭。可悲啊！

陈文帝开创天嘉之治

559 年，陈武帝陈霸先病逝。陈武帝去世的时候，他唯一活着的儿子在北周当俘虏，所以，他只好下遗诏让侄子陈蒨继承皇位。

陈蒨当时三十七八岁，历经社会动荡，已经相当成熟。他即位后，励精图治，很有作为，达到政治清明，经济发展，百姓富裕，史称天嘉之治。

《陈书》记载，陈蒨是陈霸先兄长陈道谭的长子。他容貌俊美，举止高雅，沉稳敏锐，气度不凡。陈霸先很喜欢他，常夸赞说："此儿吾宗之英秀也。"

陈蒨身经乱世，勇敢而又机灵。侯景之乱时，其父陈道谭是南梁官员，在建康保卫战中殉国，陈蒨保护家族移居临安。陈霸先发兵讨伐侯景的时候，侯景派人把陈蒨等人抓到建康。陈蒨暗藏短刀，想要刺杀侯景，但一直没有找到机会。陈霸先兵临建康城下，侯景想把陈蒨等人杀掉，可他失败太快，没来得及下手，陈蒨躲过一劫。

侯景之乱平息以后，陈蒨担任了吴兴太守。他为政勤勉，爱护百姓，深得人心。宣城的乱军头领纪机，带领一千多人，到吴兴境内侵扰。陈蒨组织士兵和百姓抵抗，打退了乱军，维护了境内治安。

后来，陈霸先让陈蒨在军中效力，任命他为信武将军。陈蒨追随叔父南征北战，多次充当先锋。陈蒨胸有谋略，治军有方，赏罚分明，将士们都勇于冲锋陷阵，几乎每战必胜。陈蒨深受陈霸先赏识。

王僧辩部下叛乱时，陈蒨奉命守卫长城县（今浙江长兴）。当时，陈蒨只带了几百人，军械装备也不多。叛军五千多人杀来，将士们个个相顾失色。陈蒨却镇定自若，照样谈笑风生，从容部署守城。众人见了，心里都安定下来。结果，叛军连续攻击多日，始终无法得手。

在剿灭王僧辩部下叛乱过程中，陈蒨被授予持节、都督十郡诸军事。他充分发挥其军事才能，集中优势兵力，各个击破，并采取剿抚并用的策略，为平定叛乱立下大功。从此，陈蒨威名和德声大振，朝野对他都很佩服。

陈霸先称帝以后，封陈蒨为临川王，食邑两千户，拜为侍中、安东将军，率兵镇守南皖。

559 年，陈武帝病逝，因唯一的儿子陈昌在北周当俘虏，只好遗诏让陈蒨继位。陈蒨奉急诏入宫，却再三推辞，不肯继位。宣皇后挂念儿子陈昌，痛哭流涕，也不愿意把玉玺交给陈蒨。群臣十分着急，犹豫不决，不知怎么办好。

在这关键时刻，镇西将军、南豫州刺史侯安都挺身而出，大声对众人说："如今天下未定，没有时间犹豫。临川王对社稷有功，应该遵遗诏立他为帝。"说完，侯安都按剑进入后宫，逼宣皇后交出玉玺。于是，在众臣拥戴下，陈蒨即皇帝位，被称为陈文帝，年号天嘉。

陈武帝有好几个儿子，都不幸夭折了，只存活了陈昌一个。陈霸先镇守京口时，为了不让梁元帝猜疑，把陈昌和侄子陈顼等人，都送去江陵当人质。不料，西魏攻陷江陵，俘虏了陈昌和其他陈氏家人。后来，西魏被北周取代，北周继续扣留陈昌等人。

陈霸先称帝以后，多次向北周交涉，请求放回儿子和家人，北周始终不肯。北周的势力比南陈强大，陈武帝没有办法。如今，北周见南陈立了新皇帝，却主动把陈昌放了回来，目的是让他争夺皇位，引起南陈内乱。

果然，陈昌在回来的路上，就给陈文帝写信，要求他让出皇位，并派人来接他，态度十分强硬。此时，陈昌二十二岁，血气方刚，却并不成熟，不知道这种做法，会给他带来杀身之祸。

陈蒨看了书信，快快不乐地说："太子快回来了，我只好当藩王，找个地方去养老。"侯安都愤愤不平地说："自古以来，岂有被代替的天子？"他自告奋勇，去迎接陈昌。在渡长江时，侯安都趁陈昌不备，将他推入水中，对外称他不慎落水溺死。此事自然无人追究，大臣们反而松了一口气。侯安都自恃功高，日渐骄横，三年后被陈文帝赐死。

陈文帝登基以后，整顿吏治，教化民众，使社会风气大为好转；注重农桑，兴修水利，使江南经济得到恢复；推行节俭，关心百姓疾苦，使民众能够休养生息。陈文帝通过采取一系列措施，开创了天嘉之治。

在军事上，陈文帝通过武力征服和怀柔笼络两种手段，消灭了境内的割据势力，使长江以南统一于陈氏政权之下。陈文帝还打败北齐军队，收复了江、郢二州，使疆域有所扩大。

陈文帝本人的表现也不错。《陈书》记载，文帝从平民起家，历经艰难，深知百姓疾苦，因而从不奢华，一切开支从简。陈文帝十分勤政，处理公务常常忙到深夜。他嘱咐侍从说："即便我睡着了，只要有紧急公事，也要叫醒我。"

566年，陈文帝在当了七年皇帝之后，不幸病逝，时年四十五岁。那么，他开创的天嘉之治会继续下去吗？

叔叔夺了侄儿皇位

566年，陈文帝病逝，嫡长子陈伯宗继位。陈伯宗当时只有十二三岁，尚未成年。陈文帝在临终前，嘱咐弟弟陈顼，要好好辅佐幼主，陈顼泣拜答应了。可是，只过了两年，陈顼就悍然夺取侄儿皇位，自己当了皇帝。

《陈书》记载，陈顼是陈文帝唯一的弟弟，而且是一母所生。陈顼比文帝小十岁，身高八尺三寸，容貌俊美，手垂过膝，富有才略，擅长骑射，文武双全。

陈顼十几岁的时候，叔父陈霸先把他送到江陵做人质，侍奉梁元帝。不料，江陵陷落，陈顼与堂弟陈昌等人，被掳到西魏，过了八年的俘虏生活。

陈文帝很疼爱和挂念弟弟，他即位后，遥封陈顼为安成王，后经多次交涉，陈顼终于从北朝回国。陈文帝很高兴，任命他为侍中、中书监、中卫将军，不久又担任扬州刺史，授使持节，都督扬、南徐、南豫等五州诸军事，后来又入朝任司空、尚书令。陈顼深受哥哥宠信，权势日增。

566年，陈文帝病重，令陈顼和大臣刘师知、到仲举等人入宫，侍奉医药。陈文帝自知不久于人世，担忧儿子年幼，对陈顼说："我想依照太伯之旧例，把皇位传给你。"陈顼知道哥哥并非真心，连忙拜伏于地，痛哭流涕，再三表示决心，一定尽心竭力辅佐侄子，决无二心。几个大臣也说："安成王是您的亲兄弟，必定效仿周公辅政，您就放心吧。再说，他如果有二心，臣等也不答应啊。"陈文帝大概要的就是这个效果，见此情景，放心地闭眼西去了。

陈文帝临终时，遗诏陈顼、刘师知、到仲举等人共同辅政，任陈顼为司徒，总领尚书职，骠骑大将军，都督中外诸军事。陈文帝死后，陈顼立即带领三百多人，入居尚书省，发号施令，安插亲信，大有独揽朝政、控制朝廷之势。

见此情景，刘师知、到仲举等人十分担忧，他们与尚书左丞王暹、通事舍人殷不佞等大臣商议，决定以太后的名义下诏，将陈顼调离京城，以防后患。这想法未免太简单了，陈顼会轻易放弃权力吗？

果然，陈顼与亲信吴明彻、毛喜等人商议后，立即还击，说他们是伪造诏令，把刘师知、王暹逮捕处死，殷不佞免官。后来，又杀了到仲举和右卫将军韩子高，到仲举的儿子到郁一同被杀。到郁是陈文帝的妹夫。从此以后，朝廷大权尽归陈顼。

568 年，陈顼发动政变，把侄子赶下台，自己登上帝位，被称为陈宣帝。陈宣帝立长子陈叔宝为太子，次子陈叔陵为始兴王，其他皇子和有关大臣皆有封赏。废帝陈伯宗的弟弟陈伯茂，对陈宣帝篡位十分愤慨，口出怨言，陈顼派人把他杀了。一年之后，陈伯宗也不明不白地死了。

陈宣帝夺了侄子皇位，自己登基称帝，虽然遭人诟病，但干得却不错。陈宣帝当时三十八岁，正值壮年，又历经磨难，阅历丰富，很有执政经验。他和哥哥陈文帝一样，十分勤政，大小事务亲自处理，皇权比较牢固；他鼓励农耕，兴修水利，开垦荒地，减轻徭赋，发展生产；他追求俭朴，不好奢华，关心民生，救助鳏寡孤独。陈宣帝下诏，士兵年满六十岁的，一律准予回家，并给予妥善安置。后来又下诏，对开垦荒田者，一律给予奖励，免收新垦田的赋税。

在陈宣帝的治理下，陈文帝开创的天嘉之治得到延续，经济有了一定发展，社会比较安定，政治也较为清明，老百姓得到实惠。《梁书》说，陈宣帝气量宽宏，有治国才略，他登上帝位，符合上天和百姓的愿望。由此看来，陈宣帝篡夺皇位，对天下百姓来说，却是一件好事。

湘州刺史华皎，与陈文帝私交甚好，他对陈宣帝强烈不满，遂勾结北周、后梁，起兵叛乱。陈宣帝命将军吴明彻、淳于量等人，领兵八万，讨伐华皎。北周、后梁派出军队，援助华皎。吴明彻、淳于量都是南陈名将，率军打败了北周、后梁的援兵，平息了华皎叛乱。陈宣帝下诏，对阵亡的士兵，每人给一口棺材，收尸殓棺，运回本乡安葬；对受伤的士兵，全力给予医治。

经过陈文帝、陈宣帝兄弟俩的精心治理，南陈国力有了很大恢复，而北齐却因内乱走向衰落。陈宣帝想借机讨伐北齐，收复被北齐夺去的江北之地。大臣们多数不同意，只有吴明彻坚决支持。最后，陈宣帝力排众议，决定出兵北伐，收复失地。

573年，陈宣帝命吴明彻为主帅，统兵十万，渡过长江，讨伐北齐。吴明彻是淮左一带人，熟悉地形和当地风俗，他又善于用兵，经过一番激战，攻占寿阳、合肥、吕梁（今江苏徐州附近）等地，捷报频传。北齐抵挡不住，兵败北撤，南陈收复了淮、泗之地。这是陈宣帝的一大功绩。

在南陈恢复国力的同时，北周也强大起来。北周是鲜卑宇文部篡夺西魏所建立的政权，势力强盛，于577年灭掉北齐，统一了北方，成为南陈的大敌。南陈与北周相比，实力悬殊。

陈宣帝陶醉于自己的成就之中，没有看到当时存在的危险。陈宣帝想借北周灭齐之际，再次向北拓展地盘。578年，陈宣帝命吴明彻二次北伐，企图夺取徐州、兖州。

然而，没有想到的是，北周军队十分凶猛，陈军不是对手，节节败退，南陈不仅没有得到徐兖二州，最后，连好不容易收复的淮、泗之地也丢失了。此时，吴明彻已经六十七岁了，他征战一生，从未有过如此败绩，简直是奇耻大辱。吴明彻悲愤交加，置个人生死于不顾，亲自披挂上阵，奋勇杀敌，却不幸受伤被俘，被押送长安后随即去世。

陈宣帝遭此打击，忧愤患病。582年，陈宣帝在执政十四年之后，病重去世，终年五十三岁，遗诏让皇太子陈叔宝继位。

陈宣帝共有四十多个儿子，是历史上儿子最多的皇帝，但没有一个成器的。陈宣帝刚一闭眼，还未发丧，在他的灵柩前，就发生了弟杀兄的丑剧，十分荒唐可笑和可悲。

父亲灵前弟杀兄

在历史上，兄弟相残的事情不少，并不稀奇，然而，在父亲灵前，就敢公然刺杀太子，就比较罕见了。行刺太子的人，是太子的弟弟陈叔陵。

《陈书》记载，陈叔陵是陈宣帝第二个儿子，554年出生在江陵，比哥哥陈叔宝小一岁。陈叔陵刚一出生，恰逢江陵陷落，他尚在襁褓之中，就随父亲、哥哥一道，成了西魏的俘虏。562年，八岁的陈叔陵，又同父兄一起，回归南陈。陈叔陵在俘虏营中长大，使他的性格有些扭曲。

陈叔陵从小就性格倔强，从不向人低头屈服，长大后凶暴乖戾，人们都怕他。陈宣帝登基后，封陈叔陵为始兴王，后又任命他为南中郎将、江州刺史，当时他只有十六岁。别看陈叔陵年少，却很有主见，一切政令皆由己出，独断专行，属官不得参与。

陈叔陵专横暴虐，对属下严厉苛刻，甚至任意凌辱，非打即骂。各州镇的官员，听说陈叔陵来视察，都惶恐不安，不寒而栗。豫章内史钱法成，因小事受到陈叔陵打骂，愤怒怨恨，自缢而死。

陈叔陵喜欢聚敛财物，他贪赃枉法，随意捕人入狱，没收其家产。陈叔陵借征剿少数民族之机，抢夺了大批财物。他甚至夜间带人出去，冒充强盗，杀人越货。陈叔陵还有一大恶习，就是喜欢盗墓，搜刮墓中珍宝，周围凡有名气的陵墓，差不多都被他盗光了，连东晋名相谢安的墓葬，也未能幸免。

陈叔陵通过各种不法手段，攫取了大量财富，他却生性吝啬，对下属从不奖赏，只顾自己奢靡享乐。陈叔陵天生不能饮酒，他就摆满了好饭好菜，日夜大吃。陈叔陵十分好色，看见民间稍有姿色的女人，都抢入府中，任意奸淫，不从者则被杀掉。陈叔陵属官的妻子女儿，只要被他看中，也无一能够逃脱魔爪。

陈叔陵罪行累累，却善于伪装。每次进京时，陈叔陵都端坐车中，手捧书籍，高声朗读，装出一副酷爱读书的样子。母亲去世时，陈叔陵装得悲哀过度，甚至刀刺手指，用血书写佛经，来超度母亲亡灵，众人都被他的孝心所感动。可是，他回到自己府中，随即令厨子宰杀活禽，进食美味，而且照常淫乐。在父亲面前，陈叔陵表演得更加出色，因此陈宣帝对陈叔陵十分宠爱，升迁他为侍中、中军大将军，都督扬、徐、豫等四州诸军事。

陈叔陵有了实力，便滋生了野心，他认为太子文弱，不配当帝王，自己当皇帝正合适，所以日夜做着皇帝梦。可是，陈叔陵虽然有野心，却没有谋略，也没有人帮他策划。

582年，陈宣帝病重，命太子陈叔宝、次子陈叔陵、四子陈叔坚以及皇后等人，在他身边侍疾。陈叔陵见父亲即将归天，认为是刺杀太子的好机会。老大一死，他这老二不就成老大了吗？

可是，在皇帝身边侍疾，是不允许带兵器的。陈叔陵悄悄吩咐侍从，给他找把剑来。侍从不知道他的用意，认为是驱邪用的，便给他找了一把桃木剑。陈叔陵恼怒，但又不好发作。陈叔陵见室内只有一把锉药刀，刀不大，而且很钝，便令典药吏去磨刀。陈叔陵的反常行动，引起了陈叔坚的警惕。

582年正月初十凌晨，陈宣帝闭眼咽气了。皇后和诸子等人，全都趴在地上，号啕大哭，谁也没有想到，陈叔陵会在父亲灵前行凶杀人。陈叔陵见机会难得，手持锉药刀，猛地向太子陈叔宝的脖子砍去，陈叔宝哼的一声，倒地昏迷过去。陈叔陵还想再砍，太子身边的皇后柳敬言，却一下趴到太子身上，用自己的身体护住了儿子。陈叔陵瞪着血红的眼睛，朝着皇后疯狂乱砍，皇后母子命悬一线。

在这千钧一发之际，陈叔坚一个箭步冲上前去，双手卡住陈叔陵的脖子，两人拼命厮打起来。乳母吴氏惊魂稍定，也上前帮忙，死拽着陈叔陵胳膊不放。陈叔陵力大，挣脱他们，逃出宫去。

陈叔陵自知犯下了弥天大罪，他困兽犹斗，立即召集自己的部下和亲信，又串联王公众卿，封官许愿，公开叛乱了。不过，响应者寥寥无几，只有陈伯宗的弟弟陈伯固，因怨恨陈宣帝篡位，愿意帮助他。陈叔陵打开监狱，以囚徒为兵，勉强凑了一千多人，但都是乌合之众。

太子陈叔宝突遭一击，昏了过去，好在锉药刀并不锋利，没有致命，很快就醒了过来。当时，由于事发突然，人人感到意外，因而皇宫内乱作一团，以致给了陈叔陵一个短暂的机会。大家情绪稍微安定以后，太子舍人司马申建议，赶快召右卫将军萧摩诃入宫，组织平叛。

萧摩诃是今山东峄县人，南陈名将，忠勇双全。他得到诏令后，立即率兵包围了陈叔陵的东府。陈叔陵见萧摩诃领兵前来，自知不是对手，心中恐惧。陈叔陵抱着一丝幻想，对萧摩诃说："你如果帮我成就大事，我就封你为三公。"萧摩诃回答说："可以派你的亲信前来商议。"陈叔陵人慌无智，果然派了几个亲信过去，却被萧摩诃当即砍头示众。

陈叔陵的囚徒士兵见了，人人胆寒，顿时作鸟兽散。陈叔陵知道大势已去，先杀掉了自己的七个妻妾，然后带百余人逃跑，结果被萧摩诃全歼，陈叔陵、陈伯固都被杀死。就这样，一场形同儿戏的叛乱，不到一天就被平息了。事后，陈叔陵的几个儿子全被诛杀，他的王府，被改成了猪圈。

陈叔陵大概是想当皇帝想疯了，在父亲的灵柩前，就敢向哥哥行凶，真是骇人听闻！做出这等大逆不道、天地不容之事，即便陈叔陵当时杀了太子，他能当上皇帝吗？真是利令智昏！

有才昏君陈叔宝

陈叔宝平定了弟弟陈叔陵的叛乱，顺利登上皇位，成了南朝最后一个皇帝。

陈叔宝在历史上十分有名，他的出名，是因为有才和昏聩并存。陈叔宝的才华，仅仅是表现在文学和音乐方面，而对于治国理政，他却是昏庸无能，致使南陈灭亡，所以，陈叔宝成了亡国之君。

《陈书》记载，陈叔宝和弟弟陈叔陵，少年时有着同样的经历，都在北朝当人质七八年，但性格却截然不同。陈叔宝性情比较温和，有些文弱，待人友善，喜欢文学，所以，人们都很喜欢他。

陈叔宝是陈宣帝的嫡长子，母亲是皇后柳敬言。柳敬言出身名门，母亲是梁武帝萧衍的女儿。柳敬言美丽贤惠，温柔大方，陈叔宝的性格，大多是受她的影响。陈宣帝很宠爱柳敬言，登基后封她为皇后，立陈叔宝为皇太子。

陈叔宝当太子后，拜名儒周弘正为师，学习《论语》《孝经》等儒学经典，也学习文学。陈叔宝学习很用功，通晓四书五经，尤其对诗赋产生了浓厚兴趣。陈叔宝喜欢结交文人，许多文士成为他的座上宾。当时太子府经常举办文学宴，学士们聚在一起，写诗作赋，谈文论经，好不热闹。后来，太子府形成了文学团体，主要成员有江总、孔范、姚察、褚玠、陆瑜等三十多人。这些文人，对陈叔宝后来执政产生了很大影响。

582 年，陈叔宝继承帝位。四弟陈叔坚救主有大功，被任命为骠骑将军、开府仪同三司，辅佐朝廷。萧摩诃平叛有功，被提升为车骑将军、南徐州刺史，封为绥远公。陈叔宝还将陈叔陵家中所有钱财，悉数赏赐给陈叔坚和萧摩诃。陈叔宝做得还是很到位的。

陈叔宝由于被砍伤了脖颈，在承香殿中养伤，不能处理朝政，朝中之事，全都委托给了陈叔坚。陈叔坚当时二十七八岁，年富力强，精力旺盛，他兢兢业业，把朝政处理得有条不紊，遇有大事，就请太后柳敬言决断。不过，陈叔坚有些专横，不善于协调关系，得罪了一些人，有些人对他心怀不满。

陈叔宝伤愈后，有人对他说，陈叔坚权势过重，如果势力大了，恐怕会危及皇权。陈叔宝性格上最大的缺陷，就是耳朵根子软，没有主见，他觉得有道理，便让陈叔坚去担任江州刺史，不让他在朝中辅政。

陈叔坚无故被贬黜外任，十分不满，同时心里也不安宁，于是向日月祭祀以求福。有人报告陈叔宝，说陈叔坚怨恨皇上，用巫术诅咒皇上早死。陈叔宝听了大怒，召陈叔坚入宫，打算赐死。

陈叔坚不慌不忙地对陈叔宝说："我死之后，必然会见到陈叔陵，希望陛下给我一道圣旨，让我在九泉之下去责备他。"陈叔宝听了，想起他的救命大恩，当初如果没有陈叔坚，他早就死了，还用得着诅咒吗？因此，陈叔宝不仅没有赐死陈叔坚，反而继续重用他。陈叔坚一直活到隋朝时期，才寿终正寝。

陈叔宝饱读儒学之书，懂得一些治国安民的道理，他即位不久，就连续颁发诏令，要求各级官员勤政爱民，爱惜民力，抚恤百姓，还要求各地推荐治国之贤才。陈叔宝喜欢大赦天下，以显示他的仁义，他在位只有七年，却搞了十次大赦，大概是历史上大赦天下最多的皇帝。

陈叔宝虽然懂得一些治国安民道理，却没有采取具体措施加以落实，因为他的兴趣，不在治国理政上，而是在文学方面。陈叔宝在历代皇帝中，是很有才气的，写诗谱曲，吹拉弹唱，样样精通。皇帝喜欢文学，不爱理政，而宰相江总及一班大臣，也是如此，这就十分危险了。

江总是南朝著名文学家，才华横溢，名气很大，与陈叔宝关系密切，陈叔宝让他总领朝政。江总也酷爱文学，他不理政务，整天与陈暄、姚察、孔范等大臣和学者们研究诗文。陈叔宝与大臣们在一块的时候，很少商议国家大事，而是吟诗作赋，饮酒作乐。君臣如此不务正业，自然是政务荒废，法纪松弛，朝纲紊乱，国家日益衰落。

陈叔宝在文学方面的才华，是公认的，他写的诗，讲究音律，委婉动听，谱上曲子，就是一首歌，便于传唱。陈叔宝写的《玉树后庭花》，风靡全国，广泛传唱，流传至今。唐代诗人杜牧，写了一首著名的诗："烟笼寒水月笼沙，夜泊秦淮近酒家。商女不知亡国恨，隔江犹唱后庭花。"

陈叔宝在文学上还富有创意，他把乐府诗进行改造，创作出不同于前人的作品。乐府诗源于民间，陈叔宝和他的一班文人，把文人创作和民间诗歌结合起来，意境优美，生动传神，形成了新的风格，后人称之为宫体诗，也叫艳情诗。陈叔宝留存下来的诗歌，有近百首，三分之二都是这种宫体诗。这倾注了他多大的心血啊，哪里还顾得上治国理政呢？由于宫体诗主要反映宫廷生活，没有多大的积极意义，而且陈叔宝是亡国之君，所以，人们把它称为靡靡之音，或者叫亡国之音。

陈叔宝的宰相江总，也是创作宫体诗的高手，流传下来一百多首。他的诗歌，韵律优美，浮艳靡丽，多是为统治者淫乐助兴之作，因而在历史上名声不佳。江总活了七十六岁，寿终正寝。

就在陈叔宝登基的时候，北方已经统一，北周的权臣杨坚，篡周建隋，势力强盛，正在磨刀霍霍，准备攻打南陈，统一全国。而陈叔宝等人却不知危险，依旧沉湎于酒色和诗乐之中，南陈岂能不亡？

陈叔宝不仅喜欢文学，还喜欢美女，他最宠爱的，是一个叫张丽华的妃子。张丽华在历史上也十分有名，那么，她是个什么人物呢？

一代美女张丽华

张丽华，是一代绝色美女。她聪明伶俐，貌美如仙，深得皇帝陈叔宝宠爱。陈叔宝写的《玉树后庭花》，就是赞美她的。可惜，红颜薄命，南陈灭亡以后，张丽华被认为是"祸水乱国"，遭遇砍头示众。

《陈书》记载，张丽华出身于兵家，家境贫寒，她的父亲、哥哥都以织席为业。由于家贫，为了讨口饭吃，只有十岁的张丽华，被迫入宫当了侍女。史书没有记载张丽华家在何处，不知道她是哪里人。

张丽华入宫以后，被分配到太子府，给太子陈叔宝的良娣龚氏做侍女。张丽华年龄小，干活不麻利，经常受到龚良娣打骂。陈叔宝见了，心中不忍，劝龚良娣对她好一些，张丽华自然心中感激。陈叔宝当时十六七岁，后来喜欢上了张丽华。张丽华在十七岁的时候，生下了陈叔宝的第四子陈深，几年之后，又生了一个儿子，叫陈庄。陈叔宝称帝后，封二十四岁的张丽华为贵妃，地位在龚良娣之上。

成年后的张丽华，美貌绝伦。她肤如白雪，面像朝霞，目似秋水，眉比远山，顾盼之间，光彩夺目，令人心醉神迷。张丽华有一头秀发，长达七尺，色泽如漆，光可鉴人。张丽华常在阁上脂粉妆饰，她端庄秀丽，举止飘逸，远远望去，犹如仙女一般。所以，陈叔宝对她十分宠爱。

张丽华不仅长得美貌，心地也很善良，从不恃宠欺人，与后宫之人关系都很好。有人求她办事，张丽华总是有求必应，尽心去办，从不推辞。龚良娣曾经虐待过她，张丽华也不挟私报复，龚良娣后来也升为贵嫔。因此，后宫里的人，几乎都说张丽华的好话，陈叔宝就更加宠爱她了。

陈叔宝称帝的第三年，嫌宫廷简朴，下令新建了临春、结绮、望仙三座阁楼。阁楼高达数丈，有几十间房屋，门窗、横梁、栏杆等，全部用上好的檀香木制作，又用金玉装饰，富丽堂皇。房间外面安装珍珠帘子，里面陈列玉床玉帐，屋子里摆满珍奇玩物，都是从没见到过的。阁楼下面，堆垒假山，开挖水池，栽种香花异草，微风吹来，香飘数里。建造三座阁楼，耗费了国库中大量钱财。

阁楼建好以后，陈叔宝很满意。他自己住临春阁，让张丽华一人住结绮阁，其他嫔妃共住望仙阁，却没有皇后的份。三阁之间架有通道，可以互相来往。陈叔宝在张丽华和众多美女陪同下，在阁内游玩会饮，吟诗写赋。写出满意的诗赋，就配上乐曲，让宫女们练习演唱，真是神仙一般的日子。

陈叔宝特别宠爱张丽华，时刻不离左右，大臣们奏报朝廷大事，张丽华也在一旁坐着，甚至有时坐在陈叔宝腿上。张丽华与大臣们熟悉了，后宫有人托她办事，她就直接交代大臣去办。那些事，有些是为违法者说情的，照理说是不能办的，可张丽华不懂这些，有时候大臣们不给办，张丽华就生气，向皇上说他们的坏话。张丽华文化不高，不知道这是在干政，陈叔宝宠爱她，也不制止。

陈叔宝尽管百般宠爱张丽华，却没有封她做皇后，张丽华似乎也没有这个要求。陈叔宝的皇后，名叫沈婺华，出身名门，知书达理，陈叔宝做太子的时候，娶她为太子妃，属于正妻。陈叔宝起初对她还不错，有了张丽华以后，就对她冷淡了许多。陈叔宝养伤的时候，不让沈婺华陪着，只允许张丽华一人侍疾。不过，陈叔宝登基的时候，仍然封沈婺华为皇后。

沈婺华性情恬静，清心寡欲，与人友善，她对陈叔宝宠爱张丽华没有表示不满，每天只是看书写字，诵念经文。沈婺华没有儿子，抱了孙姬的儿子抚养，视如己出。沈婺华生活节俭，不穿锦绣衣服，身边侍女也很少。

所以，陈叔宝虽然不宠爱她，却很敬重她。陈叔宝曾经有过想让张丽华当皇后的想法，但始终不忍废黜沈婺华。南陈灭亡以后，晋王杨广知道沈婺华贤惠，也没有为难她。后来，沈婺华到天净寺出家为尼，寿终正寝。

与皇后沈婺华相比，张丽华尽管深受皇帝宠爱，风光一时，却好景不长，落了个身首异处的可悲下场。

589年，隋军攻打南陈，攻破宫城，陈叔宝慌忙与张丽华、孔贵嫔躲藏到井里。隋军士兵发现了，抛下绳子往上拉人。拉绳士兵感到特别沉重，把人拉上来一看，原来是陈叔宝、张丽华、孔贵嫔三人同绳而上。

张丽华做了俘虏以后，《陈书》和《南史》都说，晋王杨广下令，把张丽华斩首，首级挂在青溪中桥示众。《隋书》却说，杨广见张丽华美貌，想纳她为妃。大臣高颎不同意，说："周武王灭殷商，杀死妲己。如今平定陈朝，不应娶张丽华。"高颎下令，将张丽华斩杀于青溪，杨广很不高兴。张丽华死时只有三十岁。

张丽华因为长得漂亮，历来被当成"红颜祸水"。其实，长得漂亮，并不是过错，张丽华不是坏人，也没有做过恶事。南陈的灭亡，是历史的必然，怎能赖在一个弱女子身上呢？

陈国灭亡南朝终结

　　南陈建立以来，经历武帝、文帝、废帝、宣帝，到陈叔宝时灭亡了。陈叔宝作为亡国之君，在历史上名声不太好。

　　陈叔宝不会治国理政，而是喜欢文学，宠爱美女，追求享乐，是应该对南陈灭亡负有重要责任的。不过，从客观上讲，南陈当时只有江陵以东、长江以南、交趾以北狭小地区，面积与三国时期的东吴差不多，实力弱小，是难以与强大的隋朝抗衡的，即便陈叔宝有所作为，恐怕也难逃覆灭的下场。所以，笔者认为，南陈灭亡，是历史的必然，不能全归罪陈叔宝一个人。

　　在北方，由北魏统一并统治九十多年后，分裂成东魏、西魏两个政权，时间不长，又分别被北齐、北周取代。577 年，北周灭掉北齐，重新统一了北方。581 年，北周权臣杨坚，篡周建立了隋朝。

　　隋朝建立后，地疆辽阔，南抵长江，北至大漠，人口众多，远非南陈可比。特别是，隋朝是新兴政权，正在兴盛时期，统治者雄心勃勃，准备一举荡平南陈，统一全国。

　　隋文帝杨坚，胸有谋略，城府很深。他建立隋朝后，需要首先巩固自己的统治，还要对付北方的突厥，因而对南陈采取了表面友好政策。陈宣帝在位时，两国边境时常发生摩擦，隋文帝下令，隋军不要主动出击，抓住南陈士兵后，赠送衣服和马匹，客客气气地送还。陈宣帝去世时，隋朝派使者前去吊唁。隋文帝给陈叔宝的书信中，都写着"杨坚顿首"字样，表现得十分谦逊。陈叔宝的虚荣心得到很大满足，于是放松了对隋朝的警惕。

　　麻痹了南陈之后，隋文帝励精图治，巩固了政权，使隋朝更加强大，而且征服了北方的突厥，然后，废掉附庸西梁，派兵进驻江陵一带，在南陈门口部署了军队。隋军还在长江上游，建造了几千艘战舰，准备顺江而下，直击建康。隋文帝做好了伐陈的一切准备，便开始动手了。

588 年十一月，隋朝出动五十一万大军，兵分八路，分别由江陵、襄阳、永安、六合、庐江、广陵、蕲春、东海出发，凶猛地扑向南陈。隋军由晋王杨广统一指挥，东起海滨，西到巴蜀，水陆并进，旌旗蔽日，连绵千里，声势浩大。

在大军出发之前，隋文帝还采取了攻心战术，他下诏历数陈叔宝二十款大罪，希望江南民众与隋军合作，共同诛灭昏君。隋文帝命人将诏书制成三十万份，在江南广泛散发。果然，南陈军民看了，人心浮动。

在这危急时刻，陈叔宝仍然执迷不悟。他认为长江是天险，隋军不可能越过，便对众臣说："我大陈立国以来，齐军曾经三次进犯，周军也两次大兵压境，不是都大败而归吗？现在隋军来犯，又能把我怎么样！"

陈叔宝的诗友、大臣孔范也说："长江是一道天堑，敌军能长翅膀飞过来不成？这都是将帅们想要立功，故意夸大敌情，陛下不必忧虑。"陈叔宝认为他说得对，所以照常奏乐观舞，纵酒宴饮，赋诗取乐。

589 年正月，隋军大将贺若弼和韩擒虎，分两路一举攻破长江天险，贺若弼率军攻占京口（今江苏镇江），韩擒虎攻克了采石（今采石矶），对建康形成东西夹击之势。隋军纪律严明，对百姓秋毫无犯，对俘虏的南陈士兵，发给资粮，当即释放。南陈军队军心涣散，望风溃败，投降者无数，隋军迅速向建康城进军。

直到这时，陈叔宝才大吃一惊，慌了手脚。他紧急部署迎敌，兵力不够，就大肆扩军，青壮年全部入伍，连和尚道士也去当兵。可是，这临时拼凑起来的乌合之众，有什么用呢？陈军出战，连战连败，根本挡不住隋军，隋军很快就兵临建康城下了。

589 年二月，隋朝大军将建康城团团包围，猛力攻打。当时建康城内，尚有十万军队，但兵无斗志，陈叔宝又不懂军事，只知道日夜哭泣。很快，隋军攻破建康城，陈叔宝惊慌失措，与张丽华、孔贵嫔藏到井里，被士兵搜出，当了俘虏。历时三十二年的南陈，只三个月时间，就被隋朝灭亡了，这与当年晋朝灭吴所用的时间差不多。

至于陈叔宝当了俘虏以后的表现，《陈书》没有记载，只是说他进入长安，十五年后病逝，终年五十二岁。死后被追赠为大将军，封为长城县公，谥号为"炀"，葬于洛阳的芒山。

《南史》记载说，陈叔宝当了俘虏之后，隋文帝对他很优待，赐给他很多东西，还常常请他参加宴会。陈叔宝请求说："我现在没有官职，又常常参加朝廷集会，希望能得到一个官号。"隋文帝听了，十分愕然，对别人说："陈叔宝全无心肝。"

陈叔宝仍然喜欢喝酒，经常沉醉，很少有醒的时候，也喜欢吃驴肉。隋文帝说："他的失败，还不是因为酒吗？有那些喝酒作诗的工夫，还不如用来考虑天下大事呢！"

陈叔宝被俘后的表现不雅，卑躬屈膝，毫无骨气，这也是他被后人诟病的一个重要原因。堂堂皇帝，如此苟且偷生，确实有失身份。不过，人在屋檐下，怎能不低头，陈叔宝又有什么办法呢？

南陈灭亡，标志着历时一百六十九年的南朝终结了。

鲜卑拓跋势力崛起

在南方，先后经历了宋、齐、梁、陈四个朝代，这四朝的皇帝，都是汉族人；在北方，先后经历了北魏、东魏、西魏、北齐、北周五个朝代，这五朝的皇帝，都是鲜卑人或者鲜卑化的汉人。

《魏书》对鲜卑族的起源和发展过程，有着详细记载，在上古时期，黄帝有二十五个儿子，分封到全国各地，有的分封到华夏，有的分封到边疆。黄帝的少子昌意，被分封到北方地区，因境内有鲜卑山（今内蒙古境内），遂以山为号，逐渐形成了鲜卑族。

鲜卑人形成大大小小的部落，他们以游牧狩猎为业，民风淳朴，文化简易，没有文字，靠刻木结绳记事。在匈奴强盛的时候，他们受匈奴的奴役；匈奴衰落以后，鲜卑族开始兴起，经过多次分裂聚合，逐渐形成了慕容、段氏、拓跋、宇文等一些较大的部落。

拓跋部名称的由来，是因为他们认为，黄帝属于土德，北方人称土为拓，跋是后代的意思，所以，他们以拓跋为姓，表明自己是黄帝的后代。

《魏书》记载，昌意的后裔叫始均，从始均开始往下传到六十七世时，拓跋部出了一个著名首领，名叫拓跋毛。拓跋毛聪慧明智，武艺高强，而且有很强的组织领导能力，人们都佩服他、拥戴他。拓跋毛统辖三十六个部落，有九十九个大氏族，威震北方。

拓跋毛又往下传了十二世，就到了曹魏时期，当时的部落首领叫拓跋力微。传说拓跋力微是天上的仙女生的，所以他没有舅舅家。拓跋力微威武雄壮，英明睿智，各部落的酋长们心悦诚服，纷纷归降。拓跋力微势力大增，统辖的骑士达二十多万。

258 年，拓跋力微率众南迁，定居于盛乐（今内蒙古和林格尔一带），开始与曹魏政权有了联系，双方互派使者，互通贸易。拓跋力微还派儿子到洛阳，进行考察学习。拓跋部被灿烂的中原文明所吸引，开始接受汉文化，穿汉人服装，学习中原的先进技术。此后很长一段时间，拓跋部与曹魏、西晋的关系都很好。拓跋力微统治长达五十八年，活了一百零四岁。

307 年，拓跋力微的孙子拓跋猗卢继位，当了首领。拓跋猗卢天姿英特，勇略过人。当时，西晋王朝爆发八王之乱，中原战火纷飞，一些少数民族脱离晋朝，匈奴人刘渊、氐族人李雄，都建立了自己的政权，而拓跋猗卢却仍然与西晋朝廷友好，并且出兵攻打刘渊，支援晋朝。西晋皇帝被感动了，封拓跋猗卢为代王，管辖代、常山二郡。拓跋猗卢开府治事，明刑峻法，设置各级官僚机构，修建平城为南都，势力拓展到今山西、河北北部一带。

316 年，拓跋猗卢因废长立幼，发生内讧，被儿子杀死。内乱平息后，他的侄子拓跋郁律继位。拓跋郁律执政四年后，又在政变中被杀，最后，他的长子拓跋翳槐继承了王位。

拓跋翳槐具有远见卓识，他见拓跋部内乱不止，就与占据中原的后赵和好，以便作为外援，并派弟弟拓跋什翼犍去后赵，一边当人质，一边学习汉文化。随同拓跋什翼犍一起去后赵的，还有五千户拓跋部的民众。

拓跋什翼犍当时只有九岁，他和五千户拓跋部民众，在后赵生活了十年，已经高度汉化了，成了一支不小的力量。

338 年，拓跋翳槐病危，拓跋内部果然又动荡不安。拓跋翳槐临终留下遗命，一定要迎接拓跋什翼犍回来继位，说只有这样，社稷才能安定。不料，拓跋翳槐刚死，拓跋部的贵族就发动政变，杀了拓跋翳槐性格刚强的三弟拓跋屈，打算立他性格柔和的四弟拓跋孤当傀儡。

拓跋孤宽厚仁义，深明大义，他偷偷跑到后赵，传达兄长遗命，让拓跋什翼犍回去继位，并请求自己留下当人质。当时后赵的皇帝是石虎，石虎暴虐出名，但在处理这件事上，还有点人性，他把兄弟俩都放了回去，并且派兵护送。拓跋什翼犍带领他的族众，在后赵军队的帮助下，顺利平息了政变，继承了代王之位。

拓跋什翼犍在中原住了多年，深受汉文化熏陶，他的母亲王氏，也是汉族人，因此，他开始按照中原文化和制度精心治理拓跋部。拓跋什翼犍继承王位不久，就宣布成立代国，仿照中原国家的形式，设置文武百官，制定法律、制度和礼仪，这使得拓跋部产生了质的飞跃，由原始的部落联盟开始转变为国家形式。

拓跋什翼犍在中原时，学了不少儒家学说，因而讲究仁义道德。他手下有个大臣，叫许谦，贪污了二匹绢，有人报告了拓跋什翼犍。拓跋什翼犍却不让他声张，说："许谦如果知道了，会因惭愧而自杀的。为财辱士，实不足取。"拓跋什翼犍在一次战斗中，被敌方射手射瞎了一只眼睛。后来，消灭了敌人，活捉了射手，众将都要拿刀屠割了他。拓跋什翼犍却说："他是为主尽职，有什么错呢？"下令将他释放。

拓跋什翼犍执政三十八年，他重用汉人燕凤，推广汉文化，教化百姓，发展生产，拓跋部开始由游牧向农耕转变。拓跋什翼犍又修城建都，让人们逐步定居下来。拓跋什翼犍按照中原制度，组建训练军队，提高了部队战斗力，两次打败匈奴刘卫辰部，使其率部投奔前秦。在拓跋什翼犍的治理下，代国很像个国家的样子了。

这个时候，地处关中地区的前秦，逐渐强盛起来，灭掉了西部地区的前凉、仇池，又灭掉了占据中原的前燕，力图统一北方。376年，前秦出动二十万大军，分多路进攻代国。代国实力比前秦差得远，屡战屡败，抵挡不住。拓跋什翼犍当时身患重病，出于无奈，只好带领民众向北迁移。

大敌当前，代国又不幸发生内乱。拓跋什翼犍的庶长子拓跋寔君，为了抢夺王位，竟然残忍地杀害了父亲和弟弟们，引发大乱。拓跋什翼犍死时五十七岁。

前秦军队得此良机，迅速出兵，代国民众纷纷逃散，代国灭亡，拓跋寔君被俘。前秦天王苻坚，痛恨拓跋寔君的暴行，把他押解到长安，车裂处死。

拓跋什翼犍死了，但他却有一个雄才大略的孙子，名叫拓跋珪。十年之后，拓跋珪召集旧部，恢复了代国，不久改为魏国。从此之后，魏国在北方大地上，称雄百余年。拓跋什翼犍在九泉之下，可以瞑目了。

拓跋珪创建北魏

拓跋珪，是鲜卑族杰出的英雄人物，也是中华民族杰出的英雄人物。是他，复兴了爷爷拓跋什翼犍的事业，开创了北魏，为北魏称雄北方奠定了坚实基础。

《魏书》记载，拓跋珪出生于371年，父亲叫拓跋寔。拓跋寔是代王拓跋什翼犍的次子，却是嫡长子，被立为世子。在拓跋珪出生前两个月，拓跋部发生叛乱，叛乱者冷不防拿刀砍向拓跋什翼犍，拓跋寔挺身向前，替父亲挨了一刀，伤重而死，年仅十五岁。所以，拓跋什翼犍特别疼爱这个出生后就没有父亲的孙子。

拓跋珪自幼聪慧，很小的时候，就学会了说话。他生得宽额大耳，两眼炯炯有神，众人都觉得他与众不同。拓跋珪六岁的时候，祖父被害，代国灭亡。苻坚灭掉代国以后，把代国一分为二，一部分由投靠他的刘卫辰管辖，一部分由独孤部刘库仁管辖。苻坚下令，把代国王室的人，都迁到长安去。代国大臣燕凤向苻坚求情，请求把年幼的拓跋珪留下，苻坚答应了，于是拓跋珪母子就寄居在刘库仁部。

刘库仁是拓跋什翼犍的外甥，原是代国的将军，代国灭亡后，不得已投降了前秦，因此，他对拓跋珪母子俩照顾得还不错。可惜好景不长，刘库仁部后来发生叛乱，刘库仁被杀，弟弟刘眷掌权，不久，刘库仁的儿子刘显又杀死叔叔刘眷，取而代之。刘显认为拓跋珪是个潜在的威胁，想要除掉他，幸亏有人相救，拓跋珪与母亲贺兰氏，仓皇逃到贺兰部。拓跋珪小小年纪，就颠沛流离，寄人篱下，历经磨难，但也养成了他坚强刚毅、不屈不挠的性格。

前秦苻坚统一北方之后，雄心勃勃，想要吞并东晋，统一全国，不料，在著名的淝水之战中，前秦大败，损失惨重，失去了控制力，各地纷纷独立，北方重新陷入分裂。在关中，羌族人建立了后秦，与前秦打得不可开交；在关东，鲜卑人慕容垂恢复燕国，史称后燕，占据了河北、山西、山东等地。

趁此混乱之际，386年，拓跋珪在贺兰部的支持下，召集旧部，在牛川召开部落大会，宣布恢复代国，继承王位。因牛川僻远，不久，拓跋珪迁都盛乐，改国号为魏。魏，具有高大、威武和美好的意思。因拓跋珪建立的魏国，地处北疆，又要与三国时期的魏国相区别，所以史称北魏。

魏国建立之初，实力弱小，拓跋珪也只有十五岁，但他胸怀大志，很有智慧。拓跋珪与势力较强的后燕建立了友好关系，经常赠送礼物，表示依附。后燕是鲜卑慕容部建立的政权，与拓跋部是同族，而且还有亲戚关系，又见拓跋珪年龄小，便于控制，也愿意帮助他。后燕出动军队，帮助拓跋珪打败了刘显、刘卫辰，收复了代国的地盘。

拓跋珪有了地盘以后，没有急于向外扩张，而是精心治理内部，当时中原正在混战，也没人侵扰他。拓跋珪大力发展农业生产，让鲜卑人与汉人一道，都去开荒种地，他自己带头下田耕作，很快实现了粮食富余。拓跋珪着手建设一支强大的军队，他制定了具体的奖励办法，将士们按照功劳大小，进行物资分配，同时加强部队训练。因此，魏军士气旺盛，战斗力很强。

拓跋珪胸有大志，不会满足于已有的地盘。当时，占据中原的后秦、后燕，实力都很强大，拓跋珪不去与他们争锋，而是专心向北发展。在北方广袤大地上，散落着许多部落，没有统一的组织，实力也都弱小，很容易被各个击破。于是，从388年到391年，北魏先后攻打库莫奚部、高车部、袁纥部、贺兰部、纥奚部等部落，占领了大片土地，俘获了大批民众，缴获了大量物资，国力逐渐强盛起来。

拓跋珪实力增强以后，对后燕不再那么恭敬，也不送礼了，后燕向他索要名马，他也不给。后燕十分生气，认为这小子忘恩负义，于是派出八万军队，去讨伐北魏。拓跋珪早有准备，他巧设计谋，在参合陂大败燕军，燕军几乎全军覆灭，抓获的四五万俘虏，也被全部坑杀活埋了，这就是历史上著名的参合陂惨案。

396年，拓跋珪趁着后燕元气大伤，亲率十万大军南下，攻打后燕。此时，后燕皇帝慕容垂刚死不久，内部不稳，抵挡不住北魏军队的凌厉攻势，很快丢掉了今山西、河北大片地盘。后来，后燕又分裂出了一个南燕，势力更加弱小，分别被北燕、东晋灭掉。

拓跋珪的势力扩展到中原，他立即把都城由盛乐南迁至平城（今山西大同），正式建立魏国，自己当了皇帝。拓跋珪倾慕汉文化，仿照长安、洛阳的规制，营造宫室，建立宗庙，设置社稷，又仿汉制，任命百官，制定礼仪制度。拓跋珪还采取了一系列改革措施，他下令解散按血缘关系组成的部落，重新按居住地编户；他迁移大批民众到平城一带，徙民耕田，发展生产，使平城周围有了大片沃土；他尊崇儒学，推广汉文化，设置五经博士，增加太学生三千人。通过精心治理，北魏成为北方强国，再也没有对手了。

402年，后秦见北魏日益强大，感到了威胁，遂兴兵来犯。拓跋珪出动大军迎敌，屡战屡胜，活捉后秦官员四十多人、士兵两万余人，打得后秦狼狈不堪。后秦多次派人求和，拓跋珪不许，决心一鼓作气，灭了后秦。不料，北方的柔然从背后攻击北魏，拓跋珪不得已才撤兵。后秦遭此打击，一蹶不振，后来被东晋灭掉了。

拓跋珪从十五岁开始，几乎白手起家，经过二十多年的浴血奋战，创建了强大的北魏，控制了北方大部分地区，不愧为一代英雄。不过，英雄也有缺点和错误。拓跋珪信奉佛教和道教，服食寒食散，结果中毒，有时几天吃不下饭，有时彻夜不眠，致使他性情大变，喜怒无常，随意杀人，影响了事业发展。

409年，拓跋珪的妃子贺夫人有过失，被囚禁起来，准备处死。贺夫人恐慌，向儿子拓跋绍求救。拓跋绍只有十六岁，却很大胆，他救母心切，深夜翻墙入宫，刺杀了父亲拓跋珪。拓跋珪死时三十九岁。

拓跋珪堂堂一代英雄，竟死于年少的亲生儿子之手，真是可悲可叹啊！

拓跋焘统一北方

拓跋珪死后,太子拓跋嗣带兵入宫,诛杀了弑父的弟弟拓跋绍,然后继承帝位。

拓跋嗣也是一位英雄人物,他内修庶政,外拓疆土,把势力扩展到今山东、河南一带,使北魏更加强大。可惜,他在位十四年就病逝了,最终完成统一北方大业的,是他的儿子拓跋焘。

《魏书》记载,拓跋焘,408年出生于平城,是拓跋嗣的长子。拓跋焘出生时,体态容貌与常人大不相同,他的祖父拓跋珪十分惊奇,高兴地说:"将来能达成我的事业的,必定是这个孩子。"

拓跋焘果然不同寻常,比一般的孩子高大许多,其他方面也成熟得早。他十二岁就上阵杀敌,还是远赴河套地区作战。更奇特的是,他小小年纪,就能把军务整顿得有声有色,人们对他既惊讶,又佩服。

拓跋焘十四岁的时候,被封为泰平王,开始参与国政。不久,父亲患病,命他总统百事,监理国家。拓跋焘聪明大度,应付裕如,朝政有条不紊。后来,父亲病重去世,拓跋焘继承了皇位,被称为太武帝。

十六岁的拓跋焘,刚刚即位不久,就迎来一场严峻考验。地处北方的柔然,趁着北魏大丧,欺负拓跋焘年少,派出六万骑兵,攻击云中,烧杀抢掳,并攻陷北魏旧都盛乐。柔然,是继匈奴之后,在北方草原崛起的又一游牧民族,势盛时北到贝加尔湖,南抵阴山,时常向南侵扰。柔然的组成比较复杂,有六十余种姓氏,其中有鲜卑族的一支。

当时,南方的东晋已经灭亡,取代它的南朝宋正在兴盛时期。拓跋焘认为，要想与南朝宋争强，必须先征服柔然，解除后顾之忧。于是，从425年至429年，拓跋焘亲率大军，三次北伐，深入北方三千七百余里，去攻击柔然，沉重打击了柔然势力，之后又经过多次战争，远逐柔然，巩固了北方地区。

拓跋焘在打败柔然之后，为了巩固自己的统治，增强国力，提出了"偃武修文"政策。在当时环境下，偃武只是说说而已，根本做不到，而修文，确实是重视起来了。拓跋焘尊崇孔子，提倡儒学，把儒家思想作为统治百姓的工具，学习汉族的治国经验，吸收大批汉人知识分子参加政权。

拓跋焘重用汉人崔浩、高允等人，为他出谋划策。崔浩是北魏杰出的政治家、军事谋略家，他自比张良，多谋善断，算无遗策，是拓跋焘的谋主。崔浩为北魏制定国策、实现强盛，进而统一北方，发挥了极其重要的作用。拓跋焘对崔浩十分信任和倚重，崔浩可以不用禀报，随意出入他的卧室。

在崔浩、高允等人的辅助下，北魏实行了一系列行之有效的政策，促进了经济社会发展。拓跋焘采纳高允"广田积谷"的建议，与民休息，轻徭薄赋，奖励农耕，减轻了百姓负担，民众安居乐业，衣食丰足。北魏在政治上比较清明，重视法制。拓跋焘善于纳谏，注重选拔良吏。有一次，拓跋焘外出打猎，让大臣古弼调集肥壮的马匹，古弼却给了一些瘦弱的马，并说肥马是打仗用的，不能用来打猎。拓跋焘不仅不生气，反而赞叹道："有如此忠臣，真是国家之宝。"

在拓跋焘的治理下，北魏空前强盛，他便继承祖父、父亲的遗志，东征西讨，开始了统一北方的战争。北魏首先对付的，是盘踞西部的胡夏政权。

胡夏，是匈奴铁弗部赫连勃勃建立的。赫连勃勃是刘卫辰的儿子，北魏灭杀刘卫辰之后，赫连勃勃逃奔后秦，不久又叛秦自立，建立夏朝，建都统万城（今内蒙古与陕西交界一带）。匈奴人自称是夏后氏的后裔，所以取名为大夏，史称胡夏。

刘裕攻取长安、灭掉后秦之后，留儿子刘义真镇守。赫连勃勃趁此机会，打败刘义真，攻占长安，占据了关中之地，势力扩展到今陕西、宁夏、甘肃东部一带。胡夏与北魏接壤，所以，北魏要首先灭了它。

426年至430年，北魏三次攻打胡夏，出奇兵突袭统万城，经过一番恶战，占领了统万城，俘虏了胡夏皇帝赫连昌（赫连勃勃之子）。接着，北魏又接连攻取长安、平凉、安定、临晋、武功等地，所向无敌，尽得胡夏之地。

拓跋焘贵为皇帝，却亲自跨马征战，上阵杀敌，而且身先士卒，带头冲锋。在统万城外与夏军恶战时，拓跋焘的坐骑因疲劳摔倒，他换了匹马继续奋战，亲手斩杀夏将十余人，身受箭伤之后，仍不后退，继续奋勇向前。在拓跋焘的激励下，北魏将士个个奋不顾身，表现出很强的战斗意志。

在一次战斗中，两军正在鏖战，忽然刮起了沙尘暴，狂风大作，飞沙漫天，使人睁不开眼睛。夏军溃散，纷纷退入城中。拓跋焘借机换上夏军衣服，只带少数人，随溃兵混入城中，去侦察城中虚实。拓跋焘在城中若无其事地侦察一番之后，才在夜里从城墙上溜了下来。拓跋焘胆子真够大的！

消灭了胡夏，剩下的一些小国就不足为虑了。拓跋焘率领大军，先后灭掉了北燕、仇池、北凉、南凉等大大小小的割据政权，驱逐吐谷浑，远征西域，降服鄯善、龟兹、粟特等国，横扫千里，所向披靡，使北方到处飘扬着北魏的旗帜。

439年，拓跋焘在登基十六年之后，终于完成了祖父、父亲的遗志，统一了北方，结束了"五胡十六国"长达一百三十五年的混乱局面。

拓跋焘统一北方之后，他面临的强敌，只剩下南朝的刘宋了。于是，北朝与南朝之间，又开始了新的较量。

两个年轻皇帝的较量

北魏太武皇帝拓跋焘，比南朝宋文帝刘义隆小一岁，登基早一年。两人年龄和登基时间差不多，而且都是雄才大略，年轻气盛，免不了要互相较量一番，争个高低，结果却是势均力敌，两败俱伤。

《魏书》记载，早在拓跋焘父亲拓跋嗣时期，北魏就与南朝宋发生过战争。422年至423年，拓跋嗣趁刘裕去世之际，亲自率兵南下，去抢占南朝宋的地盘。当时南朝宋局势不稳，而北魏气势正盛，结果北魏连续攻占兖州、青州和虎牢关，夺取了黄河南岸要地，辟地三百里，进逼南朝宋领土，北魏取得胜利。

423年和424年，拓跋焘和刘义隆先后称帝，当时一个十六岁，一个十七岁。两人虽然年轻，却十分成熟，都知道对方是劲敌，不可轻易开战，便埋头发展自己的实力，巩固自己的统治。因而，在几年时间内，南北朝之间比较平静，没有发生大的战争。在此期间，刘义隆开创了元嘉之治，国力不断强盛；拓跋焘则征服柔然，解除了后顾之忧，又灭掉胡夏，实力大增。

430年，刘义隆觉得时机成熟，决定北伐，意图收复河南之地。当时北魏正在进行统一北方的战争，军队四处作战，河南因为多年未有战事，兵力部署得不是很多。刘义隆命自己的心腹将领到彦之为主帅，经过半年奋战，攻占了洛阳、虎牢、碻磝、滑台四镇，收复了部分失地。刘义隆十分高兴，传旨奖励前方将士。

拓跋焘自然不肯示弱，他调集重兵，亲自率军南下，进行反攻。北魏军队十分凶悍，拓跋焘又常常身先士卒，到彦之只是个二流将军，抵挡不住，节节败退，刚收复的失地，又全部丢失了。拓跋焘当时二十多岁，正是血气方刚，他不依不饶，乘胜进军，一直打进南朝宋境内。

刘义隆傻了眼，赶紧派名将檀道济去增援到彦之。檀道济是古代名将之一，从军多年，胸有韬略，但不是刘义隆的心腹，刘义隆对他不放心，如今形势危急，也顾不得了，只好请他出马。檀道济果然有两下子，与拓跋焘大战二十多天，打了三十多仗，最后把拓跋焘赶了回去，两国恢复了战前的边界。这一次的较量，打了个平手。

战后，檀道济镇守边界，双方多次发生摩擦，互有胜负，北魏再也没能越过边界。北魏惧怕檀道济，称他是"万里长城"。436年，刘义隆病重，他担心自己死后，没有人能够驾驭檀道济，将他无故杀害了。消息传到北魏，北魏将士高兴坏了，纷纷弹冠庆贺。不料，刘义隆的病却好了起来，他后悔杀了檀道济，自毁"长城"，但悔之晚矣！

450年，拓跋焘率军南下，攻打悬瓠（今河南汝南）。守将陈宪沉着应对，苦战死保，魏军久攻不下。刘义隆迅速派出援兵，并派一支军队袭击魏军背后，烧毁了粮草辎重。北魏见占不到便宜，只好退军了。

北魏撤兵了，刘义隆却不肯罢休，"来而不往非礼也"，他组织大军，由其弟刘义恭为主帅，兵分四路，发动了第二次北伐。拓跋焘立即率兵迎敌，在这次战役中，拓跋焘表现出高超的军事指挥艺术。他兵分五路，命令诸将不要攻打城池，不要与敌纠缠，只管日夜兼程，迅速南下，纵深穿插，长驱直入。于是，魏军很快抵达长江北岸，兵锋直指南朝宋都城建康。

建康城内，一片惊慌。刘义隆一面急令江北各军回援，一面组织城中士兵和百姓，都到长江去防守。其实，拓跋焘只是虚晃一枪，当时魏军没有渡江船只，也不具备攻打建康城、灭掉南朝宋的条件，等到宋军回援、疲劳不堪的时候，拓跋焘却带着他的士兵，吹着口哨，轻轻松松地返回了。

魏军在回返的路上，对所有的物资，一律抢光；对所有的房屋，一律烧光；遇见民众，不论男女老幼，一律杀光。魏军的暴行，给江北人民带来沉重灾难，造成赤地千里，荒无人烟，江北六州"邑里萧条"，对南朝宋的经济造成极大破坏。这次较量，双方在兵力上损失不大，但南朝宋在经济上，付出了沉重的代价。

452年，北魏发生内乱，拓跋焘被杀，北魏一片混乱。拓跋焘虽然死了，但较量仍在持续，刘义隆趁此良机，迅速出兵，兵分两路，攻击北魏。西路军比较顺利，很快攻占了长社（今河南长葛），进而围攻虎牢关，但东路军遇到魏军顽强抵抗，并被烧毁了粮草辎重，被迫退兵了。西路军见东路军失败，孤掌难鸣，也只得撤兵了。这次较量，南朝宋基本上是无功而返。

第二年，南朝宋也发生内乱，刘义隆被杀，两个人的较量，才算彻底结束了。两个人离世的时间也差不多，并且都是死于内乱，似乎真有天意。

拓跋焘和刘义隆，都胸怀大志，又有谋略，似乎是天生的对手。他们较量的结果，除了双方损失惨重之外，没有任何收获。其主要原因，是当时两个国家的实力差不多，不具备吃掉对方的条件，这是当时的大势。

看来，做任何事情，都要顺应大势，把握大局，顺势而为，否则，只会徒劳无功。

历史上第一个灭佛皇帝

南北朝时期，佛教十分盛行，许多皇帝都信佛，甚至出现了梁武帝痴迷佛教的极端事例。然而，北魏的太武帝拓跋焘，却下令灭佛，宣布佛教为邪教，焚毁佛像和佛经，甚至坑杀僧人，致使北方地区的佛教一度陷入衰落。

佛教，是世界性的三大宗教之一，历史悠久，距今已有两千五百多年了。佛教起源于迦毗罗卫国，迦毗罗卫国在古代属于古印度，如今在尼泊尔境内，所以，印度和尼泊尔都在争佛教发源地。尼泊尔是个小国，似乎争不过印度，以至于很多人认为，佛教产生于印度。严格来讲，佛教应该产生于古印度、今尼泊尔。

佛，意思是"觉者"。佛教宣扬因果报应、生死轮回，它最大的吸引力，是能够给人们带来希望，即便这辈子穷困潦倒，受苦受难，也可以把希望寄托在下辈子身上。人活在世上，最怕的是失去希望，没有了希望，人就丧失了活下去的动力，就会深陷痛苦之中不能自拔。

佛教产生的时候，古印度正处于社会动荡时期，由于佛教能给人们带来精神上的安慰和希望，所以发展很快。东汉时期佛教正式传入中国，从汉末到三国，再到东晋十六国，一直到南北朝，中国大地持续动荡，战火纷飞，人民受苦受难。在这乱世之中，许多人求神拜佛，寻求精神上的宽慰，因而佛教大盛。当时，不论是处于社会底层的穷苦百姓，还是身居高位的王公大臣，甚至至高无上的皇帝，都普遍信佛。

北魏成立以来，第一任皇帝拓跋珪和第二任皇帝拓跋嗣，都信奉佛教，在全国大建寺院，对僧人十分尊敬，秋毫无犯。拓跋焘是第三任皇帝，他登基以后，也推崇佛教，经常和高僧一起谈佛论经。因此，北魏佛教势力发展迅猛，僧人和佛教徒大量增加。

北魏是全民皆兵，而这些僧人，既不从事生产劳动，更不参军打仗，造成兵源和劳动力短缺。另外，各地大建寺院，也耗费了大量财物。当时，北魏正忙于富国强兵，统一北方，需要雄厚的物质支撑和大量军队，这就与发展过快的佛教产生了矛盾。

拓跋焘最倚重的大臣崔浩，并不信佛，而是信道教，他多次向拓跋焘建议，要求禁止佛教，以解决兵源和劳动力短缺的问题。拓跋焘起初下不了决心，后来发现有些佛教徒不守清规，干出了一些伤风败俗之事，十分厌恶，开始对佛教疏远起来。

438 年，拓跋焘终于下诏，限制佛教过快发展，停止建造寺院，并要求五十岁以下的出家僧人还俗。拓拓焘的诏令比较温和，并没有全面禁止佛事活动，但在佛教大盛的环境下，仍然掀起轩然大波，引起佛教徒的强烈不满和反对。

拓跋焘是个强硬的君主，不畏惧有人反对。444 年，他再次下诏，禁止私养僧人、巫师和金银工匠之类的人，不准私藏谶记、阴阳、图纬、方术之书，规定了最后期限，过期不改正的，诛杀僧人和巫师，私养者满门抄斩。诏令还规定，不准私办学校，王公以下官吏的孩子，都要送到官办的学校去读书，违令者严惩。拓跋焘的这次诏令，不是单纯针对佛教的，但对僧人的惩处，显然严厉了许多。一些僧人和佛教徒，开始公开与拓跋焘作对。

445 年，关中地区爆发了卢水胡叛乱。卢水胡是南北朝时期活跃在西部的一支少数民族，主要成分是匈奴，也有羯、羌等民族，因居于卢水而得名。叛乱的首领叫盖吴，他自称天台王，设立百官，招降纳叛，响应者众多，全盛时达到十余万人。拓跋焘费了好大劲，用了一年多时间，才把叛乱镇压下去。

拓跋焘在平叛过程中，发现有些佛教徒与叛军勾结，参与叛乱，有的佛寺藏有大批兵器，有的资助叛军，这当然是不能容忍的。446年，拓跋焘在平定叛乱之后，下达了灭佛令。他宣布佛教为邪教，全面禁止佛教传播；在全国各地关闭寺院，焚毁所有的佛像和佛经；禁止人们拜佛念经，所有僧人一律还俗，违令者坑杀活埋。灭佛令一下，北方佛教遭到浩劫，一片萧条，几乎销声匿迹了。

拓跋焘成了历史上第一个灭佛的皇帝，他的灭佛令，比秦始皇的"焚书坑儒"还要厉害。然而，宗教是一种社会现象和文化现象，属于特殊意识形态，靠武力镇压和强制手段怎么能够灭绝呢？果然，拓跋焘刚一去世，继位的文成帝就取消灭佛令，颁布了复佛诏，佛教又兴盛起来。

具有讽刺意味的是，文成帝在位期间，下令开凿了著名的云冈石窟，其中建造了五个大佛，模拟拓跋珪、拓跋嗣、拓跋焘和景穆、文成五个皇帝的形象，拓跋焘自己也成了佛像。

拓跋焘晚年时，犯了和他爷爷拓跋珪同样的毛病，性情暴戾，喜怒无常，杀戮过重。他杀掉了曾经倚重的大臣崔浩，而且诛灭其族。由于刑罚严酷，导致人心离散，政局不稳。

拓跋焘还犯了一个最大的错误，就是远君子，近小人。拓跋焘特别宠信宦官宗爱，对他言听计从，视为心腹和知己。然而，拓跋焘做梦也没有想到，他竟然死在这个最宠信的宦官手里。

英雄死在宦官手里

拓跋焘睿智明断，威豪杰立，剪灭群雄，统一北方，远逐柔然，饮马长江，威震西域，武功赫赫。他又尊孔修文，宣扬儒学，关心民生，发展经济，推动北魏实现强盛。

拓跋焘是一代英雄，然而，这位英雄，没有死在叱咤风云的战场上，却死在了一个小小的宦官手里。

《魏书》记载，杀死拓跋焘的宦官，名叫宗爱。宦官的地位是很低的，所以史书没有记载宗爱的籍贯、年龄和家庭情况，只是说，他因为犯罪被阉割，后来成了宦官。

宦官，是指专供皇帝及其家庭役使的官员。宦，是一个星座的名称，在帝星之西，所以用来作为帝王近幸者的称呼。中国在先秦时期就有宦官，但并不都是阉人，东汉以后，才完全使用阉人做宦官。到隋唐之后，又称宦官为太监。宦官因为身心受到摧残，许多人心理很不健康，有的则利用皇帝的宠信，为非作歹，干了不少坏事，宗爱就是这样的人。

宗爱不知在什么时候进入皇宫，当了宦官。有一次，拓跋焘外出打猎，带了一批宦官，宗爱也在其中。宗爱抓住机会，把一切都安排得十分妥当，恰到好处。拓跋焘见他聪明伶俐，善解人意，做事周密，就把他调到身边，专门负责自己的日常生活。从此，宗爱使出浑身解数，把拓跋焘伺候得舒舒服服，拓跋焘一刻也离不开他，提拔他为中常侍，还封他为秦郡公。

拓跋焘视宗爱为知己和心腹，对他的宠信程度，甚至超过了自己的儿子。拓跋焘南征的时候，命太子拓跋晃监管国政。拓跋晃聪慧明断，洞察细微，他把国政处理得井然有序，同时也发现了宗爱许多违法之事，因而很讨厌他。拓跋晃有两个得力下属，叫任平城和仇尼道盛，他俩精心辅助太子，也与宗爱不和。

宗爱是个阴险之人，他担心太子会揭发他的不法行为，于是来了个恶人先告状，先下手为强。拓跋焘南征一回来，宗爱就诬告任平城、仇尼道盛谋反，罗织了一堆事先编造好的罪名。拓跋焘对宗爱说的话深信不疑，下令将任平城、仇尼道盛逮捕入狱，准备处死。

拓跋晃听说以后，大吃一惊，他知道这是宗爱搞的鬼，于是赶紧去见父亲，替二人辩解，并揭发宗爱的不法行为。不料，拓跋焘只相信宗爱，而不相信儿子，认为儿子是在包庇他们。拓跋焘一面谴责儿子，一面下令将任平城、仇尼道盛绑赴街市，公开斩首示众，同时牵连太子府中许多官员，也被斩首处死。拓跋晃见自己的属下无辜被害，他贵为太子，却无力相救，气得吐血，不久就忧愤而死，年仅二十四岁。可怜拓跋焘的儿子，先于他死于宦官之手。

拓跋焘对儿子的死，感到十分难过和后悔。后来，拓跋焘慢慢知道了任平城等人并没有犯罪，太子拓跋晃也没有过错，更是追悔莫及。令人不解的是，拓跋焘并没有追究宗爱的责任，对他仍然宠信如故。也许是拓跋焘对这个宦官太宠信了，不忍心下手吧。

拓跋焘不忍下手，宗爱却下手了。宗爱知道拓跋焘对诛杀太子属官、逼死太子深有悔意，担心有一天，拓跋焘翻了脸，他就小命不保了，于是，宗爱又来了个先下手为强。

452年二月，拓跋焘在宫中突然死亡，终年四十五岁。《魏书》和《北史》，都说是宗爱弑君，杀了拓跋焘，却没有记载宗爱弑君的过程，宫中也没有发生流血事件。看来，很有可能是宗爱把皇帝毒死的，然后谎称皇帝突发疾病驾崩。宗爱负责拓跋焘的饮食和日常生活，他要下毒，是轻而易举的事情。

拓跋焘突然离世，朝廷一片混乱，当务之急是另立新君。大臣们秘不发丧，紧急商议立谁为帝。当时，太子拓跋晃已死，他的长子、世嫡皇孙拓跋濬只有十三岁。大臣兰延、和疋等人，打算立拓跋焘的三子拓跋翰为帝，并秘密把他接进宫来。但是，有的大臣不同意，认为拓跋濬是嫡亲皇孙，不应废黜，而应该继承大统。因此，皇帝人选一时难以确定。

宗爱密切关注另立新君之事，他与太子拓跋晃势不两立，自然不愿意让他的儿子当皇帝。宗爱与拓跋翰也有矛盾，拓跋翰忠诚正直，年富力强，宗爱十分忌惮他。宗爱与拓跋焘的幼子拓跋余关系尚可，于是阴谋立他为帝。

宗爱秘密接来拓跋余，从中宫小门进入后宫，悄悄安置下来。宗爱假传赫连皇后的诏令，召兰延、和疋等人入宫，事先安排了三十多名宦官，手执兵器，埋伏下来。兰延等人没有怀疑，跟随宗爱进入后宫，刚一入宫，宦官们一拥而出，刀枪齐下，把他们全部杀死。宗爱又带人赶到拓跋翰住的地方，把他也杀死了。

宗爱清除障碍之后，假借赫连皇后的名义，立拓跋余为帝。拓跋余不是按照长幼顺序，而是全靠宗爱的阴谋登上皇位的，自然要报答宗爱。拓跋余任命宗爱为大司马、大将军、太师、都督中外诸军事，封为冯翊王。宗爱是中国历史上第一个活着被封王的宦官。

宗爱掌握了朝廷大权，专横跋扈，随意召唤公卿大臣，为所欲为。人们都认为，宗爱必定像赵高那样，给朝廷带来危险。皇帝拓跋余对宗爱也不满意了，想要削夺他的权力。宗爱十分气愤，派人在夜晚杀死了拓跋余，拓跋余当皇帝只有半年。

宗爱在不长的时间内，就逼死太子，连杀两个皇帝，还杀了拓跋翰和众多大臣，如此疯狂，自然激起人们反对。拓跋余死后，大臣们趁机拥立拓跋濬为帝，被称为文成帝。文成帝年龄虽然不大，却聪明敏达，行事果断。他即位后，立即下令诛杀了宗爱及其党羽，并灭其三族。

疯狂一时的宦官宗爱，终于得到了应有的下场！

文成帝始建云冈石窟

452年，拓跋焘的孙子拓跋濬，年龄不大就继承了皇位。拓跋濬即位后，立即诛杀作乱的宦官宗爱，稳定了局势，然后实行宽和政策，与民休息，发展经济，颇有一番作为。文成帝在位期间，做的最有名的事情是恢复佛教，并且下令修建著名的云冈石窟。

《魏书》记载，拓跋濬是拓跋焘的嫡长孙，他从小聪明伶俐，与众不同，拓跋焘很喜欢他，经常把他带在身边，不离左右。

拓跋濬五岁的时候，有一次跟随祖父北巡，恰巧遇见酋帅押解一名奴隶，并且对奴隶施以刑罚。拓跋濬不忍看到奴隶受刑，对酋帅说："这奴隶今天遇见我，是他的幸事，你应该赦免他。"酋帅只得把奴隶放掉。拓跋焘很是惊奇，说："这孩子虽小，却俨然把自己当成了天子。"拓跋濬长大以后，拓跋焘经常让他参与朝廷议事。

452年，只有十三岁的拓跋濬，在大臣们的拥戴下，登基做了皇帝，被称为文成帝。当时，由于宗爱作乱，北魏内部斗争十分激烈，谋权夺位持续不断。文成帝采取果断措施，先后平定了陇西屠各王景文叛乱、京兆王杜元宝叛乱，挫败了拓跋崇、拓跋丽、拓跋仁等人的谋反阴谋，巩固了自己的统治。

拓跋焘在位时，曾下达灭佛令，使佛教受到重创。但靠强制手段灭佛是行不通的，遭到人们反对。当时，太子拓跋晃就反对灭佛，多次规劝父亲，并且保护了许多僧人。拓跋焘死后，要求恢复佛教的呼声甚高，因此，在拓跋濬称帝的当年，就宣布取消灭佛令，下诏恢复佛教，使佛教很快又兴盛起来。

文成帝实行较为宽松的治国政策，禁止严刑峻法，除谋反、杀人大罪外，一般不判死刑，还经常赦免罪犯，十五岁以下的慎用刑罚；颁发禁酒令，不得酿酒、卖酒和饮酒；减少徭赋，与民休息，发展经济；八十岁以上的老人，可留一个儿子在身边奉养，不必从军服役。文成帝还推行和平外交政策，与南朝宋建立友好关系，互通贸易，息兵养民。这一时期，百姓生活比较稳定，也没有发生大的战争。

文成帝重视对地方的治理，经常派人巡察各州郡，看田地是否荒芜，百姓吃的是否有肉，穿的是否整洁，有无盗贼，民众是否有怨言等，作为考核官吏政绩的重要内容。文成帝还经常亲自巡视地方，所经之处，必定接见年高的长者，询问百姓疾苦。

曾经被打败的北方柔然，此时有所复苏，经常侵扰北魏边界。458年，文成帝亲自统率十万骑兵、十五万辆战车，去讨伐柔然。魏军穿越沙漠，旌旗飘扬，绵延千里，柔然不敌，纷纷远遁，其中有几千个帐落投降。文成帝在柔然刻石记下战功，胜利而归。

文成帝在位期间，下令开始修建云冈石窟，这是他在中国文化方面做出的重要贡献。

云冈石窟位于山西省大同市西郊的武周山南麓，经过早期、中期、晚期三个阶段的修建，目前存有主要洞窟四十五个，石雕造像五千多尊，东西绵延一公里，成为中国规模最大的古代石窟群之一，与敦煌莫高窟、洛阳龙门石窟和天水麦积山石窟，并称为中国四大石窟艺术宝库，被联合国教科文组织列入世界遗产名录。

云冈石窟的早期石窟，就是文成帝下令修建的。文成帝下诏，让当时的著名高僧昙曜主持修建工作。昙曜是凉州人，年少出家，成为名僧，在拓跋焘灭佛时，被太子拓跋晃保护下来。

昙曜奉诏后，把全部身心投入石窟修建中，他用了五年时间，开凿了五个石窟，每个石窟都有一个大佛，象征着北魏初期的五位皇帝。佛像高大，面相丰圆，高鼻深目，双肩齐挺，显示出劲健、浑厚、质朴的风格，被后人称为"昙曜五窟"。"昙曜五窟"拉开了云冈石窟修建的序幕，后来经过多年修建，尤其在孝文帝时期达到高潮，最终形成了气势宏伟的古代石窟群，给后人留下了宝贵的文化遗产。

昙曜建造的五个大佛，模拟了北魏五个皇帝的形象，象征北魏皇帝是佛的化身。其中有一尊大佛，脸上和脚部各嵌一黑石，据说文成帝的脸上和脚部，也各有一颗黑痣。昙曜是在告示世人，文成帝就是佛的化身，君权神授，不可动摇。有意思的是，在五尊大佛当中，也有相貌酷似下令灭佛的拓跋焘。

更有意思的是，文成帝虽然是佛的化身，虽然他下令恢复佛教、修建云冈石窟，但是，他本人并不信佛，而是信道教。

对此，《魏书》和《北史》记载得都很清楚。记载说，454年二月二十七日，文成帝亲自驾临道坛，接受道家文书，举行仪式，仪式完成后，赏赐了群臣，还特赦了京城有罪之人。看来，文成帝只是把佛教作为统治人们思想的工具而已，至于他是不是真的信道教，恐怕也很难说。

465年，文成帝在当了十三年皇帝之后，不幸病逝，年仅二十六岁。

文成帝虽然死了，但他始建的云冈石窟却与世长存。

冯太后两次临朝称制

文成帝是个颇有作为的皇帝，但功绩不及他的皇后冯太后。冯太后是中国历史上杰出的女政治家和改革家，在皇帝年少的情况下，她两次主持朝政，稳定了北魏局面，并进行一系列改革，推动了经济社会发展。

《魏书》记载，冯太后是长乐信都（今河北冀州）人，出身于北燕皇族。北燕是汉族人建立的政权，冯太后的爷爷冯弘，当过北燕皇帝，北魏灭燕时被杀。冯太后的父亲冯朗，是冯弘的第三子，他归顺北魏后，先后担任过秦州、雍州刺史，被封为西城郡公。冯朗娶了乐浪郡（今朝鲜平壤）人王氏为妻，生了一个女儿，就是后来大名鼎鼎的冯太后。

冯太后年幼时，家中突然飞来横祸，不知犯了什么罪，父亲冯朗被杀，家产充公，冯太后没入宫中，成了婢女。幸亏后宫的冯昭仪，是冯太后的姑妈，像母亲一样抚养教育她。冯太后十二岁时，被文成帝看中，选她做了贵人，三年之后，被封为皇后，冯太后因祸得福，苦尽甘来了。

冯太后美貌聪慧，富有心计，她与文成帝的感情非常好，皇后的地位始终没有动摇。遗憾的是，冯太后没有孩子。454 年，李贵人为文成帝生了长子拓跋弘，文成帝十分高兴，两岁时就立他为太子，却赐死了李贵人，把拓跋弘交给冯太后抚养。

冯太后精心抚养幼子长大，视如己出。拓跋弘十二岁时，文成帝不幸病逝。冯太后当时只有二十五岁，她经受不住如此沉重的打击，悲痛欲绝，哭得死去活来。文成帝死后第三天，按照习俗，要将他生前用过的衣服器具烧掉。大臣和嫔妃们都围在火堆周围，痛哭哀号，哭声震天。

突然，冯太后一面高声悲叫着，一面纵身扑向熊熊燃烧的大火。冯太后是悲哀过度，不想活了，她要为文成帝殉情。人们都惊呆了，等回过神来，赶紧冲上去，从烈火中把她救了出来。冯太后已经昏死过去，很久才苏醒过来。冯太后的义举，得到人们的敬佩和赞誉。

文成帝死了，皇太子拓跋弘继位，是为献文帝。献文帝年少，冯太后临朝称制，撑起了北魏江山。当时，朝中有个权臣，名叫乙浑，担任车骑大将军。乙浑是鲜卑贵族，很有势力，手中又有兵权，他见太后年轻、皇帝年少，遂产生了篡位野心。乙浑利用手中的权力，大肆排除异己，擅杀大臣，为他篡位清除障碍，在不长时间内，就杀害了杨保年、贾爱仁、穆多侯、陆丽等多位大臣，百官震悚。

面对乙浑的凶残，年少的献文帝没有办法，只好在冯太后那里哭泣。冯太后却胸有韬略，她不仅没有制止乙浑，反而提升乙浑为太尉，后又封他为丞相、太原王，朝中之事，都由他来决断。乙浑不把孤儿寡母放在眼里，扬扬得意。

冯太后一面麻痹乙浑，一面进行秘密布置，等到时机成熟，突然下令，捕杀乙浑，夷灭三族。自认为大权在握的乙浑，还没明白是怎么回事，就身首异处了。此举表现了冯太后机敏善断的政治才干和果敢强硬的政治手腕，使百官感到震惊和宾服。

冯太后临朝称制后，继续实行文成帝的宽和政策，注意缓和各方面的矛盾。她重视对各级官吏的选拔，不论出身，不管是什么民族，只要有才干，都予以提拔重用。冯太后生活节俭，平日穿戴，没有华丽的装饰，膳食也很简单，原先的食谱减掉了十之八九。在冯太后的治理下，北魏祥和稳定。不过，冯太后毕竟还很年轻，耐不住守寡的寂寞，再加上少数民族在这方面并不太在意，所以冯太后有许多男宠，为后人所诟病。

467年，献文帝的妃子李夫人，生下一个儿子，取名拓跋宏。拓跋宏长得白白胖胖，全身洁白如玉，冯太后十分喜欢。冯太后恢复了母性，决定亲自抚养这个小孙子，不再临朝，而由已经十四岁的献文帝亲政，不过朝中大事，冯太后仍然时常过问。

献文帝聪明睿智，机敏颖悟，博学多才，既喜欢文学，也喜欢玄学和佛学。他亲政后，与冯太后在治国理念和方式上逐渐产生了矛盾。献文帝特别不满意冯太后的不检点行为，借故处死了她最喜欢的男宠李弈，惹得冯太后大怒。

476 年，献文帝不明不白地死了，年仅二十三岁。对献文帝的离奇死亡，《魏书》记载"时言太后为之也"，意思是说，当时人们都说，是冯太后干的。《北史》记载说："内宠李弈，献文因事诛之。太后不得意，遂害帝。"

献文帝死时，继位的拓跋宏只有十岁，被称为孝文帝。冯太后以太皇太后的身份，第二次临朝称制。冯太后足智多谋，能行大事，手段强硬，独揽大权。冯太后是汉人，对汉文化十分熟悉，她学习汉人的治国经验，对北魏进行了一系列改革，给北魏社会带来重大变化，也为后来孝文帝推行汉化奠定了基础。

冯太后首先改革了北魏的婚姻制度。鲜卑族长期实行近亲结婚，婚姻比较混乱。483 年，冯太后下令，禁绝"一族之婚，同姓之娶"，同族之间不准通婚。这项改革，减少了近亲结婚带来的危害，提高了人口质量，也对鲜卑人的风俗产生了重大影响。

484 年，冯太后下达了"班俸禄"诏书，对官员俸禄制度进行改革。北魏建国以来，官吏皆无俸禄，全靠贪污、掠夺和皇帝赏赐来获取财富，这显然是不行的。冯太后仿照汉人政权，对官吏按照等级确定了俸禄，官吏有了俸禄，就禁止他们贪污掠夺。这项改革，对北魏政权影响极大。

485 年，冯太后颁布了"均田令"，使大批无地农民获得土地，极大地促进了生产力发展，也使北魏由落后的奴隶制经济结构逐步转向先进的封建化经济结构。这项改革，对中国社会影响深远。

486 年，冯太后又对地方基层组织进行了改革，实施"三长制"，按照汉朝的什伍组织形式，规定五家为一邻，五邻为一里，五里为一党，邻、里、党各设一长，合谓三长。这样，北魏建立起了比较完善的地方基层组织，大大增强了中央对地方的控制力。

冯太后还尊崇儒学，兴办教育。禁止卜筮，大力推进鲜卑族的汉化进程。北魏能够长期称雄于北方，冯太后功不可没。

冯太后在政治上是个铁腕人物，在性格上具有多样性。她对政敌杀伐果断，毫不手软，在平时却仁慈和善，并不暴虐。有一次，冯太后生病，厨师给她端上一碗米粥，却不料米粥中有一只壁虎，相当恶心。侍奉一旁的孝文帝大怒，要严惩厨师。冯太后却笑着摆摆手，让厨师重新做了一碗，对厨师没有任何责罚。冯太后生气时，对身边侍从也进行处罚，但从不记仇，事情一过，依然亲近如故，所以，人们对她都很忠诚和敬畏。

490年，冯太后病逝，终年四十九岁。冯太后临终留下遗言，要求丧事从简，陵内不设明器，不置素帐、缦茵、瓷瓦之物。孝文帝对冯太后去世异常悲痛，五天水米不进，三年不食酒肉。

冯太后死后，孝文帝继承了她的遗志，继续推行汉化改革，而且力度更大、范围更广、影响更深远。

孝文帝推行汉化

孝文帝拓跋宏，是杰出的少数民族政治家和改革家，在历史上大名鼎鼎。他突出的成就，是改革鲜卑旧俗，全面推行汉化，使北魏在政治、经济、文化、社会各个方面，都发生了深刻变化，推动了北方地区各民族的融合发展。

《魏书》记载，467年，拓跋宏出生于北魏都城平城，母亲是献文帝的妃子李夫人。拓跋宏出生时，是祖母冯太后临朝称制时期，冯太后见小孙子十分可爱，便亲自抚养，不再临朝，而让献文帝亲政。拓跋宏三岁时，被立为太子，按照北魏子贵母死制度，他的生母李夫人被赐死。所以，拓跋宏从小到大，都是由冯太后抚养教育。

冯太后是汉人，拓跋宏自幼受汉文化熏陶，性情温和，仁孝至纯。他四岁时，父亲身上生疮，疼痛难忍，拓跋宏亲口为父亲吸脓。他五岁时，献文帝与冯太后闹矛盾，把皇位传给了他，拓跋宏痛哭流涕，不能自持，人们都很惊讶。

冯太后对拓跋宏要求十分严格，请了名儒教他读书。拓跋宏读书十分勤奋，达到了手不释卷的地步，年龄不大，就通晓四书五经，还广泛涉猎诸子百家、史书传记。拓跋宏喜爱文学，写诗作赋，很有才气，他也练习武艺，骑马射箭，箭无虚发，属于文武双全。

拓跋宏对冯太后十分孝敬，冯太后因拓跋宏过于聪慧，担心长大后会对自己不利，曾经想废黜他，拓跋宏却没有丝毫怨恨之意。冯太后后来对他十分满意，亲自写了《劝诫歌》三百余章和《皇诰》十八篇，用心进行教导。拓跋宏稍大点以后，冯太后有意让他参与朝廷事务，让他起草一些诏敕册文，培养他的政治才干。冯太后外出巡视时，也把拓跋宏带在身边，对他言传身教。拓跋宏性格谨慎，从不违背冯太后的旨意，即便他成年之后，也不揽权，事无大小，均听从冯太后决断。

490年，冯太后病逝，孝文帝亲政。此时，他已经二十三岁了，相当成熟，又在冯太后长期教导和影响下，积累了丰富的治国经验。于是，孝文帝继承冯太后遗志，继续推进汉化改革。

对冯太后制定的婚姻制、俸禄制、均田制、三长制等改革措施，孝文帝毫不动摇地向前推进，同时，进一步重用汉族知识分子，模仿汉族王朝的礼仪，作明堂，建太庙，祭祀舜、禹、周公、孔子。孝文帝仿照汉人官制，核定了九品官制；依据儒家六经，制定音乐声律；颁布新律令，废除了车裂、腰斩等酷刑。

北魏都城平城位置偏北，路途遥远，不利于对中原地区的统治，也不利于学习中原文化，因此，孝文帝决心将都城迁到洛阳去。可是，鲜卑人习惯了北方的气候和生活条件，大多数不愿意南迁，孝文帝多次劝说，效果不大。孝文帝心生一计，打算用南征的名义，强行迁都。此时，南朝宋早已灭亡，南齐正处于混乱的后期，从客观上讲，是南征的好机会。

493年八月，孝文帝率领文武百官和百余万军队，几乎倾巢出动，向南进发。由于队伍庞大，特别是非战斗人员较多，行军速度缓慢，走了两个月，才好不容易到达洛阳。此时，人马疲惫，孝文帝下令在洛阳休整。这时候已是深秋，阴雨连绵，道路泥泞，很难再向南进军了，人们也不愿意再走了。孝文帝借机下令，在洛阳建都。有些鲜卑贵族虽不愿南迁，但更畏惧南征，便不敢再有异议，迁都大事就这样确定下来。

北魏迁都洛阳之后，大批鲜卑人源源不断地南下，涌入中原。鲜卑人与中原的汉人，在服装、语言、风俗和生活习惯等方面，都有很大不同，不利于各族之间的交流。为了让鲜卑人尽快融入中原，适应新的环境，孝文帝决心改革鲜卑旧俗，全面推行汉化。

494年，孝文帝下令，禁止鲜卑和其他少数民族穿胡服，所有人一律改穿汉人服装，朝廷百官带头穿汉族官吏的朝服。这样，人们在街上走着，就很难分清是哪个民族的人了。为了使外来人员尽快安居下来，孝文帝下诏，给他们分配土地，并免除三年的租赋。

495年，孝文帝颁发诏令，禁止鲜卑和其他少数民族说胡语，所有人一律说汉语，而且规定不会说汉语的人不得做官。孝文帝专门建了许多学校，集中教少数民族民众学汉语。

496年，孝文帝又下令，取消鲜卑复姓，改为汉姓，他自己带头，将拓跋氏改为元姓，拓跋宏改成元宏。于是，鲜卑人纷纷改成了元、刘、贺、楼、于、尉、穆、陆、长孙等姓。从此，从姓名上，也分不出谁是汉人，谁是鲜卑人了。

孝文帝还规定，凡是迁到洛阳来的鲜卑人，都称为洛阳人，死后要葬在洛阳，不得还葬北方。孝文帝大力提倡鲜卑与汉人通婚，他和皇族带头娶汉族女子。另外，在计量器、货币、商品交换等各个方面，均以汉族的为标准。

孝文帝全面推行汉化，有效缓解了民族隔阂和民族矛盾，促进了各民族之间的交往和融合，对北魏的政治、经济、文化、风俗等各个方面，都产生了重大而深远的影响。后来，鲜卑族消失了，大多数融入汉族之中。

孝文帝的汉化改革，影响是巨大的，自然引起一些人的反对。孝文帝的太子元恂，就公开对抗汉化。元恂身体肥胖，最怕洛阳炎热的夏天，常思北归。他又不愿说汉语、穿汉服，对汉族衣冠尽皆撕毁，以发泄心中不满。496年，孝文帝外出巡视，元恂与左右密谋，想趁机逃回平城，结果没有成功。孝文帝大怒，将他杖打一百。元恂不思悔改，反而密谋造反，最后被孝文帝赐死。

许多鲜卑贵族，对孝文帝亲近汉人、推行汉化十分不满，图谋叛乱，结果阴谋泄露，孝文帝采取果断措施，抓捕百余人。孝文帝见反对势力不小，只好妥协了一步，允许鲜卑旧贵冬天在洛阳，夏天去平城，被人们称为"雁臣"。

孝文帝心怀大志，他迁都洛阳、推行汉化的目的，是为了富国强兵、统一全国。497年，孝文帝觉得大局已定，便亲率二十万大军，从洛阳出发，攻打南齐。经过半年多战斗，魏军攻占了南阳、新野、南乡等地，消灭南齐军队两万余人，南齐有十五名将领投降。不过，在后来的涡阳战役中，魏军失利，被杀一万多人。这时，南齐皇帝萧鸾病死，孝文帝说"礼不伐丧"，引兵返回。在回来的路上，孝文帝身患重病，经过急救，才转危为安。

499 年，孝文帝不顾身体有病，再一次离开洛阳，御驾亲征。与南齐军队相遇后，孝文帝亲自部署指挥战斗。由于过于劳累，孝文帝病情加重，只好又领兵返回。在回军的途中，走到谷塘原（今河南邓州东南），孝文帝再也支撑不住了，病逝于行宫，时年三十三岁。

孝文帝死后，次子元恪继位，是为宣武帝。宣武帝继承父亲的遗志，继续率军攻打南朝，扩大了疆域。

宣武帝攻打南朝

冯太后、孝文帝推行一系列改革，使得北魏政权巩固、政局稳定、国力增强，而此时的南朝，却是政治黑暗、局势混乱、政权更迭频繁。因此，宣武帝继位后，对南朝发动了一系列战争，夺取了大片土地，北魏领土大大向南拓展，国势盛极一时。

《魏书》记载，宣武帝元恪，是孝文帝的次子，母亲是孝文帝的妃子高夫人。元恪从小就与众不同，孝文帝想测试诸子长大后的志趣，摆了一堆东西，任凭各个幼子拿取。其他幼儿都抢鲜艳的东西，只有元恪拿了一个骨制的如意，众人都称奇异。

497年，太子谋反被赐死之后，十五岁的元恪被立为太子。同年，他的母亲高夫人死了。

499年，孝文帝抱病南征，留太子元恪镇守洛阳。孝文帝在回军途中病逝，把后事托付给他身边的六弟元勰。元勰按照孝文帝的遗命，秘不发丧，率军缓缓北撤，同时派人去洛阳，让元恪火速前来，主持大局。元恪到达鲁阳后，才将孝文帝逝世的消息公之于众。元恪没等回到洛阳，就在鲁阳即皇帝位，是为宣武帝。

宣武帝当时十七岁，完全能够决断大事。他即位后，立即提升了元勰等六位大臣的职务，称为"六辅"，辅佐他治国理政。宣武帝追尊母亲高夫人为文诏皇后，遵照孝文帝遗诏，将孝文帝三夫人以下的嫔妃全部遣散回家。宣武帝对各项事务处理得有条不紊。

孝文帝逝世以后，一些鲜卑贵族蠢蠢欲动，他们觉得宣武帝年轻好对付，便纷纷要求北归平城。他们软硬兼施，不依不饶，一时间舆论大哗。宣武帝很有主见，他在"六辅"的支持下，毫不动摇，不肯松口。宣武帝还心生一计，下令扩建洛阳城，修缮皇宫。人们一见，全都明白了，宣武帝这是下决心要在洛阳长住下去了，于是北归之风很快就平息了。宣武帝继续推进孝文帝的各项改革措施，北魏局势稳定，国力强盛。

在南方却是一片混乱，当时处在南齐的末期，当政者是著名昏君萧宝卷。萧宝卷昏暴无道，骄奢淫逸，宠信奸佞，滥杀大臣，引发国内动荡。大臣萧遥光、王敬则、崔景慧等人，先后起兵叛乱，萧衍也在暗中积蓄力量，准备推翻南齐，取而代之。在这种情况下，宣武帝继承父亲的遗志，开始频繁发动对南朝的攻击，试图统一天下。

500 年，宣武帝即位不久，就命元勰率十万大军，攻打南齐。当时裴叔业为南齐豫州刺史，镇寿阳城（即寿春，当时称为寿阳）。东昏侯即位后，屡次诛戮大臣，裴叔业自疑，因而投降北魏，元勰接收寿阳城。

萧宝卷闻之大惊，急令陈伯之率水军溯淮而上，企图夺回寿春。但南齐军队不是魏军对手，被打得溃不成军，大败而逃。与此同时，魏军还在长风、下笮关等地，展开对南齐的攻击，拔除关隘，攻城略地，南齐有两千多户民众归顺了北魏。

502 年，萧衍灭掉南齐，建立梁国，被称为梁武帝。此后，北魏南伐的对象，就由南齐改为南梁了。北魏趁南梁刚刚建立不久，派兵袭击大岘戍关，生擒守将邾菩萨，占领了此地。

503 年，魏军攻打扬州，斩杀南梁龙骧将军吴道爽，歼敌数千人。之后，又攻打徐州，大败南梁军队，杀了徐州刺史潘伯邻，活捉了司马明素。魏军还在白沙打败南梁将军吴子阳，杀敌数千人。南梁的梁州刺史翟远等人投降。

504 年，南梁军队想偷袭寿春，不料北魏早有防备，将敌击退。北魏乘胜在樊城、邵阳、东关等地展开攻势，擒获南梁将领十余名。北魏还在西部打败南梁军队，平定三关，攻占了汉中。南梁的霍州刺史田道龙、义州刺史张宗之投降。

505 年，北魏大军西征，攻占剑阁，占领了益州，又斩杀秦、梁二州刺史，征伐襄、沔等地。沔东太守田青喜率七郡、三十一县的民众归顺北魏。

在宣武帝执政十几年内，南北朝之间多次发生战争，一直持续不断。北魏国力强盛，兵精粮足，总体上占着上风，攻占了南梁的扬州、荆州、益州大片土地，给南梁造成很大损失。可是，南梁是新生政权，正在兴旺时期，上下齐心，梁武帝萧衍也不是平凡人物，所以，南梁有效地抵御住了北魏的进攻，也多次打败北魏军队，使北魏付出了沉重代价。因此，宣武帝无法吞并南梁、统一全国，南北方仍然处于对峙状态。

宣武帝由于连年发动战争，国力损耗很大，北魏开始由强盛走下坡路了。在此期间，北魏多次发生灾荒，每次都要饿死上万人，百姓活不下去，纷纷起来造反，各地起义此起彼伏。宣武帝又冤杀了贤臣元勰，重用舅舅高肇，而高肇却心术不正，祸乱朝纲，致使朝廷昏暗。另外，宣武帝爱佛，佛教大兴。《魏书》记载，当时的僧尼寺庙，共有一万三千七百二十七所，僧徒遍地都是，不计其数，北魏不可避免地衰落下去。

宣武帝在任期间，还做了一件善事，就是废除了北魏长期存在的"子贵母死"制度。所谓子贵母死，是北魏开国皇帝拓跋珪制定的，他为了防止子少母壮、母后专权，便效仿汉武帝杀钩弋夫人，规定凡立幼子为太子的，都要赐死他的生母，北魏皇帝的生母多数被赐死。这项制度既不合理，也十分野蛮，宣武帝将其废除，应该是正义之举，值得称赞。想不到的是，后来却造成了胡太后的专权乱国。

515年，宣武帝病逝，时年三十三岁。

宣武帝本来有几个儿子，但都夭折了，只剩下一个，名叫元诩，自然由他接班了。元诩是宣武帝的妃子胡氏生的，由于宣武帝已经废除了子贵母死制度，胡氏活了下来，并被尊为胡太后。

这位胡太后，可不是凡人，她专权之后，祸乱朝廷，甚至连自己的亲生儿子都能狠心杀害，确实与众不同，人间罕见。

谁说虎毒不食子

虎毒不食子，是人们常说的一个成语，意思是说，老虎虽然凶猛，却不伤害自己的孩子，比喻人人皆有爱子之心。然而，北魏的胡太后，却残忍地杀死了自己的亲生儿子。

《魏书》记载，胡太后，汉族，是安定临泾（今甘肃镇原）人，出身于官宦世家。祖父胡深，当过北魏的河州刺史，被封为武始侯；父亲胡国珍，袭承父亲爵位，离开故乡临泾，到洛阳做官，在洛阳生下了胡太后。

胡太后生得貌美，而且聪颖有悟性，琴棋书画，样样精通，多才多艺。胡太后有个姑姑，从小出家，后来成为有名的僧尼，胡太后常在她身边，受其影响，对佛学也很喜爱。

宣武帝信奉佛教，胡太后的姑姑常去皇宫讲授佛经，她经常对人宣扬，自己的侄女如何漂亮、如何有才。宣武帝听了，感到好奇，召她来见，果然才貌双全，于是纳她为妃。

宣武帝的皇后高英，貌美而性妒，不准任何嫔妃接近皇帝。胡太后聪明，千方百计讨好高皇后，哄得高皇后十分开心。于是，高皇后网开一面，特许她可以偶尔服侍皇帝。

当时北魏实行子贵母死制度，嫔妃们恐惧，都暗暗祈祷，千万不要生儿子。唯独胡太后不怕，笑着对嫔妃们说："如果都不生儿子，皇帝岂不是要绝后了吗？我要能生儿子，死了也乐意。"

510年，胡太后如愿以偿，生下了皇子元诩。在此之前，宣武帝已经夭折了几个皇子，所以视元诩为珍宝，挑选最好的乳母和保姆，小心翼翼地抚养。元诩两岁时，被立为皇太子，确立了他继承人的地位。胡太后没有被赐死，反而晋封为贵嫔，子贵母死的制度被废除了。胡太后真是大幸！

515 年，宣武帝病逝，五岁的元诩继承了皇位，是为孝明帝。孝明帝封高皇后为皇太后，尊母亲为皇太妃。胡太后虽然是皇太妃，比皇太后低一级，却是皇帝的生母，母以子贵，许多人都去奉承巴结她。胡太后对高皇后也一反常态，再不用低三下四了，反而施展手段，处处让高皇后难堪。高皇后心高气傲，受不了窝囊气，跑到瑶光寺当尼姑去了。逼走了高皇后，胡太后就名正言顺地成了皇太后，开始临朝听政。

胡太后的理由很过硬，皇帝年幼，不能理政，做母亲的为他操心，理所当然，天经地义，大臣们也都认为合情合理。宣武帝临终前，安排了高阳王元雍、任城王元澄为辅政大臣，百官皆听二王调遣。此时，二王靠边站了，胡太后独揽大权。群臣称呼胡太后为殿下，胡太后不乐意，自称朕，群臣只好称她为陛下。

胡太后在执政之初，还算有一番作为。她每日临朝，召集群臣，商议决断朝廷大事，晚上批阅朝臣奏章，常常忙到深夜。胡太后亲自决断重大事项，亲自考核地方官员，一时之间，朝纲肃整，百官膺伏。

胡太后还关心民间疾苦，她执政的第二年，就颁发诏令，让各地核查鳏寡孤独、残疾人和七十岁以上的老人，由政府给予救助。胡太后经常派大臣巡视四方，体察民情，访贫问苦。胡太后还造了一辆"申讼车"，自己坐于车内，外垂帘幕，定期出巡，接受百姓诉讼，申冤案件，获得朝野好评。

胡太后的地位巩固以后，大权在握，无拘无束，她那追求奢靡的阴暗面就暴露出来了。胡太后喜欢登山、射箭、饮乐，豪奢无度。为了取乐，胡太后命人打开国库，让嫔妃公主们随意搬取，但只能自己动手，不能由仆人帮忙。这些嫔妃公主们，都是金枝玉叶，弱不禁风，但为了财物，也顾不得了，一个个累得东倒西歪，丑态百出。胡太后拊掌大笑，乐得合不拢嘴。

胡太后崇尚佛教，斥巨资大建寺院，全国的寺庙猛增到三万多所，仅洛阳一地，就有寺院一千三百六十七所。胡太后在皇宫附近修建了庞大的永宁寺，其中一座浮图塔，高达九十丈，百里之外都能看到。北魏长期积累下来的财富，几乎都用到佛身上了。

胡太后生活糜烂，荒淫无度。清河王元怿，是孝明帝的亲叔叔，胡太后也不管不顾，将朝廷大权委托给他。

在封建社会，男性皇帝有无数美女，女性掌权者有几个男宠，也可以理解，不必大惊小怪。可是，胡太后太过分了，闹得天下议论纷纷，胡太后污名远扬。胡太后的侄子胡僧敬实在看不下去了，有一次在亲属聚会的时候，哭泣着规劝她说："陛下母仪天下，不应该如此轻佻。"胡太后恼羞成怒，从此不再见他。

胡太后如此淫乱，自然威望尽失。520 年，卫将军元义、大臣刘腾等人，突然发动政变，杀死执政的元怿，软禁了胡太后，把持了朝廷。元义是胡太后的妹夫，也与胡太后乱搞，胡太后对他很信任，没有防备，所以使得元义政变得逞。

523 年，刘腾病死，元义对胡太后的防范有些松懈。此时，孝明帝已经十三岁，能起作用了。胡太后与孝明帝定下计策，联合高阳王元雍等人，解除了元义的职务，一举夺回大权，胡太后第二次临朝听政。胡太后将元义赐死，对刘腾开棺戮尸。

孝明帝越长越大，他对母亲的淫乱行为，自然是又羞又恼。孝明帝到了亲政年龄，胡太后却不让他亲政，自己仍然死死抓着权力不放。胡太后心里清楚，孝明帝一旦掌握了大权，她的那些宠男淫友，恐怕一个也活不了，她自己快乐的日子也要到头了。

孝明帝心中怨恨，便想利用皇帝的身份，拉拢大臣，培植亲信，积蓄自己的势力。可是，胡太后早有防范，孝明帝拉拢一个，她就杀掉一个，接连杀死多人。孝明帝终于大怒，与母亲产生了尖锐的矛盾，母子俩有点势不两立了。

528 年二月二十五日，孝明帝在宫中突然死亡，年仅十八岁。对孝明帝的死，《魏书》记载说："母子之间，嫌隙屡起。郑俨虑祸，乃与太后计……肃宗之崩，事出仓卒，时论咸言郑俨、徐纥之计，于是朝野愤叹。"意思是说，孝明帝与母亲屡次发生矛盾，郑俨害怕有祸，便与太后商议对策。孝明帝突然死亡，人们都说他是被太后与郑俨、徐纥合伙害死的，于是从朝廷到百姓，人人愤慨。郑俨、徐纥都是胡太后的男宠。《北史》则直截了当说，孝明帝是被胡太后一伙毒死的。

食子妇命丧黄河

胡太后是个极端自私之人，她为了私欲，毒杀了亲生儿子，引发众怒，惹得人神共愤。北方军阀尔朱荣，借机兴兵讨伐，进入洛阳，把胡太后一伙全部诛灭。胡太后的极端自私，害了别人，也害了她自己。

《魏书》记载，孝明帝没有儿子，但他在被毒死的十多天前，潘妃生了一个女儿，她是孝明帝唯一的骨血，史称元姑娘。胡太后在与男宠密谋害死孝明帝的时候，就已经谋划好了，对外诈称元姑娘是男孩，等孝明帝一死，就立这个女婴当了皇帝。

过了几天，胡太后见风头已过，人心逐渐稳定下来，又对外宣布，新皇帝是个女孩，需要重新立个皇帝，于是，又立元宝晖的儿子元钊为帝。元宝晖是宣武帝的侄子，已经死了，元钊当时不满三岁，很好控制。胡太后出尔反尔的拙劣表演，引起天下舆论一片哗然。

胡太后极端自私，又目光短浅，她急于害死儿子，以便延续自己的权力，但并没有考虑到当时的形势。胡太后执政十几年，由于她穷奢极欲，大兴佛事，北魏早已被她搞得一片狼藉，各地起义此起彼伏，著名的有山东起义、河北起义、关陇起义等，天下很不稳定。尤其是北方六镇之乱，对北魏产生了重大而深刻的影响。

北魏建立后的前期，主要敌人是北方的柔然，为了抵御柔然侵袭，北魏在平城一带的边境上，设置了六个军事据点，称为六镇，驻守六镇的将士，多数是鲜卑人，也有汉人和其他少数民族。孝文帝迁都洛阳后，北魏重心向南转移，六镇将士因戍边需要，仍驻守原地，在孝文帝推行汉化过程中，六镇是一块被遗忘的角落。由于朝廷对六镇的政策有失误，六镇将士心怀不满，开始与朝廷离心离德，蕴藏着很大危机。

胡太后执政后，由于缺乏政治才干，在许多问题上对六镇处置不当，加深了矛盾。524年，终于爆发了大规模的六镇之乱。六镇将士与当地民众联合起来，占据了北方边境地区，与朝廷对抗。胡太后派出大军，又与柔然、契胡联合，好不容易才把叛乱镇压下去，但并没有完全平息。

在镇压六镇之乱过程中，契胡酋长尔朱荣的势力迅速崛起。尔朱荣有勇有谋，也有野心，他一面帮助朝廷镇压叛乱，一面迅速扩充自己的势力。尔朱荣采取笼络政策，招降六镇将士，许多著名人物像侯景、高欢、宇文泰、贺拔岳等人，都被他招至麾下，使他很快成为北方地区实力最强的军阀。

孝明帝见尔朱荣势力崛起，便想拉拢他，封他为征东将军，不久又升迁为右卫将军、车骑将军、右光禄大夫，进位仪同三司。孝明帝想以御驾亲征柔然为名，进入尔朱荣军中，摆脱胡太后控制，却被胡太后坚决阻止了。有的史书说，孝明帝曾密令尔朱荣率军进京，辅佐朝廷。从当时情况看，孝明帝不甘心受胡太后控制，他想拉拢利用尔朱荣，是有可能的。

孝明帝突然死亡，立刻在全国掀起轩然大波，朝野激愤。尔朱荣听说后，勃然大怒，同时也觉得机会难得，他迅速调集兵马，发出檄文，率军杀向洛阳。尔朱荣的檄文说："臣惊闻德高望重的皇上驾崩，痛苦万分，号啕顿哭，五脏六腑为之摧裂。天下百姓，议论纷纷，异口同声，都说是郑俨、徐纥所害，并且推出女婴哄骗百姓，又奉举小儿君临四海，这是蒙住眼睛捉麻雀，塞着耳朵盗铜钟。微臣忠心赤胆，将赶赴朝廷，诛灭奸佞，为皇帝报仇雪恨。"

胡太后压根儿没有想到，毒杀了儿子，竟会惹出这么大的麻烦，听说尔朱荣发兵，急忙调兵遣将，前去抵御。可是，天下人都知道胡太后的罪行，没有人愿意为她出力。史书没有记载尔朱荣遇到什么抵抗，甚至没有发生过激烈战斗，洛阳守军不战而降，尔朱荣的军队就像旅游一样，顺顺当当地渡过黄河，进入洛阳。

胡太后见大势已去，慌忙换上僧衣，剃光头发，想隐藏到寺院里，结果被士兵抓住，押送到尔朱荣面前。胡太后求生心切，顾不上太后的尊贵身份，跪地求饶，涕泪俱下，苦苦哀求尔朱荣饶她一条小命，她愿意居身寺院，终生为尼。

尔朱荣哈哈大笑，厉声呵斥："你这个蛇蝎毒妇，哪里配得上去侍奉佛祖，只配到黄河里去喂鱼！"尔朱荣下令，把胡太后扔进汹涌奔腾的黄河之中。她立的小皇帝元钊，也被沉入黄河，小孩子却是无辜的！那个冒充皇子登基的女婴元姑娘，此后下落不明。胡太后的男宠郑俨、徐纥等人，全被诛杀。

尔朱荣进入洛阳，杀了胡太后等人，为孝明帝报了仇。可是，尔朱荣并不是为了伸张正义，而是包藏野心。接下来，他对朝廷官员大开杀戒，北魏陷入灾难，遭受了灭顶之灾。

河阴之变北魏衰亡

　　尔朱荣杀了胡太后一伙，大快人心，然而，令人没有想到的是，他随即展开了对北魏官员和贵族的大屠杀，杀死数千人，制造了骇人听闻的河阴之变。朝廷官员和贵族大家被屠杀殆尽，北魏开始衰亡。

　　《魏书》记载，尔朱荣并非是一介武夫，而是颇有智谋。他在出兵之时，派侄子尔朱天光悄悄潜入洛阳，寻求内应。尔朱天光找到了长乐王元子攸，元子攸是贤臣元勰之子，家庭声望很高。元子攸从小是孝明帝的伴读，两人关系亲密，对胡太后一伙十分愤慨，因而愿意帮助尔朱荣。

　　当尔朱荣军队抵达黄河的时候，元子攸带领家族兄弟们，渡过黄河，与尔朱荣会合。尔朱荣大喜，随即立元子攸为帝，是为孝庄帝。尔朱荣打着皇帝的旗号，师出有名，军民振奋，所以没有遇到大的抵抗，顺利进入洛阳，诛杀了胡太后。

　　尔朱荣其实是想自己当皇帝的，立孝庄帝只是权宜之计。他占领洛阳后，控制了朝廷，但他在洛阳没有根基，朝中官员对他这个契胡也不买账。另外，尔朱荣手下的将士，很多是在六镇之乱中归降的，他们多是没有经过汉化的鲜卑人，与已经汉化的北魏官员以及鲜卑贵族有着尖锐的矛盾。尔朱荣想利用这种矛盾，将北魏官员和汉化的鲜卑贵族全部消灭，以利于他的统治。于是，尔朱荣秘密策划制造了历史上的重大惨案——河阴之变。

　　528年四月十三日，尔朱荣以孝庄帝的名义下令，让朝廷百官和鲜卑贵族，一律到河阴（今河南洛阳孟津区）祭祀天地，不许缺席，不准佩带武器，尔朱荣却在四周埋伏重兵，只等"请君入瓮"了。

文武百官不知道是阴谋，更没有想到即将大难临头，全都遵令聚集到了河阴。尔朱荣见人员到齐，登上高台，厉声训斥道："皇帝暴崩，天下混乱，都是因为你们不能忠心辅佐，你们助纣为虐，个个该杀！"说着，一声令下，伏兵四起，挥舞着刀枪斧戟，像恶狼般扑向人群。

百官和贵族们都被惊呆了，但赤手空拳，无法抵抗，陷入了绝境。尔朱荣的士兵凶狠残暴，他们对着手无寸铁的人群乱砍乱杀，刀枪齐下，飞矢交加，顿时人头滚滚，血流成河。孝庄帝惊恐万分，但却无力制止。这样，上至丞相三公，下至普通官吏，朝廷百官被一网打尽，无一幸免，鲜卑贵族们也多数被杀。《魏书》记载说，河阴之变中，杀了一千三百多人，《北史》说杀了两千多人。

随后，尔朱荣又在洛阳城内展开搜捕，继续对漏网的皇帝宗室和贵族进行屠杀，不分良奸，统统杀掉，连孝庄帝兄弟的家族也未能幸免。尔朱荣的士兵趁机烧杀抢掠，平民百姓也死了不少。洛阳成了人间地狱，大批民众出逃避难，京城的繁华荡然无存。

尔朱荣将文武百官和贵族消灭之后，便想自己称帝，命人铸他的金像。当时的风俗是，凡做重大决定时，常常铸造金像以卜吉凶，结果尔朱荣连铸四次金像，都没有铸成，很不吉祥。尔朱荣最信任的一个巫师也劝他，说天时人事都不成熟，不宜急于称帝。尔朱荣无奈，只好怏怏地请回孝庄帝，仍然让他当皇帝。

尔朱荣虽然暂时没有称帝，但控制了朝政。他自知杀戮过多，罪孽深重，没敢住在洛阳，而是屯兵晋阳，遥控朝廷。此时的北魏，已经分崩离析，不可同日而语了。河阴之变以后，在地方任职的王室成员元显、元悦、元彧、元志等人，纷纷投降南梁，致使河南之地尽失。北方的葛荣、河间的邢杲等人，以及关陇等地，先后聚众起兵，天下一片混乱。

孝庄帝经历了河阴之变，对尔朱荣的暴行恨之入骨，对他的野心也心知肚明，总想找机会除掉他。尔朱荣对孝庄帝的防范十分严密，左右大臣、内侍全是他安排的人。尔朱荣还不放心，又强迫孝庄帝娶了他的女儿做皇后。尔朱荣的女儿名为皇后，实为监督，她专横跋扈，常常对人说："皇帝的位子是我爹让给他的，他敢不听话？"

在这种情况下，孝庄帝表面上不得不表示顺从，而且装得很胆小，让尔朱荣慢慢放松了警惕。尔朱荣起初见皇帝时，都要带一大群侍卫，戒备森严，后来就只带几个人了，有时也只身入宫，而孝庄帝却耐心等待机会，打算一举诛杀这个恶魔。孝庄帝虽然是傀儡，但凭着皇帝的身份，要想收买几个亲信，还是不难的。

530年九月的一天，孝庄帝做好了准备，派人告诉尔朱荣，说皇后生了太子，他当了外祖父。尔朱荣听了很高兴，没有丝毫怀疑，马上进宫，去探视女儿和外孙。

尔朱荣见了皇帝，刚要开口道喜，忽见帐后闯出两条大汉，手持钢刀，朝他扑了过来。尔朱荣情知不妙，一个箭步冲到龙座跟前，他想挟持皇帝当人质。

尔朱荣的反应还是挺快的，不料，孝庄帝事先在膝下藏了一把尖刀，见尔朱荣扑到眼前，急忙抽刀在手，一刀直刺过去，正中尔朱荣腹部。尔朱荣哀号一声，倒地翻滚，两个大汉扑上前去，砍下了他的脑袋。尔朱荣死时三十八岁。

孝庄帝虽然成功杀死了尔朱荣，发泄了心中仇恨，却不能消灭他的军事力量。尔朱荣的侄子尔朱兆闻讯后，立即率兵攻入洛阳，杀死了孝庄帝，孝庄帝死时年仅二十四岁。

此后，北魏一片混乱，皇帝像走马灯似的轮换，先后出现了元晔、元恭、元朗三个傀儡皇帝，在位时间都不到一年。尔朱荣死后，他的部下分裂，各拉一派力量，相互攻打，局面不可收拾。

534年，尔朱荣的大将高欢，占领了洛阳一带，立了元善见做皇帝。因洛阳地理位置易受攻击，高欢下令，将都城迁至邺城（今河北临漳、安阳一带），史称东魏。

与此同时，尔朱荣另一大将宇文泰，占领了关中地区，拥立元宝炬为帝，建都长安，史称西魏。从此以后，曾经强大一时的北魏消失了，分裂成东魏和西魏两个政权，北方开始了东西魏对峙、相互攻打的历史。

郦道元撰写《水经注》

　　北魏从 386 年建立以来，历经一百四十八年，是北方存在时间最长的政权。这期间，北魏由奴隶制过渡到封建制，由游牧经济转向农耕经济，经济社会得到长足发展。可是，在文化方面，北魏与南朝相比，还是相对落后一些。不过，北魏却产生了两部万世不朽的作品，即郦道元写的《水经注》和著名民歌《木兰诗》，也称得上是辉煌亮点了。

　　《魏书》记载，郦道元，汉族，是范阳（今河北涿州）人，与刘备、赵匡胤是老乡。郦道元的父亲叫郦范，是北魏将军，当过青州刺史。郦道元小时候，跟着父亲到过很多地方，他喜欢地理和历史，每到一处，都注意搜集风土民情和神话传说。

　　郦道元长大以后，入仕做官，担任尚书郎。郦道元曾跟随孝文帝出巡北方，因他为人严肃、办事认真，得到孝文帝赏识，提拔为治书侍御史，后又担任了冀州镇东府长史。

　　郦道元在冀州为官三年，他廉洁勤政，为政严酷，执法严厉，许多奸人盗贼逃往他乡，冀州大治。因政绩卓著，郦道元升任鲁阳郡太守，后来又升迁至东荆州刺史。郦道元继续以威猛为政，执法严酷，对犯罪之人绝不宽容。老百姓有的敬畏他、称赞他，有的则向皇帝写告状信，说他苛刻严峻。所以，《魏书》把郦道元列入《酷吏传》。那个时候的酷吏，不是贬义词。

　　523 年，郦道元在从政三十年之后，担任了河南尹，治埋京城洛阳。京城是王公贵族聚集的地方，可不是好治理的。郦道元公正无私，刚直不阿，执法如山，虽然维护了法纪，但也得罪了不少权贵。

527 年，雍州刺史萧宝夤叛乱，朝廷决定派一大臣前去谈判和安抚。一些大臣不怀好意，想要借刀杀人，建议派郦道元去。其实，郦道元性情率直，没有灵活性，并不适宜谈判和安抚。当时执政的是胡太后，她昏庸无德，竟然同意了。结果，郦道元果然被叛军杀害，他临死之前，仍然怒目呵斥，大骂不止。

郦道元名垂千古，不仅在于他的忠义，更重要的是，他撰写了一部不朽作品，名字叫《水经注》。

《水经》，是我国第一部记述水系的专著，作者和成书年代争议颇多，难有定论。《水经》简要记述了一百三十七条河流的情况，记述相当简略，缺乏系统性，对河流的来龙去脉记载也不详细，全书只有一万多字。

郦道元撰写的《水经注》，并不是简单地为《水经》作注，而是在原书基础上进行了再创作。《水经注》详细记述了一千二百五十二条河流的情况，对河流的发源去向、地理面貌、变化情况等，都有详细记载，同时还记述了有关的历史遗迹、风土人情和神话传说等，是我国古代最全面、最系统的综合性地理著作，同时具有较高的文学价值。全书共四十卷，三十多万字。

郦道元从小就对地理有浓厚兴趣，他跟随父亲，曾到过秦岭、淮河和长江以南广大地区，十几岁在青州时，更是游览了当地的大小山河。郦道元在山西、河北、河南等地做官的时候，每逢闲暇，他最大的兴趣就是考察当地河流。郦道元经常跋涉郊野，寻访古迹，追溯河流的源头，或者走访乡老，采集民间故事，然后详细记录下来。这样日积月累，郦道元掌握了大量地理方面的原始资料。

郦道元还喜欢读书，特别是地理方面的书籍，他几乎全都读遍了，使他掌握了丰富的地理知识。郦道元感到，前人对于河流的记载太过简略，于是决心写一部关于河流的专著。

郦道元撰写《水经注》，完全是利用业余时间，主要是在晚上。在夜深人静的时候，人们都进入梦乡，郦道元却伏案疾书，辛勤耕耘。郦道元不知熬了多少晚上，花费了毕生的心血，在他被害之前，终于完成了这部地理巨著。

《水经注》内容非常丰富，不仅有河流情况，还有许多其他学科的材料，比如，书中记载的古塔有三十多处，宫殿一百二十余处，陵墓二百六十余处。所以，《水经注》在历史学、地名学、宗教学等方面，也有重要的参考价值。

《水经注》完成之后，靠手抄本流传下来，唐代时被列为国家藏书，代代相传。雕版印刷出现之后，《水经注》经过刊印，在社会上流传开来。

《水经注》不仅为中国地理学发展做出了重要贡献，在世界地理学史上也占有重要地位。郦道元被誉为"中世纪全世界最伟大的地理学家"，他和他的《水经注》，成为历史上不朽的名字。

北朝民歌《木兰诗》

　　花木兰，是中国古代巾帼英雄，她的名字家喻户晓，妇孺皆知。花木兰女扮男装，替父从军，保家卫国，舍生忘死，表现了大忠大孝，受到历代人们广泛推崇。她的事迹，充满了荧屏和舞台，长演不衰；她的精神，激励着无数中华儿女舍身为国。可是，花木兰只是一个文学人物形象，并非历史史实。

　　花木兰的形象，最早源于北朝民歌《木兰诗》，也叫《木兰辞》。《木兰诗》是一首长篇叙事诗，讲述了一个动人的故事。有一次外族入侵，可汗（皇帝）紧急征兵。有个叫木兰的女孩，她的父亲在征召之列，但父亲年老体衰，又没有年长的儿子，木兰便毅然决定，女扮男装，代父出征。木兰征战沙场十几年，跟随可汗打到过燕山（今蒙古国境内），屡立战功。回朝后可汗要封她官职，木兰思念父母，不慕富贵，只求回家团聚，恢复女儿身份。诗歌题材新颖，叙事简明，情节感人，富有生活气息和浪漫色彩，具有强烈的艺术感染力，因而受到人们喜爱，流传至今。

　　《木兰诗》中的场景，十分符合北魏与柔然的战争情况，所以，学术界一般认为，《木兰诗》应该是北魏时期的作品，作者已不可考。由于《木兰诗》属于文学作品，木兰自然是个艺术形象。

　　《木兰诗》是中国诗史上罕有的杰作，它首次塑造了一位替父从军的女英雄形象，既有传奇色彩，又真切感人。木兰既是英勇的战士，又是娇美的女儿，既是奇女子，又是普通人，她忠孝两全，不慕高官而热爱家庭，具备了英雄品格和女性特点，完全符合中国传统道德精神，所以具有永久的生命力。《木兰诗》是北魏文化中的瑰宝，也是中华文化中的瑰宝。

《木兰诗》没有说木兰姓什么，到了明代，有个叫徐渭的文学家，把《木兰诗》改编成《雌木兰替父从军》的杂剧，剧中的主人公，叫花木兰，木兰从此就姓花了。剧中还说，花木兰的父亲叫花弧，姐姐叫花木莲，弟弟叫花雄。《雌木兰替父从军》属于文学作品，这些自然都是虚构出来的。

花木兰是文学形象，不是历史上的真人，不过，文学来源于生活，现实生活中确实有不少女扮男装、征战沙场的女英雄，而且从古到今都有。电影《战火中的青春》中，有个女扮男装的战士，叫高山，原型是郭俊卿。郭俊卿是辽宁人，十四岁冒充男孩参加东北民主联军，五年没有暴露女儿身份，先后立功八次，被中央军委授予"现代花木兰"荣誉称号，1983 年病逝。

文学作品《木兰诗》，也可能有原型，而且可能性极大。《河南通志》《黄陂县志》《商丘县志》等，都有女扮男装、从军杀敌的记载，她们应该都是花木兰的原型。县志属于史籍，可信度是较高的。大概由于原型较多，花木兰历来有姓朱、姓魏、姓任、姓韩等多种说法，故里也有魏郡、宋州、黄州、谯郡、商丘之争。

花木兰事迹突出，精神感人，很快就流传开来，受到人们赞颂。唐朝皇帝追封花木兰为"孝烈将军"，并在商丘虞城建造了木兰祠。木兰祠经过历代重修扩建，到清代时，形成了一万多平方米的庞大建筑群，可惜在日寇入侵时毁于战火。1992 年，虞城县启动重建工程，不仅恢复了木兰祠，还修建了木兰公园、木兰陵园、木兰碑林等，到此观瞻拜谒的人络绎不绝。

到了明清之后，随着戏曲的发展，有京剧、越剧、平剧、昆曲、黄梅戏等二十多个剧种，纷纷上演花木兰，使花木兰这个艺术形象更加完善、更加丰满。特别是豫剧大师常香玉的《花木兰》，在全国巡回演出，影响极大。到了现代，歌颂花木兰的文艺作品更是层出不穷，花木兰被千千万万的人世代传颂。

北魏诞生了不朽民歌《木兰诗》，为中国文化做出了卓越贡献，也为中华精神增添了绚丽的篇章。

高欢创立东魏

人们常说"红颜祸水"，意思是说，漂亮的女人会带来灾祸。这话并不正确，但用在北魏胡太后身上，却也合适。

胡太后貌美心毒，为了一己私欲，毒杀了亲生儿子，引发天下大乱。尔朱荣趁乱起兵，诛灭胡太后，把持了朝廷。

尔朱荣死后，部下分裂，他手下的两个大将高欢和宇文泰，分别在邺城、长安各立一个皇帝，北魏便分裂成了东魏和西魏。东西魏的皇帝虽然依旧姓拓跋，但都是傀儡，实权掌握在高欢、宇文泰两个权臣手里。

《北史》记载，高欢，汉族人，祖籍是渤海蓨县（今河北景县）。高欢的曾祖父，原是燕国官员，燕灭亡后归附了北魏。高欢的祖父高谧，当过北魏的侍御史，因犯法被流放到怀朔镇（今内蒙古固阳一带），高欢的父亲和他都出生在那里。那里是鲜卑人居住区，所以，高欢属于鲜卑化的汉人。

高欢颧骨很高，脖子很长，牙齿很白，相貌不凡，资质卓异。他性情深沉稳重，豁达大度，喜欢交结豪杰，与侯景、司马子如等人是朋友。

高欢家里很穷，连马都没有，他与鲜卑女子娄昭君成亲后，女方陪嫁了一匹马，高欢才有马骑。高欢骑马参军，逐渐当了一名队主，管着一百多号人。

北魏末年，天下混乱，高欢先是参加杜洛周、葛荣的起义，后又归顺了尔朱荣。有一次，尔朱荣见高欢不费吹灰之力就降服了烈马，暗自称奇，开始对他另眼相看。高欢打仗勇敢，又有谋略，屡立战功，尔朱荣提拔他当了将军，多次参与军机。

高欢见尔朱荣不断招降纳叛，扩充实力，又在十二个山谷里饲养了大批马匹，知道他野心不小，便建言说："当今皇上懦弱，太后淫乱，小人专权，朝廷混乱，将军有雄才武略，应该趁此良机，成就霸业。"这话正中尔朱荣下怀，尔朱荣很高兴，对高欢更加器重，但同时也看出高欢志向不凡，对他产生了警惕之心。

528 年，孝明帝不满胡太后专权，母子俩产生了尖锐矛盾。孝明帝在朝中没有势力，便密诏尔朱荣带兵入京。尔朱荣大喜，立即整顿兵马、准备南下。恰在这时，孝明帝突然驾崩，天下议论纷纷，都说是被胡太后毒死的，这给了尔朱荣一个天大的好机会。尔朱荣命高欢为先锋，打着为孝明帝报仇的旗号，一举攻占洛阳，诛杀了胡太后，制造了河阴之变，控制了朝廷。高欢又为尔朱荣立下了大功。

尔朱荣把持朝廷以后，曾询问左右说："假如哪天没了我，谁能够代替我统率军队呢？"左右都说他的侄子尔朱兆可以，尔朱荣却说："我看，能够代我主持大事的，只有高欢。"然而，尔朱荣却任命高欢去做晋州刺史，不让他管军队，而是把军队交给尔朱兆统领。尔朱荣还悄悄告诫侄子说："你不是高欢的对手，恐怕会被他制服，要小心提防。"

530 年，尔朱荣被孝庄帝杀死，尔朱兆率兵攻入洛阳，杀了孝庄帝，把持了朝廷。可是，尔朱兆没有叔叔那样的雄才，许多将领并不服他，尤其是六镇之乱时投降过来的将士，更加难以约束，尔朱兆感到很头疼。

高欢当了两年地方官，手中无兵，难成大事，他很想掌管一支军队。有一天，他把尔朱兆等人请来喝酒，趁着酒兴，建议说："六镇降兵成分复杂，既有鲜卑人，也有不少汉人、羌人和匈奴人，很难管理，又不能把他们全部杀掉，所以，大王应该派一个能力强的心腹之人去管理他们。"

尔朱兆已经喝得半醉了，听了高欢的建议，认为是个好办法，便随即询问谁当统领合适。同席饮酒的将领贺拔允插话说："高刺史忠心耿耿，又有才能，他最合适。"不料，高欢跳了起来，一拳打了过去，把贺拔允打得满嘴是血，牙齿也打掉了一颗。高欢边打边骂，说："如今大王主宰天下，一切都要听大王的，大王还没说话，你怎么敢乱说呢？"尔朱兆被高欢的行为感动了，借着酒劲，宣布他为六镇降兵的统领。

高欢计谋得逞，心中大喜，他唯恐尔朱兆酒醒后反悔，立即传达命令，在阳曲川建立统军大营，令六镇降兵都到大营集合，接受命令。六镇降兵一向厌恶尔朱兆和他的契胡将士，而喜欢高欢，于是纷纷聚集到他的麾下，高欢从此有了自己掌管的军队。

高欢继续麻痹尔朱兆，极力讨好他，并用重金贿赂尔朱兆的属下，让他们为自己说好话。高欢为了摆脱尔朱兆的控制，便于发展势力，借口洛阳一带闹灾荒，缺乏军粮，要求移师山东。尔朱兆愚蠢，又听了下属的进言，竟然同意了。

高欢率军进入山东，他严肃军纪，沿途秋毫无犯，每当过麦田时，都是带头下马，拉住缰绳，小心翼翼地通过，绝不毁坏庄稼。因此，高欢受到百姓拥戴。高欢在山东招兵买马，青壮年纷纷参军，使他的队伍迅速扩大。高欢治军有方，善用人才，精心训练部队，军队的战斗力大大提高。

532年，高欢经过两年时间的发展，势力已经相当大了，而尔朱兆由于缺少才能，致使军心涣散，局势不稳，势力衰退。高欢见时机已到，便与尔朱兆公开决裂，开始争夺天下。经过几次大战，尔朱兆的军队被消灭殆尽，高欢大获全胜。尔朱兆悔恨交加，自缢而死。高欢占据洛阳，立了宗室元修当皇帝，是为孝武帝，自己控制了朝廷。高欢并没有住在洛阳，而是屯军晋阳。

孝武帝当时已经二十多岁了，他不甘心做个傀儡，与高欢产生了矛盾。534年，孝武帝跑到长安，投奔了占据长安的宇文泰，在宇文泰的地盘上去当皇帝。宇文泰也和高欢一样，野心很大，自然不会允许孝武帝真正行使皇帝的权力，半年后将他杀掉了。

孝武帝西逃之后，高欢以他弃国逃跑为由，宣布废黜他的帝号，另立了元善见当皇帝，是为孝静帝。孝静帝是孝文帝元宏的曾孙，当时只有十一岁。不久，高欢下令，都城由洛阳迁到邺城，从此开启了东魏的历史。

535 年，宇文泰杀掉孝武帝之后，另立了元宝炬当皇帝。元宝炬是孝文帝元宏的孙子，当时二十九岁。元宝炬知道自己仅是一个傀儡，再三推让，宇文泰不准，他只好当了挂名皇帝。

这样，北魏正式分裂成东魏和西魏两个政权。此后，两魏都想吃掉对方，重新统一北方，因而持续发生战争，打得你死我活。

东西魏展开混战

北魏在胡太后、尔朱荣内外祸乱下，分裂成了东魏和西魏。两魏皇帝都是傀儡，存在时间也不长，东魏历时十六年，西魏历时二十一年。可是，两魏之间却频繁发生战争，打得不可开交。

当时，东魏占领了洛阳以东大片土地，由于关东地区富饶，东魏的经济实力、人口数量等，都比西魏要强。高欢野心勃勃，想要吞并西魏，统一北方，于是在东魏建立之初，就对西魏展开攻击。

535 年，西魏刚刚建立，高欢就派大将司马子如攻击潼关。潼关是西魏的屏障和要害之地，易守难攻，宇文泰早有防备。司马子如见不能取胜，遂挥师攻打华州（今陕西华县）。华州刺史王罴，是北魏时期名将，有勇有谋，所以宇文泰派他镇守东部边境重镇，对抗东魏。司马子如久攻不下，无计可施，只好撤军了。

536 年，高欢亲率一万精锐骑兵，去偷袭西魏的夏州（今陕西靖边一带）。为了不暴露目标，部队夜里行军，白天隐蔽，而且不生火做饭，只吃随身带的凉食。经过四夜急行军，东魏军队出其不意抵达夏州城下，夏州守军大吃一惊，猝不及防，被攻破城池。高欢活捉了夏州刺史，但没有杀他，仍然用他当刺史，又留下都督张琼镇守夏州。之后不久，高欢又袭取灵州，获得五千户民众而返。

537 年，西魏主动出击，攻击东魏的恒农（今河南三门峡一带）。高欢闻讯大怒，亲自率领二十万大军，企图直取长安。宇文泰兵少，退入关内，寻找战机。高欢依仗人多势众，轻敌冒进，被宇文泰抓住机会，在沙苑一带设下埋伏，一举击溃东魏军队。此役东魏死伤八万余人，军力受到严重削弱，东强西弱的局面开始扭转。

此后，东西魏持续发生战争，互相抢夺对方的人口、财物和地盘。在著名的邙山之战中，意外迭出，高欢和宇文泰两人，都差一点死在战场上，十分精彩。

邙山之战，是由于高欢儿子高澄荒淫引发的。543年，东魏大将高仲密，因妻子被高澄污辱，愤而投向西魏，并献出了战略要地虎牢关。宇文泰大喜，亲自领军接应高仲密，兵至洛阳。

高欢也亲自领兵十万，渡过黄河，据邙山为阵。宇文泰想趁夜突袭高欢，不料却中了高欢埋伏，军队溃散。高欢的大将彭乐，是出名的猛将，深得高欢喜爱。彭乐英勇无敌，一人就抓获了西魏的王爷和将军四十八人。彭乐杀得正欢，迎头撞见了宇文泰。宇文泰吓得胆肝俱裂，他自知不是彭乐对手，便苦苦求情，求彭乐放了他。彭乐是个粗人，又与宇文泰熟悉，一念之差，竟然把他放走了。

彭乐回到大营，高欢论功行赏，彭乐的功劳最大，被赏赐三千匹绢，众将都向他庆贺。彭乐不知深浅，高兴地咧着大嘴说："我还差点俘虏了宇文泰，那小子被吓破了胆，苦苦哀求，我放了他一条小命。"

高欢一听，勃然大怒，跳了起来，一把抓住彭乐的脖领，按倒在地，拿刀就要砍他的脑袋。高欢把刀举了三次，却始终舍不得杀他。彭乐也知道事情办错了，请求带五千兵马，再去捉宇文泰。高欢骂道："蠢货！人家都回军营了，你还到哪里去捉？"高欢命将三千匹绢压在彭乐身上，既当奖赏，也算惩罚。

宇文泰侥幸逃过一劫，回营整顿兵马，准备再战。恰巧高欢的中军中，有一士兵犯法受到杖责，一怒之下投降了西魏，并报告了高欢中军的位置。宇文泰立即调集精锐部队追击高欢。敌军来势迅猛，高欢猝不及防，身边将士几乎全部阵亡，高欢的坐骑也被射死。将军赫连阳顺赶紧把自己的马让给高欢，高欢仓皇逃走，身边只剩下七个人。

西魏大将贺拔胜，正杀得起劲，忽见高欢就在前面，高兴地大叫，紧追不放。高欢逃命心切，打马如飞，贺拔胜就差几步远，却始终追不上。贺拔胜想用弓箭射，却不料上阵时忘记带弓箭了。在这千钧一发之际，东魏将军段韶拍马赶到，一箭射翻了贺拔胜的坐骑，高欢才得以死里逃生。

贺拔胜被摔到地上，望着高欢逐渐远去的身影，万分遗憾，仰天长叹说："今天竟然忘记带弓箭，真是天意啊！"

邙山之战，双方损失都不小，西魏死伤六万余人，东魏也伤亡惨重，双方一时谁也吃不掉谁。后来，西魏采取苏绰的改革措施，国力增强，逐渐占据了优势。

546年，已年过五旬的高欢，急于吃掉西魏，又发动了他生前最后一次战役——玉壁之战。高欢亲率十万大军，围攻西魏的玉壁（今山西稷县境内）。当时，玉壁城中只有数千士兵，但主官是西魏名将韦孝宽。韦孝宽智勇双全，又会激励将士，高欢日夜攻城，却不能奏效。高欢采取火攻、挖地道、断水源等各种办法，都被韦孝宽一一破解。高欢苦攻玉壁五十多天，始终不能取胜，又逢瘟疫流行，士兵战死、病死多达七万余人。高欢忧愤发病，只得退兵。

547年，高欢病死，终年五十二岁。高欢死后，长子高澄独揽大权，继续控制东魏，东魏与西魏之间，仍然战争不断。

高澄堪比司马师

高欢死后，他的长子高澄继续把持朝廷。高澄是东魏政治家、军事家，他执政只有两年时间，却稳定了东魏局势，扩大了疆域，同时也树立了个人权威，巩固了高氏地位，奠定了由北齐代替东魏的基础，其历史地位，堪比曹魏时期的司马师。

《北齐书》记载，高澄是高欢正妻娄昭君生的长子，521年出生在怀朔镇。高澄自幼聪慧过人，严明有大略，很有政治天赋，深得高欢喜爱。高澄十二岁时，神情俊爽，就像成年人一样，高欢经常与他讨论军国大事。高澄胆子很大，他十四岁时，就敢与高欢的侧室通奸，被打了一百棍。高欢还想废除他的世子之位，多亏司马子如相劝，才保住了高澄的世子地位。

547年，高欢病死，高澄接替了父亲职务，主持朝政。当时，高澄已经二十七岁了，相当成熟。他执政不久，侯景就发动叛乱，降了南梁，引发国内动荡。高澄早有防备，迅速调兵遣将，打败了侯景，侯景只好跑到南梁去了。高澄还击溃了支援侯景的南梁军队，生擒南梁主帅萧渊明。高澄刚一执政，就显示出了卓越的政治才十和军事才能。

高澄在政治上比较清明，他令人把朝廷的治国政策写在榜上，张贴在街头，广泛征求意见，无论官员还是百姓，都可以自由发表言论，对好的建议给予奖励，对言辞过激的也不追究，很受老百姓欢迎。

高澄注重官吏队伍建设，改革官员选拔制度，重用贤人，惩治贪赃，整顿吏治，修订法律，稳定了社会秩序。高澄重视发展经济，奖励农耕，推行货币改革，关心民众生活，减轻百姓负担。高澄还派人与南梁讲和，努力改善与南梁的关系。

548年，南梁发生侯景之乱，南朝局势一片混乱。高澄抓住这一良机，趁火打劫，侵吞了南梁的两淮之地。东魏借着侯景之乱，从中渔利，共得了二十三个州，将疆域从淮河北岸推进到长江沿线。

与此同时，东魏与西魏仍然战争不断，高澄亲自领兵，南下虎牢、洛阳，与西魏交战，在新城活捉了西魏大将裴宽。这个时期，由于西魏也在南梁混乱中获得汉中、益州大片土地，两魏都想在南梁内乱中捞取好处，他们之间的战争，自然减少了一些。

高澄执政颇有政绩，权威日重，政局稳定，人心归服，他便产生了篡位的想法。高澄对孝静帝毫不尊重，任意凌辱，骂皇帝是狗，甚至怂恿部下对皇帝拳打脚踢。高澄的篡位之心，暴露无遗。不料，正当高澄紧锣密鼓准备篡位时，他却突然遇刺身亡了。

刺杀高澄的凶手，是为高澄做饭的厨子兰京。兰京是南朝人，父亲是南梁大臣兰钦。有一次，高澄在与南梁作战时，俘虏了兰京。兰京有一手绝活，会做美食，高澄为此没有杀他，而是留下来给自己做饭。兰京为了活命，尽心竭力地侍候高澄，高澄很满意。日子久了，兰京思念家乡和父母，多次请求回家，家里也表示愿意拿重金来赎。高澄不答应，怒骂道："你再提回家，老子就杀了你。"兰京心生怨恨，暗中与高澄府上六人结成同党，准备伺机刺杀高澄。

549年八月初八，高澄与心腹大臣陈元康、杨愔、崔季舒，在东柏堂密谋篡位之事，为防泄密，把侍卫遣出。兰京觉得，这是个动手的好机会，便假装入内送食，借机观察室内情况。高澄见兰京擅自入内，十分生气，喝令他退下。高澄对兰京产生怀疑，对在座的人说："我昨夜梦见这奴才用刀砍我，看来我得处死他。"

兰京见屋内人员不多，又听见高澄说要处死他的话，遂下了决心，立即把同党召来，做好了准备。兰京拿了一把尖刀，藏在食盘底下，第二次入内送食。高澄见了大怒，骂道："你这奴才，又来干什么？"兰京把食盘一扔，露出尖刀，大喝一声："我来杀你！"随即向高澄猛扑过去。

杨愔见状不妙，一个箭步蹿出屋去，跑得比兔子还快，连鞋子都跑掉一只，逃得了性命。崔季舒在慌乱之中，一头钻进厕所里，也活了下来。只有陈元康忠勇，他挺身向前，用身体护住高澄，被兰京一刀刺中，躺在血泊里，当晚离世。这时，兰京的同党一拥而进，高澄见无路可逃，只好钻入床下躲避。兰京等人掀开木床，刀剑齐下，高澄顿时一命呜呼，时年二十九岁。

兰京等人杀了高澄，正要逃跑，不料，高澄的弟弟高洋闻讯赶来，指挥手下将他们团团围住。兰京等人奋力反抗，终因寡不敌众，全部被杀。

像司马师一样的权臣高澄死了，那么，身为皇帝的孝静帝，日子会好过一些吗？

罕见的窝囊皇帝

历史上傀儡皇帝不少，但傀儡皇帝毕竟也是皇帝，虽然没有权力，可表面上仍然受万人敬仰。然而，东魏皇帝孝静帝，却是罕见的窝囊，竟然被臣子当众殴打。孝静帝被打后，不仅不能生气，反而还要赏赐打他的臣子，真是咄咄怪事。

《魏书》记载，孝静帝名叫元善见，是孝文帝元宏的曾孙。他父亲叫元亶，与高欢关系不错。高欢控制朝廷后，立了孝武帝，让元亶当司徒，总揽朝政。孝武帝投奔了宇文泰，元亶认为，高欢会立他为帝，没想到，高欢让他的儿子元善见当了皇帝，元善见当时只有十一岁。元亶心中不安，骑马外逃，被高欢派人追了回来。三年之后，元亶就死了。

孝静帝虽然年龄不大，却十分聪明，他知道自己的处境，小心谨慎，一切都听高欢的。当他十四岁需要结婚的时候，主动提出，要娶高欢的女儿做皇后。高欢起初不同意，孝静帝再三请求，终于娶了高欢的次女。婚后孝静帝对皇后非常好，两人关系十分亲密。

孝静帝的良苦用心，世人都看得很清楚，也得到许多人的同情。当时，社会上流传一首歌谣："可怜青雀子，飞到邺城里。羽翮垂欲成，化作鹦鹉子。"青雀，暗指孝静帝；鹦鹉，则是指高欢。这首歌谣，形象地表现出高欢专权和少年天子的无奈。

高欢看在女儿的面子上，表面上对孝静帝还算尊敬，当然，在私下里，孝静帝对高欢更恭敬，待他像父亲一样。在这种环境下，孝静帝慢慢长大成人，他仪表瑰丽，沉雅明静，好学博通，文武双全，世人赞他有孝文帝的风范。

孝静帝喜爱文学，吟诗作赋，出口成章，每逢朝廷宴会，总喜欢与群臣作诗答对，而高欢、高澄等人都是武夫，望尘莫及。孝静帝还喜好练武，骑马射箭，箭无虚发。他的力气也很大，能够挟石狮越墙。由于孝静帝十分出色，高澄很忌惮他。

高欢死后，高澄主政，他认为东魏是高家创立的，皇帝应该姓高，自己早晚要取而代之。高澄对孝静帝严加提防，派心腹崔季舒当黄门侍郎，时刻待在孝静帝身旁，监视他的一举一动，并随时汇报。此后，孝静帝处处受高澄掣肘，没有半点自由。

高澄嫉妒孝静帝的才华，总是故意贬低他，处心积虑地让他难堪。孝静帝狩猎时，监卫都督乌那罗受工伐从后呼帝曰："天子莫走马，大将军怒。"可见群臣乃至皇帝都不敢得罪高澄。

在一次酒宴上，高澄端起一个大觞，以敬酒为名，硬让孝静帝喝下去。这是极不礼貌的行为，简直是以下犯上。孝静帝平时很能隐忍，此时也生气了，说："自古以来没有不亡国的，朕也用不着这样活着！"高澄见孝静帝竟敢顶嘴，勃然大怒，张口骂道："朕！朕！狗脚朕！"随即向一旁的崔季舒使了个眼色。

崔季舒会意，猛地站起身来，扑到孝静帝面前，一面骂孝静帝不识抬举，一面连打皇帝三拳，然后拂袖而去。孝静帝和满席宾客都惊呆了，目光一起投向高澄。高澄却端坐不动，面无表情，好像没看见一样。

崔季舒可不是一般的人物，他是汉族人，出身官宦之家，从小饱读诗书，颇具才华，是当时的名人。崔季舒连皇帝都敢打，好像胆子很大，叵是，当兰京刺杀高澄的时候，他却一头钻进厕所里，只顾自己逃命。崔季舒在北齐时期官至尚书左仆射，相当于副丞相，后终因犯罪被诛。

第二天，高澄命崔季舒去安慰孝静帝，实际上是要再羞辱他。孝静帝没有任何办法，只得咬碎牙齿往肚子里咽。孝静帝不仅装着不生气，还赔着笑脸，赏给崔季舒一百匹绢。崔季舒却不敢领受，赶紧向高澄禀报，高澄让他只接受一匹。孝静帝把一百匹绢捆在一起，说："这也是一匹！"以发泄心中不满。

孝静帝如此窝囊，世所罕见。其实，孝静帝内心并不窝囊，而是胸怀大志，只是在权臣的压制下，他毫无办法。孝静帝怀着满腹的忧愤，经常吟咏谢灵运的诗："韩亡子房奋，秦帝鲁连耻。本自江海人，忠义动君子。"

皇宫中虽然到处都是高澄的人，却也有几个忠义之士。侍讲大臣荀济和元瑾、刘思逸等人，实在看不惯高澄虐待皇帝的行为，便与孝静帝商议，打算以宫中建假山为名，暗中挖掘通往城外的地道，让孝静帝逃出城去，在外边号召义士和天下兵马，讨伐高澄。

高澄对孝静帝防范甚严，这么大的动作怎能不被发现？高澄带兵闯入内宫，指着孝静帝的鼻子，气势汹汹地质问道："我父子功在社稷，没有对不起朝廷，你作为皇帝，为什么要造反？"孝静帝冷冷地回答："你说错了，这世上只有造反的臣子，哪有造反的天子？"高澄张口结舌，无言以对。

高澄气急败坏，下令将孝静帝囚禁于含章堂，把荀济、元瑾、刘思逸等人全部处死。

就在高澄密谋除掉孝静帝、篡位登基的时候，却意外地被兰京刺杀了。高澄遇刺的消息传来，孝静帝异常高兴，对左右说："这真是天意，是朕该掌权的时候了。"

然而，高澄的弟弟高洋，马上站了出来，接管了哥哥的权力，控制了朝廷。高洋是出了名的残暴，比高澄更凶狠、更难对付。

550年，高洋宣布废除魏国，建立齐国，自己登基做了皇帝。从此，历经十六年的东魏灭亡，高洋建立了齐国，史称北齐。

高洋称帝后，对孝静帝放心不下，想要除掉他。孝静帝的高皇后，对此十分警惕，凡是外来食物，都由她先吃，以防不测。但防不胜防，最终孝静帝还是被高洋毒死了，年仅二十八岁。高洋为了斩草除根，将孝静帝的三个儿子全部杀害。孝静帝的儿子，也是高洋的外甥，高洋全然不顾这些了。

孝静帝是东魏唯一的一个皇帝，他当了十六年的傀儡，受了十几年的窝囊气，最后仍不得善终，可悲啊！

綦毋怀文创造灌钢法

  东魏只有短短十六年时间，在科技文化方面没有大的发展，然而，却产生了影响世界的两大成就：一是綦毋怀文创造了灌钢法，领先世界一千四百多年；二是贾思勰撰写了《齐民要术》，该书是世界农学史上最早的专著之一。

  《北齐书》记载，綦毋怀文，不知是何郡人，精通道术，被高欢所信任。在著名的邙山之战中，东魏军队起初处于劣势，綦毋怀文对高欢说："我军旗帜是红色的，西军是黑色，黑代表水，红代表火，黑能克红，所以，我军旗帜应改为黄色，黄代表土，能克黑。"高欢听从了，将旗帜改为赭黄色，后来取得胜利。

  《北齐书》对綦毋怀文的记载比较简略，只有三百字左右，却清楚地记载了他的重大成就，就是创造了灌钢法，用灌钢法制作了宿铁刀。宿铁刀十分锋利，能斩断铠甲，东魏士兵佩带了宿铁刀，战斗力大大增强。綦毋怀文因功被授予信州刺史。

  有学者研究说，綦毋怀文是今河北邢台沙河一带人，匈奴人，是一位信奉道教的炼丹师。綦毋怀文的祖父，也是炼丹师，同时会制造宝剑。綦毋怀文从小耳濡目染，年龄不大就掌握了制剑技术。

  中国的制剑技术，源远流长，有几千年的历史。传统的制剑技术，通常采用百炼法，就是把熟铁烧红，进行锤打，需要反复锤打多次才能制成，很是费时费力，所以，有个成语叫百炼成钢。

  大约在东汉末年，出现了灌钢形式，就是把生铁熔化成铁水，浇灌到模具里，这比百炼法省力多了，但铁水中含有大量杂质，质量难以保证，所以流行不广。綦毋怀文经过认真研究琢磨，结合自己的实践经验，改进工艺，创造出了新的灌钢法。

綦毋怀文想办法提高了熔化生铁的温度，再加上其他物质，使铁水在高温下产生氧化反应，除去杂质，纯化金属组织，提高金属质量。然后，再把熟铁投入铁水中，使生铁和熟铁融合在一起。这样经过几次混合冶炼，炼出的钢比传统方法炼出的钢要坚硬许多，用这种钢制作的刀剑，也就更加锋利。綦毋怀文经过无数次试验，对传统炼钢工艺进行重大改进和创新，创造出了新的灌钢法。

綦毋怀文的灌钢法，与传统的百炼法、炒钢法相比，有明显的优点，不仅减少了锻打次数，省工省力，提高了劳动生产率，而且质量显著提高，操作简单，易于掌握，便于推广。因此，綦毋怀文的灌钢法一出现，就得到人们青睐，许多冶炼家都采用这种先进的冶炼工艺。人们不仅用来制造兵器，还用来制造镰刀、菜刀等日用品。

灌钢法经过唐、宋、明代的进一步发展完善，成为当时的主要炼钢工艺。綦毋怀文为灌钢工艺的发展做出了重大贡献，成为历史上著名的冶金家。

綦毋怀文创造灌钢法以后，又对刀剑制作方式进行了改革。过去的刀剑，大都用百炼钢制成，经过上百次的锻打，也能锋利无比，历史上就有过干将、镆铘等名剑。不过，这种刀剑，整把都是用百炼钢制成的，成本极高，而且制作难度很大，曹操曾命人制造了五把宝刀，就花费了三年时间。因此，綦毋怀文对制刀工艺进行了重大革新，他用灌钢法炼制的钢做成刀的刃部，而用价格较低的熟铁做成刀背。这样制作的刀剑，既坚刃锋利，又价格低廉，能够大量生产，满足将士们作战需要。这种制刀工艺，直到今天仍在沿用。

綦毋怀文是个善动脑筋而且十分勤奋的人，他进行过多项发明创造，其中对淬火技术的改造，就很具有代表性。

我国早在战国时期，就使用了淬火技术，长期以来，人们都是用水作为淬火的冷却介质。綦毋怀文巧思妙想，竟然拿猪狗牛羊的尿液做试验，结果发现，由于动物尿中含有盐分，冷却速度比水快，用它淬火后的钢更坚硬。綦毋怀文又用动物油脂淬火，动物油脂冷却速度比水慢，淬火后的钢更有韧性。綦毋怀文还采用了双液淬火法，即先用动物尿淬火，再用动物油脂淬火，这样得到的钢，既坚硬又有韧性。

淬火技术要求极高，既要控制好温度，又要掌握好时机，这在当时没有测温、控温设备的情况下，全凭操作者的经验和技巧，是相当困难的。綦毋怀文能在如此困难条件下，掌握复杂的淬火工艺，实在是一个了不起的成就。

綦毋怀文创造的灌钢法，是中国早期炼钢技术最突出的成就，在 17 世纪以前，中国的炼钢技术长期居于世界领先地位，推广到世界各地。公元 1 世纪时，罗马博物学家普林尼在其名著《自然史》中说："虽然铁的种类很多，但没有一种能和中国来的铁相媲美。"

綦毋怀文凭着自己的智慧和辛勤劳动，为国家赢得了荣誉，为社会做出了贡献，令人敬佩。特别是他作为一名匈奴人，更是难能可贵，后人应该永远记住他的名字和事迹。

贾思勰编著《齐民要术》

贾思勰，是我国古代杰出的农学家，他倾注毕生心血，在东魏时期完成了《齐民要术》一书。该书是世界农学史上最早的名著之一，是我国现存最早、最完整的大型农业百科全书，对后世农业产生了重大影响。

史书记载，贾思勰是青州益都人。北魏时期的益都县治，在今山东寿光市境内，所以一般认为，贾思勰是今寿光人，但因古今行政区域变化较大，也有青州人、临淄人之说。

贾思勰出生在一个世代务农的书香门第，其祖上喜欢读书和研究农业，对贾思勰影响很大。贾思勰少年时，一边务农，一边读书学习，使他既熟悉农业，又学到了许多知识。这些都为他以后编撰《齐民要求》打下了坚实基础。

贾思勰成年后，走上仕途，曾经担任过北魏的高阳郡太守。北魏时期的高阳郡有两个，一个在今山东临淄，一个在今河北高阳，学术界大多数认为，贾思勰是在山东的高阳郡为官。

北魏建立以后，逐步由游牧经济向农耕经济转变，尤其是孝文帝全面推行汉化改革，加速了转变进程。当时，北魏统治者很重视农业，朝廷议事以农为首，督促地方兴办农业，还实行均田制，使大批无地贫民得到土地。可是，由于当时生产力低下，加上灾荒频繁，农业的科技水平不高，急需普及农业知识，于是，身为朝廷官员的贾思勰，便萌生了撰写一部农书的想法。

贾思勰本来就对农业很熟悉，此后更加注重研究农业问题。他在做官期间，曾到过山东、河北、河南、山西等许多地方，每到一处，他都仔细考察当地的农业情况，虚心向有经验的老农请教，使他丰富了农业知识，掌握了大量第一手资料。贾思勰做事认真，许多事情都要亲身体验，他当太守期间，为了掌握养羊技术，专门买了两百只羊，自己亲自饲养。

北魏末期，胡太后专权，朝廷腐朽，政治黑暗，天下混乱。贾思勰见此情景，不愿再在官场上混了，于是，他辞掉官职，回家专心去写农书。贾思勰的这一决定，十分明智，使他既避免了灾祸，又成就了不朽的事业。

不久，胡太后毒死皇帝，尔朱荣借机作乱，造成河阴之变，北魏朝廷官员全被杀光。接着，高欢势力崛起，灭掉北魏，建立东魏。这期间，不管政坛如何风云变幻，全都与贾思勰无关，贾思勰心无旁骛，专心致志地写他的农书。

贾思勰经过十年的辛苦努力，将他多年积累的农业知识，进行分析、整理、总结，再加上多次实地考察，终于在544年前后，写成了一部农业科学技术巨著，取名为《齐民要术》。齐民，指平民；要术，是谋生方法。齐民要术，就是平民百姓从事农业生产的主要方法。

《齐民要术》共十卷、九十二篇、十一万多字，内容十分丰富，涉及农、林、牧、副、渔各个领域。该书介绍了农作物、蔬菜、果树的栽培方法，各种经济林木的生产，畜禽饲养及防病，农副产品加工，酿造和食品加工，等等，几乎包括了当时所有的农业生产活动。另外，书中还援引古籍近二百种，有些已经失传，因而该书还具有重要的史料价值。因此，《齐民要术》被誉为"中国古代农业百科全书"。

《齐民要术》对后世农业的贡献是显著的。一是建立了比较完善的农学体系。该书从开荒到耕种，从种植前的准备到收获后的农产品加工，以及饲养业、水产养殖业的各个环节，都记述得十分详细，脉络清楚，论述全面，形成了完整体系。二是将养殖技术向前推进一大步。该书有六篇专门叙述家畜家禽的饲养经验和防疫技术，有些现在仍在应用。三是提高了对农产品加工的重视程度。过去，人们只重视农作物的栽种，而忽略了收获后的加工增值，该书记述了大量加工方法和经验，促进了加工业发展。四是推广了许多农业技术知识，对提高农业科技水平发挥了重要作用。

贾思勰在《齐民要术》中，还体现出了他的农学思想。贾思勰认为，农业生产要顺应自然规律，同时要发挥主观能动性；农业生产要以粮食为中心，进行多种经营；农业生产要重视经济核算，努力降低生产成本。这些思想，在今天仍然具有现实意义。

《齐民要术》也有缺憾，主要是没有把花卉生产收录其中，直到宋代以后的农书中，才有花卉栽培技术的记述。如今，花卉生产已成为农业的重要组成部分，可在贾思勰生活的年代，花卉不在农业之列，所以，我们也不能苛求。

《齐民要术》一经问世，就受到人们的重视，成为农业生产经营的指南，历朝政府都把它作为指导农业的教科书。唐代之后出现的许多农书，无不受其影响，直到现在，《齐民要术》仍然在发挥作用。

《齐民要术》大约在唐末传到了日本，对日本农业发展产生了很大影响，日本至今还藏有最早的刊印本的残本。《齐民要术》传到其他国家，常被视为研究古代农业的经典。英国著名学者达尔文，在创作名著《物种起源》时，就参考了该书。

贾思勰为农业发展做出了卓越贡献，他和他的《齐民要术》，必定流传万世，永远被人们铭记。

高洋篡位建北齐

549 年，高澄遇刺身亡，他的弟弟高洋接过权力，继续控制朝廷。高洋也是素有大志，野心勃勃，他执政只有八个月，就废除东魏，建立北齐，自己做了皇帝，被称为文宣帝。

《北史》记载，高洋是高欢正妻娄昭君生的次子，出生在晋阳。娄昭君怀他的时候，每夜有红光照亮内室，认为是祥兆，因而生下他之后，取小名叫侯尼于，鲜卑话是有福气的人。

当时，高欢还没有显贵，正在从军打仗，家中十分困难，四壁空空，穷得揭不开锅。娄昭君拉扯着五岁的高澄，怀抱着几个月大的高洋，艰难度日。有一天，娄昭君与几个亲戚对坐，愁眉紧锁，唉声叹气，诉说日子过不下去了。怀中的高洋，当时还不会说话，却突然开口说了一句："得活下去！"众人都吓了一跳。

高洋长得很丑，皮肤黝黑，宽脸颊，尖下巴，五官不正，身上患有皮肤病，而且脚踝重叠，走路不稳，因此，人们都不看好他。可是，有个看相的人，却说他有大福大贵。哥哥高澄听了，嗤之以鼻，哈哈大笑说："这个人要是能富贵，相术还怎么能让人理解呢？"

高洋不仅长得丑陋，智商好像也一般，说话不利索，整日沉默寡言，呆头呆脑的，常被兄弟们嘲笑。有一次，高欢为了考察几个儿子的能力，拿出几团乱麻，让儿子们整理。其他儿子都赶紧埋头整理乱麻，高洋却抽出刀来，一刀把乱麻斩断。高欢问他为何如此，高洋说："乱的东西，就要用快刀斩断。"高欢暗自称奇，此后对他另眼相看。"快刀斩乱麻"的成语，便由此而来。

又有一次，高欢命几个儿子分别领兵外出，暗中却让彭乐去攻击他们。彭乐是有名的猛将，高澄等人十分害怕，赶紧跑了回来。高洋却毫不畏惧，指挥士兵将彭乐围了起来，就要开打。彭乐一看，玩真的了，赶紧脱掉甲胄，告知实情。高洋却不依不饶，把彭乐捆绑起来，押送到父亲面前。高欢大为吃惊，对人说："这孩子的胆量见识，恐怕会超过我。"

高欢看得没错，高洋是大智若愚，他表面愚钝，内心却极其精明，而且很有主见，他的呆愚，很多是装出来的。高欢死的时候，其他儿子都号啕大哭，表现得异常悲痛，唯有高洋，面色平静，脸上没有悲伤，和平时一样，没心没肺似的。高洋的大智若愚，骗过了所有公卿大臣，包括他的哥哥高澄。

高澄对这个愚呆的弟弟很放心，他主政后，任命高洋为尚书令、中书监、京畿大都督。高洋此时已经二十二岁了，却没有表现出丝毫的理政才能，大小事务都向高澄请示汇报，一切唯命是从。高澄对他很满意，同时也认为，他真的不是治国理政的材料。

549 年八月，高澄执政两年后，突然遇刺身亡。由于事发仓促，朝廷一片惊慌，在这危急时刻，高洋一反常态，迅速采取一系列措施，控制了局面，表现出了临危不乱、沉着冷静、处事果断、考虑周密的大智大勇。

高洋得到兰京刺杀高澄的消息后，没有片刻犹豫，立即带领手下，赶到东柏堂，诛杀了刺客，随即将刺客头颅漆成黑色，让人分辨不出是谁。然后，严密封锁高澄已经死亡的消息，并派人对孝静帝严加看管。高洋知道，由于自己一贯表现呆愚，在朝中没有威望，一旦高澄死亡的消息传开，朝廷势必大乱，他难以控制局面，孝静帝很有可能会趁乱恢复皇权。高洋封锁高澄死亡的消息，是想利用哥哥的声望和权威，做一番文章。

高洋谋划好了以后，召集众臣宣布说，高澄只是受了伤，没有大碍，哥哥在养伤期间，委托他全权处理政务。大臣们都相信了，局势很快稳定下来。

在此期间，高洋亲理朝政，大小事务，均由他亲自裁决。高洋虑事周全，行事果断，雷厉风行，赏罚分明，朝廷事务井然有序，表现出很强的治国才能。众人全都大吃一惊，这才知道看走了眼，纷纷表示佩服，甚至认为，高洋的政治才干以及忍辱负重、韬光养晦的政治涵养，超过了他的哥哥高澄。高洋还趁机在许多要害部门，安插了自己的亲信，使他迅速把持了朝廷。直到这时，高洋才沉痛地宣布，哥哥伤重，不治身亡了。

550年正月，高洋为哥哥举行了葬礼，这离高澄去世，已经过去五个月了。高澄死了，他的爵位和职务，理应由他的儿子继承，高澄有六个儿子，年长的已经十几岁了。可是，高洋已经牢牢控制了朝廷，怎么可能把好事让给侄子呢？于是，高洋毫不客气地接替了哥哥的丞相职务，也继承了哥哥齐王的爵位。高洋掌握了朝廷的一切权力，对孝静帝控制更严，孝静帝仍然是一个傀儡。

高洋当上齐王以后，有一天晚上，他做了一个奇怪的梦，梦见一位须发皆白的老神仙，用笔在他额头上戳了一下。高洋梦醒后，觉得不吉祥，心情郁闷。第二天，他把梦告诉了亲信昙哲，并快快不乐地说："神仙是不是让我退位呢？"昙哲一听，立即伏倒在地，跪拜祝贺，说："王字上边加一点，是主字。神仙是告诉您，您就要当君主了。"高洋听了，郁郁之情一扫而光，高兴得手舞足蹈，重重赏赐了昙哲。

既然有神仙旨意，高洋就理直气壮地加快了篡位步伐，有条不紊地进行各种登基准备。他先是逼孝静帝封他为相国，比丞相高了一等；接着，又给了他十个郡的封地，食邑高达二十万户；然后，再赐予他加九锡的特殊礼仪，离天子只有一步之遥了。这些事情，都是在几个月之内，连续不断地完成的，高洋的目的，是为篡位做足舆论准备。到了这个时候，傻子都知道，高洋就要改朝换代了。

550年五月，高洋做好了一切准备，水到渠成，就逼迫孝静帝退位，把帝位禅让给他，并举行了盛大的禅位仪式。禅位仪式完全按照古代唐尧、虞舜的做法，一丝不苟，孝静帝身不由己，只得违心地配合表演。在仪式上，高洋多次推辞，孝静帝多次相让，都显得那么恭敬谦和，彬彬有礼。

高洋废除了东魏，建立了新的政权，因他是齐王，便立国号为齐，建都邺城。为了便于与南朝齐国相区别，史称北齐，也叫后齐、高齐。

　　高洋靠着他的大智若愚和偶然的机遇，执掌大权，开创了北齐，当上皇帝。那么，他这皇帝当得怎么样呢？

一半明君，一半魔鬼

人们常说，人都是有两面性的，一面是天使，一面是魔鬼。这话有些道理，特别是放在高洋身上，再合适不过了。

北齐开国皇帝高洋，做皇帝有十年时间，他在执政前期，励精图治，崇尚儒学，推行改革，发展经济，开疆拓土，使北齐达到鼎盛，被誉为"英雄天子"，俨然一代明君。

然而，在他执政后期，却居功自傲，纵欲酗酒，大兴土木，滥杀无辜，暴虐无道，干了许多令人发指的罪恶勾当，简直像一个魔鬼，前后反差巨大。

《北史》记载，高洋当皇帝时，只有二十四岁，而西魏的实际统治者宇文泰，是四十四岁，整整比高洋大二十岁。宇文泰有点看不起年轻的高洋，想试探他的能力，便亲率大军进犯北齐。高洋正好想显示一下自己的实力和能力，他迅速调集军队，赶到建州（今山西绛县一带），排兵布阵，等待西魏军队。

宇文泰率军来到，只见漫山遍野，全是北齐军队，旌旗蔽日，刀枪林立，军阵严整，威武雄壮。宇文泰感叹道："好像高欢没死一样。"西魏军队不敢交战，随即撤兵返回。宇文泰看到了北齐的实力，此后轻易不敢东进。

西魏不来进犯，北齐也不去打它，东西两魏暂时平静。这个时候，正是南梁末期，由于侯景之乱，南梁遭受重创，皇帝更迭频繁，局势很不稳定。高洋趁此良机，向南进军，夺取了苏北、皖北大片土地，打得南梁招架不住，只好进贡求和。高洋恃着兵强马壮，派兵南下，护送俘虏萧渊明到建康，逼着南梁立他为帝，南梁不得不从。萧渊明当上南梁皇帝，自然是北齐的傀儡了。

征服了南梁，高洋又出兵北伐，大败柔然，剿灭山胡，远逐契丹、突厥，吞并库莫奚等部，拓土千里。这样，在高洋统治时期，北齐的疆域南抵长江，北至蒙古沙漠，东临大海，西到黄河，土地之广、人口之众、军队之强、粮储之多，在当时南梁、西魏三个割据政权中，首屈一指。

高洋在开疆拓土方面功勋卓著，在对内治理上也十分贤明。他在登基之初，就下诏恢复了俸禄制。由于战乱，自孝庄帝以后，百官就没有俸禄了，全靠抢掠和贪污养家糊口，这自然带来很多弊端。高洋一上台，就宣布恢复俸禄制，按官职大小确定俸禄，保证了官员的生活来源，同时加强吏治，严惩贪污受贿，使官场风气为之一新。

高洋在登基的当年，就给鲁郡下诏，令修整孔庙，祭祀孔子，封孔子的后代孔长孙为恭圣侯，并在全国推崇儒学，兴办教育。高洋还请著名儒者入宫讲学，高洋亲自聆听，并注重用儒家思想教育子孙，俨然有儒者之风。

高洋在政治、经济、文化、社会各个领域，进行了一系列改革。他下诏取消了州、郡建制，减少层级，全国官吏裁减几万人，大大减轻了百姓负担，也提高了行政效率。高洋修改法律，重视法制，他主持制定的《北齐律》，对后世产生了很大影响。高洋采取奖励农耕、减轻税赋等措施，促进了经济发展，使北齐的农业、盐铁业、瓷器业都十分发达。

高洋在执政的前期，奉行尊儒学、兴学校、求贤才、正礼仪、劝农事、修刑律等治国策略，推动北齐达到鼎盛，可以称得上是贤明之君。

然而，在他执政的后期，却完全变了样子，甚至成了魔鬼。高洋由于政绩显著，得到人们赞扬，于是，他便飘飘然起来，开始追求享受，不问政事，整日沉湎于酒色之中。高洋下令征召三十万民夫，在邺城修建了三座豪华大殿，供自己享乐。宫殿中安置大批美女，高洋与她们欢宴行淫，通宵达旦，夜以继日。有时他高兴了，还袒露肉体，亲自播鼓唱歌。

高洋觉得自己的统治已经十分牢固，便暴露出凶残的本性。有一天，高洋忽然问侄女婿元韶："刘秀为什么能恢复汉朝?"元韶不知出于什么考虑，竟然说："那是因为当时没把姓刘的都杀光。"元韶没有想到，他的这句话，给自己和元氏家族带来了灭顶之灾。

高洋认为，虽然自己代魏建立了北齐，但北魏皇族元氏还大量存在，这是个很大的隐患，于是，下令将前朝宗室全部诛杀。《北齐书》说，高洋杀害元氏家族七百二十一人。《北史》记载，高洋杀光了元韶、元世哲、元景式等四十四家前朝皇族，总计三千多人，连婴儿都不放过。尸体全都扔到漳河里，人们吃鱼时，常常发现鱼腹内有人的脚指甲，恶心得两岸居民，很久不吃漳河里的鱼。

高洋后来越发残暴，喜欢杀人取乐，而且常常虐杀。有一次，有个军官犯了军纪，高洋命人将他大卸八块，叫来九个士兵吃他的肉。士兵们不敢不从，连他的五脏六腑都吃光了。

高洋还喜欢亲自动手杀人，他经常从监狱里提出囚犯，充当随从车驾，称作"供御囚"，供他杀人取乐。高洋一不高兴，就随手一刀，将"供御囚"的脑袋砍飞。

有一次，高洋到大臣崔暹家里去，崔暹刚死，他的妻子李氏正在痛哭。高洋问她："想念丈夫吗?"李氏回答："结发夫妻，怎能不想念。"高洋说："既然想念，我就送你去见他吧。"说着，抽出刀来，一刀砍掉了她的头，并把头颅扔到墙外。

高洋整天喝得烂醉，他对朝中大臣，也是说杀就杀，有时在朝堂上，就任意杀戮。高洋杀人，花样很多，有时用刀砍，有时用箭射，有时用锯子锯，把人杀死之后，常常还要肢解尸体，或者扔到火里烧成灰。大臣尉子耀、穆嵩、韩哲等人，并没有过错，但都被高洋无故杀害。有一次，高洋用弓箭射大司农穆子容，穆子容一躲，没有射中。高洋恼怒，命他趴在地上，脱去裤子，亲手把木棍插进他的肛门，活活捅死。

高洋有一个十分宠爱的妃子，名叫薛嫔。薛嫔原本是族弟高岳的女人，被高洋抢了过来。忽然有一天，高洋想起薛嫔曾经与高岳好过，醋意大发，一刀把薛嫔的头砍了下来。高洋把薛嫔的头揣在怀里，去参加宴会。宴会上大伙兴致正高的时候，高洋却把薛嫔的头取出来，对众人说："佳人再难得，可惜了！"满座的人，无不惊恐万分，魂飞魄散。高洋把薛嫔的尸体肢解后，用她的骨头制成琵琶。高洋无故杀了薛嫔，感到有些后悔，薛嫔下葬时，他披散着头发，步行跟随在灵车后面，边走边哭，像死了亲娘老子一般。

高洋对自己的亲属，同样残暴不仁。他见皇后的姐姐长得漂亮，便把姐夫元昂叫来，让元昂把妻子献给他。元昂不答应，高洋就用箭射他，一连射了一百多箭，地上凝结的鲜血有一石之多。元昂真有骨气，至死不肯顺从。不过，他死之后，妻子仍然没有逃脱高洋的魔爪。

高洋的母亲娄昭君，见儿子如此胡作非为，自然十分生气。有一天，老太太拿着手杖，要打高洋。高洋满嘴酒气，恶狠狠地骂道："你这老东西，还想打我，我把你嫁给胡人去当老婆。"娄昭君气得一下昏了过去。高洋酒醒以后，觉得过分了，亲自伺候母亲，不料又弄倒了床，把母亲摔伤了。高洋大悔，要引火自焚，娄昭君只好原谅了他。高洋不肯原谅自己，又命人杖打他，娄昭君不忍，抱着他哭泣，最后象征性地笞脚五十。高洋向母亲发誓，此后一定戒酒，可是，只戒了十天，依旧如故，照样每天喝得醉醺醺的。

有一天，高洋又喝醉了酒，跑到皇后娘家，看见岳母崔氏一副养尊处优的样子，忽然想到，自己曾对母亲无礼，皇后的母亲也应该同等待遇。于是，高洋拿起弓箭，一下射中了岳母的脸颊，顿时血流如注。高洋还不罢休，说："我打过母后，还没打过你，这不公平。"高洋举起马鞭，狠狠地抽了岳母一百鞭。

高洋只要喝醉了酒，对所有人都敢无礼，亲娘老子也不例外，唯独对皇后李祖娥十分尊重，从不冒犯，真是怪哉。

高洋的行为有些古怪和疯癫，令人难以理解。他有时爬到宫殿房顶，宫殿高达二十七丈，工匠们上去都要系安全绳，而高洋却没有任何保护措施，就在房顶上来回奔跑，旋转跳舞。这当然十分危险，一旦摔下来，必定粉身碎骨。人们都看得心惊胆战，高洋反而哈哈大笑，毫不在乎。

更令人不可思议的是，在炎热的夏天，高洋脱光衣服，坐在烈日下曝晒；在寒冷的冬天，高洋赤身裸体，纵马奔驰。随从们都觉得难堪，而高洋却神色自若，毫不知耻。

高洋抓来一些妇女，命她们脱光衣服，让人们都去观看，然后，用荆棘捆成马形，逼令她们乘骑，让人牵拉着来回行走，有不从者当场杀掉，地上满是血迹，哭号声震天，高洋却觉得十分好玩。

高洋还喜欢涂脂抹粉，披头散发，打扮成女人模样，在大街上乱逛。有时骑马在街上奔驰，边跑边扔钱物，看到人们争抢的样子，高洋觉得特别开心。有时高洋在街上问人们："当今天子怎么样？"有人轻蔑地说："疯疯癫癫的，像什么天子！"高洋大怒，立即将其杀掉。

对高洋的荒淫暴虐，大臣们起初还进行规劝，可是，高洋或者不听，或者把劝谏者杀掉，时间一长，就没人敢说话了。只有一个大臣，叫李集，始终不停地进谏，还拿夏桀、纣王暴虐亡国的事例教导皇帝。

高洋恼了，命人把李集捆起来，沉到河里，将他淹个半死后，拉上来问："我比夏桀、纣王怎么样？"李集气愤地说："你还不如他们。"于是又把李集沉到河里，拉上来再问，这样连续几次，李集已经奄奄一息了，但仍不改口。高洋大怒，说："天底下竟有这样的傻子，今天我才知道，古代的龙逄、比干，肯定也是傻子。"高洋下令，当众将李集处腰斩酷刑。

高洋确实还不如夏桀、纣王，他恐怕是历史上最残暴、最荒唐的皇帝了，甚至比魔鬼还要凶残。《北齐书》和《北史》，都用很长的篇幅，列举了高洋大量暴虐的事例，读后令人毛骨悚然、不寒而栗。

高洋原本是一位明君，后来为什么变成魔鬼了呢？《北史》说："沈酗既久，转亏本性。"意思是说，高洋长期酗酒，导致酒精中毒，迷失了本性。后来，有学者研究说，高洋是患上了间歇式精神分裂症。从史书记载来看，高洋的行为，确实像有精神病的症状。

然而，在封建社会里，至高无上的皇帝得了精神病，受难的却是天下百姓。

559年，高洋病死，史书说他活了三十一岁，有学者研究认为，他活了二十四岁。高洋是喝酒喝死的，《北齐书》说："暨于末年，不能进食，唯数饮酒，曲蘗成灾，因而致毙。"

为人莫做亏心事

俗话说，为人不做亏心事，半夜不怕鬼敲门。这话很有道理，做人堂堂正正，无愧于心，就会坦坦荡荡，什么都不怕，活得轻松自在，该多好啊！

可是，如果做了亏心事呢，就会心中有鬼，整日提心吊胆，惶惶不可终日，甚至不得善终，该多可怕啊！

高洋的弟弟高演，就是一个做了亏心事的人。他虽然当了皇帝，却没有过上一天安宁日子，年纪轻轻就死了。高演临死前，才明白了这个道理，所以，他最后悔的，就是做了亏心事。

《北史》记载，高演是高欢的第六子，与高澄、高洋一母同胞，都是娄昭君生的，他比高洋小十岁。高演相貌俊秀，聪明伶俐，长大后熟读四书五经，胸有大志，深受父母喜爱。

高演十分孝顺，母亲有病时，他衣不解带，照顾四十多天，所有的饮食服药，都由他亲自服侍，以至于搞得衣衫不整，面容憔悴。所以，娄昭君对他的疼爱，超过任何一个儿子。

高洋对这个弟弟也很器重，登基后封他为常山王，后来，任命他为尚书令，当时，高演只有十九岁。高演虽然年轻，却善于决断，擅长文辞义理，把政务处理得井井有条，群臣都很佩服他。

高洋在执政后期，开始追求享乐，溺于游玩和饮宴。高演担忧之情形于颜色，高洋发现了，对他说："只要有你在（国家就可以安宁），我为什么不能纵情享乐呢？"高演哭泣拜伏，没有说话。高洋也很悲伤，把酒杯扔到地上说："你既然不愿意让我喝酒，那我就不喝了。今后谁再敢献酒给我，一律斩首。"于是将酒杯全部毁弃。但不久又重新开始酗酒。

559 年，高洋酒精中毒而死，十五岁的皇太子高殷继位。高洋在临终前，把高演召到病床前，他知道高演既有能力，又有声望，很担心他会篡位，对他说："我死后，你如果想当皇帝，可以，但请你不要杀我的儿子。"此时的高洋，头脑是相当清醒的，一点也不像有精神病的样子。

高演一听，惊恐万分，立即扑倒在地，磕头不止，痛哭流涕，并指天发誓，绝无二心，如有异志，必遭鬼神戮害。此时的高演，确实没有篡位的想法，所以态度十分真诚。高洋很满意，授任高演为太傅，录尚书事，朝中政事都由他决断。同时，高洋还令杨愔、燕子献、宋钦道一同辅政。

杨愔，就是在高澄遇刺时跑得比兔子还快的那个人，这种人，在关键时候靠不住，却有一套得宠的本事，高澄、高洋都很信任他。新任皇帝高殷，性格懦弱，宽厚仁义，他当太子时，高洋为了锻炼他的胆量，命他亲手杀人，高殷手直哆嗦，举不起刀来，气得高洋抽了他三鞭子。从此之后，高殷心悸口吃，精神时常恍惚。高洋想废了他，多亏杨愔劝阻，才没有实行，因此，高殷很感激杨愔。

高殷继位后，对杨愔言听计从。杨愔忌惮高演，高演辅政只有一个月，就靠边站了，朝廷政务不再由他决断，并让他住到藩王的宅子里。杨愔辅政后，改革官吏制度，大量裁减冗官，同时削弱王公的权力，以加强皇权。杨愔想把高演和他的弟弟高湛都调到地方任职，因怕生变，最后只将高湛外任并州刺史，高演仍留朝中，但也是有职无权。

应该说，杨愔的改革措施，对加强皇权、提高行政效率还是有益的，但操之过急，加剧了矛盾。一些丢掉官职和权势的王公大臣，对杨愔恨之入骨，纷纷投向高演、高湛。

高湛是高欢的第九子，也是娄昭君生的，比高演小两岁。他原来在朝中任太尉，如今却去当了一个地方官，更是怀恨在心。于是，他约高演去打猎，在野外定下计策，要除掉杨愔，废掉皇帝，由高演登位。

560 年，高演、高湛两兄弟突然发动政变，带兵闯入皇宫，制服侍卫，抓获了杨愔、燕子献、宋钦道等大臣。众人见了杨愔，分外眼红，扑上去一顿拳打脚踢，杨愔被打得血流满面，一只眼珠被打了出来。后来，杨愔等人全被杀害。

高演、高湛兄弟控制了朝廷，随后去见母亲娄昭君。娄昭君本来就十分宠爱自己的儿子，见事已至此，只得以太皇太后的身份，下诏废黜了孙子高殷，改为济南王，让儿子高演当了皇帝。但是，娄昭君再三叮嘱高演，一定要善待高殷，千万不要伤害他。高演答应了，向母亲做了保证。

高演兄弟行动突然，再加上娄昭君支持，所以政变取得成功。但是，高殷并没有过错，许多人同情他，特别是忠于高洋的人还有很多，他们心中不服，因而政局并不稳定。高演觉得，只要高殷活着，就是一个很大的隐患，于是，高演把母亲、哥哥对他的嘱咐以及自己发的誓言，全都抛在了脑后，昧着良心，密令高归彦去杀害高殷。

高归彦是高欢的族弟，利欲熏心，心狠手辣。他原先与杨愔是一伙的，后见高演势大，主动投了过去，在政变中起了很大作用。高归彦带着毒酒，到了高殷府上。高殷知道不是好事，死活不肯喝，高归彦凶相毕露，扑上去把高殷活活掐死了，高殷死时只有十七岁。高归彦后来也不得善终，因谋反被诛杀。

高演当上皇帝之后，虽然执政时间不长，却干得有声有色。他勤于政事，选贤任能，轻徭薄赋，关心民生，释放奴隶，常派大臣巡视四方，考察官吏，体察民情；他重视农业，大力屯田，广设粮仓，有效解决了北齐的粮食危机问题；他尊崇儒学，兴办教育，广招学生，讲习经典，推广汉文化。高演还亲自领兵北征，驱逐胡虏，却敌千里。应该说，高演执政时期，文治武功兼盛，颇有一番作为。

可是，高演违背誓言和母兄嘱托，杀害了年少的侄子，做了亏心事，所以，他始终觉得是块心病。高演不是大恶之人，并不残暴，而且喜欢讲仁义道德，但他做的那件事，却与仁义道德格格不入。高演为了巩固政权的需要，杀害了侄子，当他政权巩固之后，常常感到后悔，整日心神不宁。

在夜深人静的时候，高演经常做噩梦，梦见高洋斥责他，梦见厉鬼来捉他。高演醒后，总是冷汗淋漓。有时大白天，高演就看见高洋、杨愔等人迎面走来，吓得他大声尖叫，别人却都看不见。

高演整天提心吊胆，深陷于内疚、悔恨和恐惧之中，身体能好得了吗？不久，高演感到身体不适，精神恍惚，竟从马上摔了下来，摔伤了肋骨。高演患病卧床，在昏昏沉沉之中，只见满屋子都是张牙舞爪的鬼怪，于是便让巫师驱鬼。巫师在屋子里点上火，把油煮沸后，四处泼洒。高演看见，那些鬼怪毫不害怕，全都跳到屋梁上，朝着高演龇牙咧嘴，吓得高演昏了过去。

娄昭君听说儿子有病，过来看望。娄昭君有段时间没有看见孙子高殷了，也没有他的音讯，怀疑是被高演杀了，见了高演后，便追问此事。高演无言以对，默不作声，只是不停地流泪。娄昭君明白了，心中大怒，斥骂道："你的病好不了了，你应该去死！"说完，拂袖而去，从此不再理他。高演失去了母亲的疼爱，更是悔恨交加，病情越发沉重。

应该说，高演总体上还是不错的，起码没有泯灭人性，当皇帝也很有政绩。他杀了无辜的侄子，做了亏心事，但却能感到良心不安，相比之下，高洋、高湛、高纬等其他的高氏皇帝，做了那么多亏心事，也没见他们受到良心谴责。

561年，只当了一年多皇帝的高演，在良心折磨和悔恨恐惧中死去，年仅二十七岁。

高演在当皇帝时，本来立了儿子高百年为皇太子，此时高百年只有六岁。高演在临终前，似乎醒悟过来，他没有让儿子继位，而是卜诏将皇位让给了弟弟高湛。高演还给高湛留了一封遗书，哀求弟弟说："我死后，你要好好对待我的儿子，千万别学我的样子。"遗憾的是，高湛称帝后，仍然把他的儿子高百年害死了。

《北齐书》和《北史》都记载说，高演在临死前，匍匐在床枕上，不停地叩头哀号，好像在向什么人求饶似的。

可见，做了亏心事，就会受到良心谴责，一辈子不得安宁。所以，为人在世，千万莫做亏心事！

虐害宗亲的高湛

高演死了，把皇位让给了弟弟高湛，使他成为北齐历史上第四位皇帝。高湛在位四年，政绩不多，劣迹倒不少。高湛有一个明显特点，就是似乎专向宗亲下手，杀兄弟，诛侄儿，霸嫂子，干了许多有悖人伦的罪恶勾当。

《北史》记载，高湛是高欢第九子，与高澄、高洋、高演是一母同胞。高湛小时候，仪表俊美奇伟，衣帽端正，神情闲静，受到人们称赞。

高湛外表俊美端庄，内心却十分歹毒。高洋建立北齐后，封十三岁的亲弟弟高湛为长广王，而其他兄弟，就没有那么幸运了。高洋因小时候长得丑，又显得呆傻，常受兄弟们嘲笑欺负，他称帝后，就把同父异母的弟弟高浚、高涣囚禁到监狱里，作为报复。

有一天，高洋带着高湛，去看望监狱里的两个弟弟，听见两人正在流着泪唱歌，歌声既悲伤又恐惧，声音颤抖。高洋与他们并没有深仇大恨，见此情景，有些伤感，也流下泪来，打算放他们出去。一旁的高湛却说："陛下怎么能放虎归山呢？"高洋听了，觉得有理，于是改变了主意，命人将火把扔进监牢里，将二人活活烧死。高浚、高涣临死前，叫着高湛的小名，高声怒骂，诅咒他不得好死。

高湛长大以后，高洋任命他为尚书令，不久兼任司徒，后又升迁为太尉。照理说，高洋对他很好，可是，高洋死后，他却和高演发动政变，废杀了高洋的儿子高殷，帮助高演登上帝位。

政变成功之后，高演住在晋阳，封高湛为右丞相，主持朝政，镇守京师邺城。高湛虽然权倾朝野，心里却愤愤不平，因为在政变之前，高演曾经许诺，事成之后，封高湛为皇太弟，可是高演登基后，却立了自己的儿子高百年为皇太子。

高湛对此心怀不满，产生了谋反念头，在高演患病期间，开始做着各种准备。那个掐死高殷的高归彦，是个反复小人，此时见高湛势大，又投靠了他，帮他出谋划策。

没有想到的是，不等高湛谋反，高演就病死了，临死之前，把皇位让给了他，高湛名正言顺地当上了皇帝。对此，高湛并不感激哥哥，反而认为，皇位本来就应该是他的。

561年，高湛登基称帝，封胡氏为皇后，立儿子高纬为皇太子，任命高归彦为太傅、司徒。高归彦身居高位，志得意满，傲慢无礼，引起大臣们反对。高湛也觉得高归彦是个反复无常的小人，将他逐出朝廷，去当冀州刺史。高归彦恼怒，意图谋反，高湛早有防备，将他一举擒获。最终，高归彦及子孙十五人被斩首弃市，家族百余人充作奴隶。

高湛称帝后，没办过几件正经事，只是喜欢喝酒、娱乐和女人。他的男宠和士开趁机诱导他说："自古以来的帝王，不论是尧舜，还是桀纣，最终都化成了灰尘，没有什么区别。陛下应该趁着年轻，尽情享乐才好。"高湛觉得特别在理，于是，把国家大事都交给大臣们去处理，自己则纵情酒色。

高湛早就对高洋的皇后李祖娥垂涎三尺，如今当上皇帝，母亲娄昭君也死了，无所顾忌，就想霸占嫂子。李祖娥是今河北隆尧人，出身名门，知书达理，温柔贤惠，更有倾城倾国之美貌，高洋是出名的暴虐，唯独对李祖娥十分尊重，更显得李祖娥与众不同。

对高湛的无耻要求，李祖娥自然愤而拒绝。可是，高湛恶狠狠地说："你要不从，我就杀掉你的儿子。"李祖娥惊呆了，她的长子高殷已经死了，只剩下唯一的儿子高绍德，当时只有十四岁。李祖娥不能再失去儿子了，只得屈从了高湛。

高湛从此就住在李祖娥的昭信宫里，他搂着嫂子这位绝色美女，夜夜春色无边，李祖娥只能以泪洗面。没过多久，李祖娥怀孕了，她既惊又惧，整日闭门不出，也不许别人进入昭信宫。儿子高绍德思念母亲，上门探望，李祖娥望着自己的大肚子，只得拒绝不见。儿子在门外大哭，李祖娥心如刀绞。

不久，李祖娥生下一个女婴，但很快就死了，史书说，李祖娥"生女不举"。高湛认为，女婴是被李祖娥弄死的，暴跳如雷，命人把高绍德押到昭信宫，当着李祖娥的面，亲手用刀把侄子砍死。李祖娥像疯了一样，哭叫着上前保护儿子，却无能为力，眼看着唯一的儿子，惨死在自己面前。

高湛惨杀侄子后，仍不罢休，他扒光了李祖娥的衣服，用鞭子狠狠抽打，打得李祖娥血肉模糊，昏死过去。高湛以为李祖娥死了，把她装到袋子里，扔进沟渠。所幸几个好心宫女，冒着风险，把李祖娥救活了，并把她偷偷送出了宫。李祖娥侥幸逃脱了，她万念俱灰，便到妙胜寺出家为尼。北齐灭亡后，李后随从入关；隋朝时，得以回到故乡赵郡。

高湛残杀宗亲，非常暴虐，常常亲自动手，没有丝毫的亲情，连禽兽都不如。高澄的长子高孝瑜，因劝说高湛，不要让和士开与皇后接触太密切，高湛恼怒，派人把他毒死了。高孝瑜的弟弟高孝琬，听说哥哥被毒死，异常悲愤，口出怨言。高湛命人把他抓来，用鞭子痛打一顿，然后，亲手砍下了他的脑袋。高湛的四哥高淹，也是被他毒杀的。

高演的儿子高百年，此时只有七八岁，并无任何过错。高湛想杀他以应天象，命人把他抓进宫来，先用鞭子一顿猛抽，打得小孩子满地翻滚，死去活来，遍地鲜血淋漓。小孩子在奄奄一息之际，还挣扎着爬起来，跪在叔叔面前，哀求叔叔饶了他，他愿意给叔叔当奴隶。《北齐书》原文记载："乞命，愿与阿叔作奴。"高湛人面兽心，丝毫不为之所动，抽出剑来，一剑刺进侄子幼小的身躯。

高湛为什么对宗亲如此残暴，史书没有记载，大概是有些变态吧。其实，在封建社会里，皇宫里只有权力和利益，没有亲情，甚至没有人性。人世间最美好的父子之情、夫妻之情、手足之情，在皇宫里统统都是零，这是皇宫与民间最大的区别。

高湛唯一的政绩，是打退了北周和突厥等外敌的侵犯。这个时期，宇文泰的侄子宇文护，已经灭掉西魏，建立了北周，此后，北齐最主要的对手，就是北周了。在高湛的黑暗统治下，北齐国力衰落，人心涣散，虽然暂时抵御住了北周的进攻，但已经是强弩之末了，即将被北周消灭。

565 年，高湛觉得当皇帝厌倦了，又听从了男宠和士开的劝说，将皇位让给了只有十岁的儿子高纬，自己当了太上皇。

569 年，高湛因酒色过度，一命呜呼，结束了他罪恶的一生，时年三十二岁。

一半当女人，一半做男人

在乱七八糟的封建社会里，充当皇帝泄欲器的男人不少；当然，也有个别胆大的男人，敢和皇后宣淫。但是，一人身兼两职，既当皇帝男宠，又做皇后姘头，却十分罕见。北齐的和士开，就是这样一个奇葩。

《北齐书》记载，和士开是清都临漳（今河北临漳）人，西域胡人的后代。他的祖上，本姓素和，来中原做生意，定居下来，改为姓和。和士开出生在临漳。

和士开的父亲，叫和安，是一个善于谄媚之人，在东魏时期，担任朝廷的中书舍人。有一天夜里，孝静帝和几个大臣在一起讨论皇命问题，让和安去看一下北斗星。北斗所指的方向代表皇位，当时高欢专权，已有称帝之意，和安为了阿谀高欢，故意说："臣不识北斗星。"高欢果然很高兴，觉得和安很有心计，提拔他当了黄门侍郎，后来又升他为仪州刺史。

和士开继承了父亲的性格，从小就聪明伶俐，反应机敏，很会奉迎，他又长得皮鲜肉嫩，唇红齿白，像个女孩子，人们都喜欢他。和士开长大后，进入国子监，接受了良好的教育，温文尔雅，风度翩翩。和士开另有一项绝技，擅长玩一种名叫握槊的游戏，还弹得一手好琵琶。

高湛早在当长广王的时候，就认识了和士开，一见倾心，把他召入王府，做了行参军。高湛也喜欢握槊和弹琵琶，两人十分投缘，日夜混在一起，形影不离。

当时的皇帝高洋，察觉出两人关系不正常，十分生气，责备和士开戏狎过度，将他逐出京城，流放到长城，不让他与弟弟相见。高湛没有了和士开，失魂落魄，吃饭都不香，于是再三向高洋求情。高洋对这个弟弟还是不错的，后来又把和士开召了回来。

高湛当上皇帝之后，和士开立即飞黄腾达起来，连续升职，先担任给事黄门侍郎，后任侍中、加开府，日益受到高湛宠幸。无论是在朝堂处理国事，还是在后宫饮宴，高湛一刻都离不开和士开。和士开常常几个月不回家，与高湛同住一室，君臣之间言行鄙亵，非常随意，没有半点礼节。

和士开与高湛情投意合，两人互相欣赏。和士开谄媚地对高湛说："您不仅是人间的皇帝，而且是天上的皇帝。"高湛也对和士开说："你不仅是世间的人，而且是世间的神仙。"两人相互吹捧，相当肉麻。和士开劝高湛趁年轻尽情享受，高湛听从了，整日以酒色为乐。

和士开受到皇帝宠幸，权势熏天，许多人都争相巴结他，甚至有人磕头拜他为干爹。和士开府前，车马不断，人来人往，络绎不绝，好不热闹。

有一天，一个读书人到和府拜谒，正碰上医生为和士开看病。医生不知出于什么心态，对和士开说："你的病极重，吃药不管用，只有喝黄龙汤才行。"

黄龙汤，不知道能不能治病，但腥臭难闻却是真的。和士开看着恶心，面露难色。旁边的读书人为了讨好他，说："我请求为您先尝尝。"读书人屏住呼吸，一饮而尽，然后抹抹嘴说："不难喝。"和士开被感动了，向皇帝举荐，提拔他当了官。

和士开对不依附他的人，总是排挤和打击，他生性狡诈残忍，下手绝不留情。高澄的长子高孝瑜，曾劝告高湛不要让和士开与皇后接触密切，和士开怀恨在心，怂恿高湛杀了高孝瑜和他的弟弟高孝琬。高湛干的那些暴虐之事，有很多是与和士开诬陷挑拨分不开的。

高湛对和士开的感情很深，称之为"心腹之情"，这显然超过了手足之情。和士开的母亲去世，他不得不回家奔丧。高湛舍不得和士开走，但没有办法，又怕他因丧事影响了身体，就派武卫将军吕芬专门去侍候他。在治丧期间，高湛派人给和士开送去亲笔信，说："我和你情同心腹，希望你保重身体，不要过于悲伤。"真是体贴入微，关怀备至。和士开办完丧事回来时，高湛亲自迎他入宫，两人紧紧拉着手，流着眼泪，互相凝视了很久。

高湛嗜酒如命，饮酒过度，后来患病，气疾时常发作。和士开多次劝他戒酒，高湛总是戒不掉。于是，和士开改变了策略，每当高湛饮酒时，他就在一旁默默地流泪。高湛不忍让他伤心，居然把酒戒掉了很长时间。

后来，高湛提升和士开为尚书左仆射，相当于丞相。不过，和士开没有治国理政才能，他的特长，是取悦皇帝，所以，他仍然兼着侍中，主要还是服侍高湛，让高湛快乐。

高湛是出名的残暴不仁，对任何人，说打就打，说杀就杀，像老虎一样凶狠，唯独对男宠和士开，温顺得像只猫一样。这真是一物降一物，令人不可思议。

更加令人不可思议的是，高湛还允许和士开与自己的皇后通奸。高湛长期不与胡皇后同房，胡皇后寂寞难忍，暗中看上了长相俊美的和士开，便借口说，她想学握槊的游戏。和士开是玩握槊的高手，高湛便让他去教胡皇后，特许他可以随时出入皇后的房间，两人自然很快勾搭成奸了。

和士开侍奉取悦皇帝，很有一套；侍候淫乐皇后，更是得心应手。胡皇后干柴遇烈火，整日心花怒放，有时情不自禁，当着高湛的面，就与和士开挤眉弄眼，打情骂俏，高湛却毫不在乎。和士开身兼两职，一面当女人，哄得皇帝团团转；一面做猛男，搞得皇后神魂颠倒。

和士开本性是男人，他更喜欢和胡皇后在一起，为了取悦胡皇后，他劝说高湛，主动将皇位让给儿子，自己当太上皇。高湛又乖乖地听从了。

569 年，高湛终因酒色过度，得了重病，和士开日夜在他身旁伺候。高湛临终前，抓着和士开的手不放，叮嘱儿子和胡皇后，一定要好好对待和士开。高湛在临死之际，仍然紧紧抓着和士开的手，舍不得松开，感情真够深的！

高湛死后，胡皇后升为太后，新皇帝年少，和士开毫无顾忌，公开与胡太后淫乱，朝中尽人皆知。和士开还被封为淮阳王，担任尚书令、录尚书事，把持了朝廷。他大权在握，为所欲为，一时之间，朝野议论纷纷，舆论大哗。

高纬的同胞弟弟高俨，当时只有十四岁，却勇武过人，颇有胆气，敢作敢为，他对母亲胡太后与和士开的丑事又羞又怒，下决心除掉和士开。

571 年，高俨联合妹夫冯子琮等人，清晨带兵埋伏在神武门外，趁着和士开上朝的时候，将其一举抓获，随即斩首。和士开死时四十八岁。

听说和士开被自己儿子杀了，胡太后号啕大哭，悲痛欲绝。皇帝高纬也很悲哀，好几天不上朝理事，追思不已。高纬还下诏，让和士开的弟弟和士林入朝做官，以安慰和士开的亡灵。

高俨自恃是胡太后的亲儿子、皇帝的亲弟弟，认为杀了和士开，不会有事的。可是，高俨毕竟年轻，看不透皇宫里是没有亲情和人性的。果然，高俨在一次入宫的时候，迎头遇见皇宫侍卫刘桃枝。刘桃枝冷不防一把抓住他，就往宫外拖。高俨情知不妙，挣扎着说："我要见母亲和哥哥。"刘桃枝不吭声，用布堵住他的嘴，把他拉到宫外，一刀砍了。

史书说，这事是高纬下令干的，胡太后有没有参与呢？不得而知。

那么，胡太后是个什么样的人呢？心爱的姘头死了以后，她的日子过得怎么样啊？

又一个淫荡的胡太后

历史有惊人的相似，北魏有一个胡太后，淫荡无度，毒杀亲儿，引发大乱，导致北魏灭亡。过了几十年之后，北齐也出了一个胡太后，其行为和前一个胡太后如出一辙，令人感叹。

《北齐书》记载，胡太后是安定郡人，与北魏胡太后是一个地方，属于同一个家族。胡太后的父亲叫胡延之，胡延之是北魏胡太后父亲胡国珍的曾侄孙，当过中书令和兖州刺史。胡太后出身官宦世家，容貌出众，颇有才艺。

高湛在当长广王的时候，广泛选美，胡太后被选中，嫁给了高湛。胡太后在当王妃期间，安分守己，没有劣迹，与高湛关系也不错，在556年和558年，先后生下了儿子高纬、高俨。

561年，高湛当了皇帝，胡氏由王妃晋封为皇后，儿子高纬被立为皇太子。胡太后对此很满意，感到生活很幸福。

高湛当皇帝不久，他母亲娄昭君得病死了，终年六十二岁。娄昭君也是历史上不简单的人物，她生了六个儿子，其中高澄、高洋、高演、高湛四个儿子，先后执政或当皇帝，十分罕见。

听说母亲死了，高湛不仅不悲伤，反而很高兴，因为再也没有人管他了。在治丧期间，高湛居然不穿孝服，仍然穿着大红色的袍子，照旧寻欢作乐。宫人给他送来白袍，被他愤怒地扔到地上。有人劝他停止宴乐，高湛二话不说，抓过来就是一顿痛打。所以，邺城流传歌谣说："九龙母死不守孝。"高湛是高欢的第九个儿子。

高湛没有了约束，从此无法无天，胡作非为。他霸占了嫂子李祖娥，又宠幸男宠和士开，再加上宫中美女无数，胡太后自然被冷落到一边去了。胡太后不甘寂寞，勾搭上了皇帝的男宠和士开，好在高湛并不在乎，让和士开一人为他夫妻俩服务，因此，胡太后的日子，过得也是有滋有味的。

高湛死了以后，当时皇帝高纬十四岁，并且已经当了四年皇帝了，能够亲政，所以，胡太后表面上并没有临朝称制。不过，毕竟皇帝年少，胡太后在朝中还是很有权威的，大事都由她说了算。

和士开是个不简单的人物，他靠一己之力，赢得皇帝、皇后两个人的宠爱，便恃宠傲物，为所欲为，结果引发众怒。高湛刚死，以高欢侄子高叡为首的一批大臣，就向和士开发难了。他们联合起来，上奏胡太后，说和士开作为先帝的弄臣，秽乱宫掖，又纳受贿赂，劣迹斑斑，要求将他逐出京城。这帮大臣情绪激动，言辞激烈，齐声大喊："不除士开，朝野不宁！"

胡太后起初被吓住了，乱了方寸，但她思虑再三，认准了一条，就是如果驱逐了和士开，她就没有快乐日子了，这是她无论如何不能接受的。于是，胡太后下了狠心，把高叡召进宫来，高叡刚一进宫，就被皇宫侍卫刘桃枝杀了。胡太后又惩罚了几个为首的大臣，同时，任命和士开为尚书令、录尚书事，相当于丞相，由他主持朝政。

在强权压制下，大臣们的驱和行动失败了，胡太后与和士开公开淫乱，也没人敢吭声了。可没有想到，两年后，胡太后的儿子高俨，忍无可忍，突然出击，杀掉了和士开。和士开死了，群臣一片欢腾，连邺城的百姓，都奔走相庆。

胡太后却是大悲，痛哭流涕，虽然高俨不久被杀，给心上人报了仇，但和士开不能复生，胡太后的快乐日子没有了，她只能暂时独守空房。

胡太后当然不甘寂寞，她当时只有三十多岁，正是性欲旺盛的时候，她觉得没有男人，一天都过不下去。有一天，胡太后去寺庙上香，结识了一个叫昙献的和尚。昙献年轻力壮，生得圆脸大头，胡太后很是喜欢。胡太后欲火难忍，借口去看他的禅房，两人就在禅房里成就了好事。

从此，胡太后又焕发了青春，她隔三岔五就去寺庙烧香拜佛，每次都给昙献带去许多好吃的东西，还送给他大量金银珠宝。胡太后嫌庙里的床不舒服，干脆把高湛睡过的龙床，偷偷搬到了寺庙里。

胡太后的儿子高纬，也是一个好色之徒，他见后宫来了一群年轻漂亮的尼姑，动了邪念，想尝尝尼姑的滋味。他借口让僧人给他讲经念佛，挑了两个年轻尼姑，带回了自己房间。

一到自己房间，高纬就急不可耐地令他们脱衣服。两个尼姑脸都吓白了，死活不肯。高纬动了粗，亲手扒光了他们，这下露馅了，原来是两个男人。

高纬发现了真相，大发雷霆，他使出皇威，把昙献等一百多个和尚全都杀掉，还杀了胡太后身边的侍女，说她们知情不报。可怜这些和尚们，为了短暂的快乐，却送掉了性命。高纬把母亲软禁在北宫，下令不许任何人去见她。此时的胡太后，既心疼那些和尚，又羞愧难当，大概也不想见任何人吧。

过了一段时间，高纬的气消了，又派人把母亲接回邺城。高纬的使者到了北宫，胡太后一见，惊恐万分，以为儿子要杀她，得知是要接她回去，才喘了一口长气。

胡太后见了儿子，双方都很尴尬，此后母子相见，互有芥蒂。胡太后送来的食物，高纬从不敢吃，怕母亲给他下毒。母子俩生疏到这个地步，还有什么亲情可言？

北齐如此混乱，焉能不亡，不久就被北周灭掉了。高纬被杀，胡太后被掳到长安，后来沦为平民。

胡太后成为平民以后，《北齐书》和《北史》都记载说，她仍然"恣行奸秽"，就是大肆淫乱的意思，但没有记载她淫乱的具体行为。

有史书说，胡太后沦为平民以后，没有其他谋生手段，只好去了青楼，当了妓女。皇太后当妓女，成为当时的爆炸性新闻，自然生意火爆。胡太后也不用藏着掖着了，公开出卖肉体，"恣行奸秽"，如鱼得水。据说，胡太后还说了一句名言："为后不如为娼快活！"不知道是真是假？

高纬自毁长城

高纬是北齐第五位皇帝，也是亡国之君。他当皇帝十一年，真正执政八年时间。他在任期间，昏庸无能，骄奢淫逸，任用奸佞，致使政局混乱，国力衰退。特别是他听信谗言，无故杀害了名将斛律光，使北齐失去了能与北周抗衡的将领，自毁长城，最终被北周灭掉。

《北齐书》记载，斛律光，字明月，敕勒族，是朔州敕勒部（今山西朔州）人。斛律光从小练习骑射，长大后箭术精妙，武艺高强。他长着马一样的面孔，老虎一样的身躯，威武雄壮，气宇轩昂。

斛律光十七岁时，跟随高欢出征。西魏的队伍正在行军，斛律光一箭射中一名将领，立即飞马向前，把他活捉过来。高欢见他少年英雄，十分高兴，擢升他为都督。

高澄执政后，也很器重斛律光，任命他为亲信都督，跟随自己左右。有一次，斛律光随高澄去打猎，远远望见云端中飞来一只大鸟，他弯弓发箭，正中大鸟脖颈，大鸟像车轮一样旋转而落，原来是一只大雕。此后，斛律光被人们称为射雕手。

高洋建立北齐后，在执政前期很有作为，南征北战，开疆拓土，常常任用斛律光为先锋。斛律光智勇双全，治军有方，驰骋沙场，屡建战功。在许多战役中，斛律光都巧用计谋，以少胜多，打得敌军闻风丧胆，成为一代名将。

在高演、高湛时期，斛律光继续得到重用。此时，北周趁着北齐混乱之际，屡次犯境。斛律光率军与北周作战二十余年，打了数百仗，基本上都取得了胜利。斛律光打仗随机应变，没有规律，有时猛打猛冲，其势如暴风骤雨，打得北周措手不及；有时故意示弱，步步败退，却趁敌军麻痹之时，突然反攻，结果大获全胜。

斛律光作战勇猛，常常身先士卒，不惧生死，但十分爱惜士兵的生命，从不打冒险之仗，在战斗中尽量想办法降低士兵的伤亡。斛律光身为主帅，能与士兵打成一片，安营扎寨时，士兵们没有入营休息，他决不进帐；吃饭时，士兵们没有吃上饭，他决不先吃。

在打仗期间，斛律光终日不脱甲胄睡觉，每天亲自巡营查哨。获得的奖赏，斛律光全部分给死难将士的家属，自己不留分文，他当了几十年将军，获得赏赐无数，却没有留下家产。因此，将士们都死心塌地为他效力。

北齐有这样一位忠心耿耿、不谋私利、智勇双全的将军，所以，尽管皇帝昏庸，朝廷混乱，北周一时也拿北齐没有办法，斛律光堪称是北齐的中流砥柱和卫国长城。

北周皇帝意识到，要想吞并北齐，必先除掉斛律光，他们利用皇帝高纬昏庸的特点，设下了离间计。北周编了歌谣，说，"百升飞上天，明月照长安"，"高山不推自崩，槲树不扶自竖"，暗指斛律光要谋反。北周派出大批间谍，到北齐广泛传唱，同时，又收买了高纬身边的佞臣，让他们经常说斛律光的坏话。

高纬昏庸，又听了佞臣的谗言，便相信了谣言，决心除掉斛律光。高纬也知道，北齐没有了斛律光会很危险，可是，他的心态是，宁可亡于北周，也不能让臣子篡权。后来，在北周攻打北齐的危急时刻，高纬逃跑，众将士拥立高延宗为帝。高纬听说后，说："我宁可让周人得到齐国，也不能让高延宗得到。"高延宗是高氏宗亲，尚且如此，何况斛律光呢？

高纬等人定下计策，派人召斛律光进宫，说朝廷得到一匹宝马，要赏赐给他。斛律光心胸坦荡，丝毫没有怀疑，只身入宫。斛律光刚一进宫，杀手刘桃枝乘其不备，从背后给了他一刀。斛律光是武将，并没有倒下，他顿时明白了，回头质问道："你们常干这种事，可是，我并没有对不起国家，这是为什么？"刘桃枝不吭声，招呼手下一拥而上，用弓弦把斛律光活活勒死了。斛律光享年五十八岁。斛律光至死双目圆睁，他是死不瞑目啊！

刘桃枝是皇帝的御用杀手，被他杀死的王公大臣不计其数，但他都是奉命行事，应该不负主要责任。北齐灭亡后，刘桃枝逃出京城，欲投江南，却被部下杀死。

斛律光无辜被害，还被满门抄斩，三军将士无不愤慨悲伤，顿时军心涣散，百姓们也都痛哭流涕。北周皇帝见计谋得逞，高兴得发狂，大摆宴席，载歌载舞，而且大赦罪犯，以示庆贺。后来，北周皇帝灭了北齐，俘虏了高纬，进入邺城，还笑嘻嘻地对高纬说："多亏你杀了斛律光，不然的话，我怎么能到邺城来呢。"

高纬昏庸无道，自毁长城，自取灭亡，是咎由自取。然而，斛律光忠勇为国，功勋卓著，无辜遭受灭门之祸，令人悲愤哀痛！

后人对斛律光给予高度评价，唐代追封古代名将六十四人，宋代追封七十二人，斛律光都位列其中。

高氏也有正人君子

北齐皇族姓高，是汉族人，但其野蛮程度，远远超过少数民族政权，有人称高氏是"禽兽家族"，并不过分。高氏皇族中，很多都是暴虐无道，荒淫无耻，甚至心理扭曲变态，但也出了一个正人君子，他就是兰陵王高长恭。

《北齐书》记载，高长恭出生于541年，是高澄的第四子，生母不详，可见地位十分低下。高长恭八岁时，父亲死了，母亲卑微，他在家族中被人瞧不起，其他兄弟年龄不大，就被授爵封王，他到了二十岁，有了功劳，才被封为兰陵王。大概正是这个原因，高长恭不像其他高氏子弟那样骄横跋扈，而是养成了温良敦重的性格。

高长恭在家族中没有优越感，因而从小不爱与人交往，也不纵情犬马，更不惹是生非，而是规规矩矩，整日埋头读书。高长恭长大后，熟读四书五经，精通诗赋音律，尤其是长得一表人才。他身材修长，容貌俊美，成为高氏子弟中为数不多的佼佼者，被誉为中国古代四大美男之一。对四大美女，人们的看法比较一致；对四大美男，说法并不统一，比较多的说法，是指潘安、宋玉、卫阶、高长恭四人。

高长恭外表漂亮，心灵也美。他宽厚仁义，心地善良，有好吃的东西，一定要与别人分享，即便是一个瓜、几个水果，也要与别人共同食用。有个叫阳士深的人，曾经错告过他，后来恰巧成了他的下属。阳士深很害怕，担心遭到报复，而高长恭根本没有那个想法，待他很公正。

高长恭为人随和，从不因小事责罚属下，属下也都不怕他。有一次上朝，时间晚了，属下等得不耐烦，纷纷走了。高长恭散朝后，出来一看，只剩下他一个人了，他就独自走了回去，回去以后，也没有责备任何人。这种事，对于任何一个王公大臣来说，恐怕都是不能容忍的。

高长恭也不爱酒色，有一次，皇帝赏他二十个美女，高长恭不敢拒绝，但只象征性地要了一个。

高长恭十九岁以后，才当了一个地方官，地位一直不高。高演当了皇帝之后，很欣赏他，开始予以重用，任命他为中领军、并州刺史。高长恭虽然外表文静，打仗却很勇敢，常常身先士卒。高长恭长得貌美，像个美女，不能震慑敌人，所以，他每次上阵，都要戴上大号头盔，把脸遮得严严的。后来的史籍中，很多说他戴着狰狞的面具，去冲锋陷阵。

564年，北周出动大军，围攻洛阳，形势危急。高湛命高长恭援救洛阳，虽然敌军势大，高长恭却毫不畏惧，只带五百骑兵，冲破北周军队的包围圈，来到洛阳城下。因他戴着头盔，城中守将不让他入城。高长恭摘下头盔，大家看清楚他的脸，才放他进去。高长恭入城后，调整部署，沉着指挥，与斛律光联合，大败北周，解了洛阳之围。

洛阳之战，高长恭一举成名，战后升迁为尚书令。有人根据他的事迹，谱写了《兰陵王入阵曲》，此曲悲壮浑厚，古朴悠扬，气势磅礴，深受人们喜爱。《兰陵王入阵曲》后来流传到日本，也受到日本人的欢迎，直到今天，日本在举行相扑、射箭等比赛时，仍然演奏此曲。

此后，高长恭作为朝廷重臣，与斛律光一起，担负起了抗击北周、保卫国家的重任。高长恭宽厚待人，善待将士，奖罚分明，部队士气旺盛，多次打退北周的进攻。高长恭因战功累累，先后被封为巨鹿郡公、长乐郡公、乐平郡公、高阳郡公等，并升迁为大司马。高长恭在军中有很高的威信。

高长恭功勋卓著，威望日盛，却不是个好事，引起了皇帝高纬的猜忌。高长恭察觉到了，内心不安。572年，名将斛律光无故被杀，高长恭十分悲哀，同时心里更加恐惧。

高长恭为了自保，故意装作贪图金钱而没有大志的样子，他开始收取贿赂，聚敛财物。可是，他的做法，并不能掩人耳目。属下相愿一语道破他的心事，说："您这样贪婪财物，是因为功高望重，怕引起皇上猜忌，所以才故意弄坏自己的名声吧？"高长恭听了，潸然泪下，跪下向相愿请教避祸的办法。

相愿说："您这样做，效果并不好，朝廷要想治罪，正好拿它做借口。最好的办法是，您在家称病，不要再参与朝政了。"相愿长叹一声，接着又说："可是，那样国家就完了。"

高长恭在自保和保国之间犹豫不定，确实也没有两全之策。高长恭盼着自己真的生病，对妻子说："我去年脸上肿胀，今年怎么不发作了？"偶尔有了病，他也不肯治疗，希望病情能够加重。

即便这样，昏庸无德而又猜忌心很强的高纬，仍然没有放过他。573 年，高纬派人给他送去一壶毒酒。高长恭仰天长叹，说："我没有任何对不起皇帝的地方，为什么让我喝鸩酒呢？"妻子劝他去找皇帝解释，高长恭摇着头说："没有用的，我是因为功劳太大，名声太好，所以必须得死。这样死去，比斛律光满门抄斩，要好得多。"

高长恭的妻子，早已哭成了泪人。高长恭依依不舍地与妻子诀别，又烧掉价值一千多两的债券，然后抓起毒酒，一饮而尽。高长恭死时，只有三十三岁。他死时，同样是圆睁双眼，死不瞑目。

高纬听说高长恭乖乖地听话死了，十分高兴，以病故为名，为他举行了葬礼，还追封他为太尉，待遇果然比斛律光好得多。

高长恭作为高氏为数不多的正人君子，却不能为罪恶的高氏家族所容，高纬无故杀害有德之人，真是天理不容。

高纬先杀了斛律光，后害死高长恭，自认为除去了隐患，却不知是自毁长城，自掘坟墓，自己亲手敲响了丧钟。高纬的末日，已经不远了。

一日皇帝高延宗

　　在中国历史上，有很多皇帝在位时间不长，但只当一天皇帝的，却不是很多。当一天皇帝并且青史留名的，大概只有高延宗一个。

　　高延宗当皇帝，不是篡位夺权，更不是为了荣华富贵，而是在北齐面临亡国的危难关头，被将士们拥立，不得已才宣布称帝的。所以，高延宗的行为，值得称赞，他也是高氏家族中为数不多的优良人物。

　　《北齐书》记载，高延宗是高澄的第五子，高长恭的异母弟弟。他母亲姓陈，原是大户人家蓄养的歌伎，地位也很卑微。高延宗生下来只有几岁，父亲就死了，他的处境，似乎还不如四哥高长恭。

　　幸运的是，高洋接替哥哥高澄职位以后，见高延宗幼小，十分可怜，便抱回家自己抚养。高洋在执政前期，还属于明君，他对高延宗非常好，视如己出，甚至有些溺爱。高延宗已经长到十二岁了，还经常骑在叔叔肚子上，向他肚脐里撒尿。高洋乐哈哈的，并不生气，对这个调皮的侄子十分宠爱。

　　有一天，高洋把侄子抱在怀里，说："可爱的孩子，只有这一个。"高洋问高延宗想当什么王，高延宗说，他想当冲天王，高洋就真的想封他为冲天王。可是，大臣们都说，自古以来，没有这个名称，于是便封他为安德王。而高延宗的四哥高长恭，到了二十岁以后才被封王。高延宗在这种受宠环境中长大，自然性格十分顽皮，我行我素。

　　高延宗年龄不大，就当了定州刺史。刺史是很大的官了，可高延宗丝毫没有官样，照样调皮捣蛋，十分顽劣。他在楼上拉粪，让下属在楼下张口接住，接不住就用鞭子抽。他还把猪食和人的粪便掺在一起，让下属吃，有不吃的，就痛打一顿。这完全是高氏家族的做派。

当时的皇帝，已经是高演了。高演闻之大怒，派大臣赵道德赶到定州，打了他一百杖。高延宗大概从小没挨过打，他被打得像杀猪一样号叫，嘴里还乱骂一通。赵道德见他骂人，一生气，又加打了三十杖。

高延宗挨了打，老实了一段时间，后来，又故态复萌。他得到一把刀，想试试刀锋是否锋利，就从监狱里提出几个囚犯，亲手把他们的头砍了下来，也是够残暴的。此时的皇帝，已经换成了高湛。高湛凶狠，派人赶到定州，又将高延宗一顿痛打，并且杀掉了他身边的九个亲信。这一下，把高延宗镇住了，从此老老实实，不敢再胡作非为。

高延宗表面上老实了，但内心还是挺强势的。高长恭取得洛阳大捷以后，众人纷纷向他庆贺，唯有高延宗不以为然，说："四哥不是大丈夫，为何不乘胜追击，直接打进周人的京城。如果当时是我，关西哪还能存在？"

后来，高湛把高延宗的大哥高孝瑜、三哥高孝琬害死了。高延宗大怒，痛哭不已，泪水都变成了红色。他做了个草人，模拟高湛的样子，用鞭子抽打，质问道："为什么杀我哥哥？"高湛知道以后，把他抓来，狠狠地抽了他二百鞭子，几乎把他打死了。不知出于什么原因，高湛并没有杀他。

到了高纬时期，高延宗已经是二十多岁的棒小伙子了。他长得体形肥大，力气过人，而且弓马娴熟，于是当了太尉，领兵打仗。他打仗很有一套，多次获胜，将士们都拥护他。

过了几年，高纬杀掉了斛律光、高长恭，北周大喜，调集大军，攻击北齐。北齐没有了中流砥柱，屡战屡败，眼看抵挡不住了。高纬无奈，只得亲自率军出战，同时令高延宗统领一支部队。北齐与北周军队在平阳城外展开决战，结果各路皆败，唯有高延宗率领的军队获得胜利，还活捉了北周将领宗挺。

北周是有备而来，声势浩大，志在必得。北齐节节抵抗，相当艰难，最后退到晋阳。晋阳是战略要地，如果丢失，北齐就完了。可是，高纬对守晋阳并没有信心，他想逃跑。高延宗劝他说："陛下不能走，您一走，军心就垮了。您坐在营中别动，我去把敌人打退。"高纬不听，任命高延宗为相国，兼并州刺史，让他坚守晋阳，然后，带着一伙亲信，一溜烟逃走了。

皇帝一逃，果然部队大哗，不管高延宗如何苦口婆心地劝说，还是慷慨激昂地动员，都无济于事。将士们气愤地说："皇帝都逃跑了，我们还为谁打仗？除非您来当皇帝，我们才肯跟着您死战。"

见此情景，高延宗没有办法，只好宣布称帝，众将士大喜，齐喊万岁。高延宗下令，将官府中的财物全都拿出来，又没收了一千多户权贵的财产，全部分给将士们，以激励军心。高延宗下令加固城防，做好迎敌准备。

逃到外地的高纬，听说高延宗称帝以后，十分恼怒，恶狠狠地说："我宁可让周人得到齐国，也不能让高延宗得到。"这话与后来流传的"宁赠友邦，不与家奴"如出一辙，这大概是帝王独有的心态吧。

北周军队很快蜂拥而来，将晋阳四面围住，奋力攻打。高延宗带领将士们浴血奋战，城中的百姓，也纷纷站在屋顶上，向下投掷砖石。可是，北齐由于朝廷腐败，军备不齐，城防不坚，再加上敌众我寡，只坚持了一天，城池就被攻破了。高延宗奋力苦战，渐渐不支，力竭被俘。

北周皇帝知道高延宗深得军心，对他颇有礼貌，想要劝降他。高延宗拒绝与北周皇帝握手，横眉冷对，宁死不屈，最终被害，年仅三十三岁。

高延宗虽然只当了一天皇帝，却在历史上留下了闪光的一页，是值得人们赞颂的。

北周灭掉北齐

北齐是个野蛮的朝代，高氏皇族被称为"禽兽家族"。北齐自550年建立以来，除了在高洋执政前期有过短暂辉煌之外，其他多数时候，都是混乱不堪。幸亏当时南朝进入末期，势力衰弱，北周又建立不久，北齐才苟延残喘了二十多年，等到北周强大以后，它的灭亡，就是必然的了。

《北齐书》记载，在高纬统治时期，北周逐渐强大，屡次攻打北齐，多亏有斛律光、高长恭等忠臣良将支撑，北周才没有得手。当时，外有强敌，内部混乱，北齐已经十分危险了。可是，高纬是个昏庸无道的皇帝，只知道吃喝玩乐，穷奢极欲，根本不考虑国事。

高纬整天与嫔妃宫女们鬼混，十天半月不上一次朝。高纬后宫有五百多个宫女，每个宫女都被封为郡官，每人赏赐一条价值万金的裙子。高纬大兴土木，除了在京都邺城扩建宫殿外，还在晋阳建了十二座豪华宫殿，宫殿里养着牛、马、鸡、狗等大批宠物，宠物也封有官名，地位和大臣一样高，因此留下一个典故，叫"齐鸡开府"，比喻滥封官爵。

高纬任人唯亲，封乳母陆令萱为女侍中，一些奸佞之人把持朝廷，他们勾引亲朋，结党为私，奴婢、倡优都被封官晋爵，拥有开府的官员多达一千余人，搞得朝廷乌烟瘴气。

面对内忧外患的形势，高纬毫不在意，他不是与宫女鬼混，就是走马斗鸡，置酒高歌，整日寻欢作乐，醉生梦死。高纬最喜欢的歌曲，叫《无愁之曲》，他常常自己亲自弹琵琶演唱，数百名美女附声应和，歌声响彻云霄。因此，北齐人都称高纬是"无愁天子"。

与北齐的堕落相比，北周处于兴旺时期。557 年，也就是北齐灭掉东魏、建立政权七年之后，宇文泰的侄子宇文护灭掉西魏，建立了北周。此时的北周皇帝，是宇文泰的儿子宇文邕，被称为周武帝。

周武帝是汉化的鲜卑人，具有雄才大略，他即位后采取灭佛、均田、与南陈和好三大政策，社会安定，国力强盛。周武帝召集大臣们商议，说："齐国衰退，朝纲紊乱，百姓怨声载道，斛律光、高长恭被杀，正是灭掉齐国、统一北方的好时机。我决定顺从天意，率兵东伐。"

575 年，北周大举伐齐。周武帝亲率十八万大军东进，连续攻占北齐三十多座城池，围攻洛阳、河阴等地。周军纪律严明，秋毫无犯，颇得民心。高纬闻报，大为惊慌，急忙派右丞相高阿那肱率军迎敌。高阿那肱只会谄媚，能力平平，运气却不错，他领兵对敌期间，恰巧周武帝身患重病，不得不撤兵回去了。

576 年十月，周武帝养好身体，做好了各种准备，又卷土重来。这一次，北周几乎动用了全国的兵力，兵分七路，声势浩大，决心一举吞并北齐。北周大军势如破竹，很快抵达北齐重镇平阳（今山西临汾）。

这个时候，高纬仍在祁连池狩猎游玩。从早晨到中午，快马三次来报紧急军情，高阿那肱不乐意了，说："皇上正在游乐，怎么能扫他的兴呢？"直到傍晚，急报又至，高阿那肱才报告了皇帝。高纬问道："怎么办，打还是不打？"左右说："北周皇帝是天子，您也是天子，怕他什么！"高纬似乎来了勇气，决定亲自率军迎敌。

高纬令高延宗率领一军，先去援救平阳，然后调兵遣将，各路人马都到平阳集中，准备与北周军队决战。高纬集合好了军队，正要出发，他的爱妃冯淑妃缠着他，非要再下一盘棋不可。高纬笑嘻嘻地答应了，与爱妃下完棋后，才率军出征。

各路军队云集平阳，与北周军队展开决战。北齐军队根本不是北周的对手，除了高延宗获胜以外，其他的一触即溃，溃不成军，被北周士兵追着砍杀，高纬看得胆战心惊。

北齐军队节节败退，最后退入晋阳城。高纬被吓破了胆，将晋阳交给高延宗，自己逃之夭夭。北周很快攻破了晋阳，高延宗被俘遇害。高纬若不是跑得快，还真的成为俘虏了。

高纬是深夜逃出晋阳的，他原本想投奔突厥，经人劝谏后，才去了邺城。高纬觉得，北周攻占晋阳后，必来攻打邺城，邺城是危险之地，不宜久留。此时的高纬，心急如焚，只想逃命，不想当皇帝了。于是，他匆忙宣布，将皇位让给八岁的儿子高恒，自己又一溜烟逃到青州去了。

北齐已经腐朽透顶，没有良将，兵无斗志，大臣们纷纷逃散，形同一盘散沙。北周军队如同摧枯拉朽一般，横扫北齐大地，各地纷纷投降归顺。577年正月，北周军队顺利攻占邺城，历时二十七年的北齐宣告灭亡。

高纬逃到青州后，心想北周军队不至于那么快追来，他可以多活几天。不料，他最宠信的右丞相高阿那肱见大势已去，暗地里投降了北周，并派人告诉周武帝，说高纬正在青州，赶快派兵来捉，他做内应。周武帝大喜，立即派出一支精锐骑兵，日夜兼程，奔赴青州。

高纬犹如惊弓之鸟，逃跑的速度比兔子还快，他听到风声，没等北周骑兵赶到青州，又迅速逃跑了。高纬逃命心切，打马如飞，向南急驰，他想去投奔南陈。此时，高纬身边，已经没有大臣了，只剩下冯淑妃等几个女人，另外，马鞍后面还有一大袋金子。看来，美女和金钱，才是高纬的至爱。丧家之犬，结局是不妙的，高纬最终被北周骑兵活捉了。

北齐灭亡之后，周武帝下令，将高纬、高恒等数十名高家子弟，全部处死，"禽兽家族"就此覆灭。高纬死时二十二岁。那个卖主求荣的高阿那肱，也没能活命。高纬最宠爱的冯淑妃，被周武帝赏给了部下。

应该说，北齐的灭亡，实际上并非亡于北周，而是因为它自己作孽。古人云：天作孽，犹可违；自作孽，不可活。

宇文泰创立西魏

北魏自 386 年成立以来，历经一百四十八年，在胡太后、尔朱荣内外祸乱下，宣告灭亡。

534 年，尔朱荣的大将高欢控制了朝廷，立了元善见当傀儡皇帝，并迁都邺城，史称东魏。

535 年，尔朱荣另一个大将宇文泰，在长安立了元宝炬当傀儡皇帝，史称西魏。西魏建立以后，实际统治者一直是宇文泰。

《北史》记载，宇文泰是代郡武川（今内蒙古武川）人。宇文部是鲜卑族的一支，他们称天为宇，称君为文，所以，取宇文为自己的姓。宇文泰的父亲叫宇文肱，是一个部落首领。宇文泰是宇文肱的第四子，也是最小的儿子。

宇文泰长大以后，身高八尺，体格健壮，额头宽大，长发垂地，手长过膝，背有黑痣，还有一副很美的髯须，明显与众不同。宇文泰有容人之量，轻视钱财，乐于舍施，喜欢交结贤能之士，人们都很敬佩他。

宇文泰的青年时期，正值北魏末年，由于朝廷腐朽，民不聊生，人们活不下去，纷纷起来造反。宇文泰跟着父亲和哥哥们，一家人都参加了起义军。朝廷出兵镇压，宇文泰的父亲和大哥、二哥都牺牲了，后来三哥也死了，全家就剩下他一个人。因此，宇文泰骨子里面，对北魏朝廷充满了仇恨。

契胡首领尔朱荣，素有野心，他一方面帮助朝廷镇压起义，另一方面招降纳叛，网罗人才，借机扩大自己的势力，著名将领高欢、侯景、贺拔岳等人，都是他招揽并提拔起来的。宇文泰也投靠了尔朱荣，被分到贺拔岳部队。宇文泰作战勇敢，又有智谋，很快被提拔为步兵校尉。

528年，胡太后毒杀儿子孝明帝，引发天下大乱。尔朱荣打着为孝明帝报仇的旗号，率兵攻占洛阳，诛杀胡太后和朝中官员，把持了朝廷。当时，关中混乱，分散着许多起义军，尔朱荣命侄子尔朱天光和贺拔岳、宇文泰等人，率军去平定关中地区。宇文泰英勇善战，屡立战功，升迁为征西将军。宇文泰不仅会打仗，还会收买人心，所到之处，用恩惠和信义安抚百姓，因此，他的实力和影响力，有了很大提高。

530年，尔朱荣突然被孝庄帝杀掉，顿时天下又乱。高欢趁乱崛起，灭掉尔朱氏势力，拥立孝武帝，控制了朝廷。尔朱天光被杀，关中地区被贺拔岳、宇文泰占据。高欢想拉拢贺拔岳，任命他为关西大行台，属于当地的最高长官。孝武帝不甘心做高欢的傀儡，也在暗中与贺拔岳联系，贺拔岳一时成为举足轻重的人物。

贺拔岳是北魏时期名将，他胸怀大志，骁勇过人，喜欢结交豪杰，是尔朱荣手下著名大将。贺拔岳也是代郡武川人，与宇文泰同乡，而且是宇文泰父亲的好朋友，因此两人关系非常密切。宇文泰对贺拔岳说："如今天下混乱，局势不稳，英雄兴于四方。我想以出使为名，到中原观察虚实，再决定我们的行动。"贺拔岳点头说好。

宇文泰动身前往中原，他先到了洛阳，拜见了孝武帝。孝武帝名叫元修，是孝文帝元宏的孙子，当时二十多岁，宇文泰对他印象不佳。拜谒了孝武帝之后，宇文泰又到了晋阳，去拜访高欢。高欢虽然是丞相，却不住在洛阳，而是率军驻扎晋阳，遥控朝廷。

宇文泰到了晋阳，两个枭雄相见，互相欣赏。两人过去虽然都是尔朱荣的部下，却因各自作战，并未谋面。高欢对左右说："这小子不是寻常人。"他想把宇文泰留下，为他效力，不放他回去了。宇文泰心中大急，想了许多办法，又买通了高欢左右，才被允许回去复命。

宇文泰出了晋阳城，立即打马如飞，向西急驰，一路上不吃不住，不敢停留片刻，他是怕高欢后悔，把他追回去。果然，宇文泰刚一动身，高欢就后悔了，立即命人骑上最好的马，连夜追赶。追兵一直追了一千多里地，直到潼关，硬是没有追上。

宇文泰侥幸脱险，他顾不上休息，立刻去见贺拔岳，说："孝武帝虽说年富力强，但性格狂躁轻浮，不是个有为君主。高欢不会久居人下，日后必会篡权。依我看，咱们谁也不用依附，应该趁此乱世，成就自己的大业。"贺拔岳对宇文泰十分信任，表示赞同。

贺拔岳、宇文泰定下大计，对孝武帝和高欢只是表面敷衍，而集中精力发展自己的势力。宇文泰率兵剿灭了关中各个割据武装，安抚氐、羌等少数民族，向北攻取夏州，向西占据陇西，势力迅速增强。

高欢见贺拔岳不肯依附，又忌惮他势力日盛，便使用离间之计，挑动当地军阀侯莫陈悦，谋杀了贺拔岳。宇文泰当时在夏州，听说突发事变，立即星夜返回，接管了贺部的指挥权，迅速稳定了局势。宇文泰率军消灭了侯莫陈悦，借机东进，占据了长安。从此，宇文泰成为关中地区最高统治者。

534年，心高气躁的孝武帝，因不能忍受高欢专权，带着一些王公大臣，从洛阳跑到长安，投奔了宇文泰。孝武帝真是没有脑子，在乱世之中，凭的是实力，没有实力，靠谁都白搭，何况宇文泰和高欢一样，都是枭雄，并且他与北魏朝廷还有着杀父之仇，怎么能靠得住呢？孝武帝是逃离了虎口，又跑进狼窝。

居住晋阳的高欢，听说孝武帝跑了，命人去追，没有追上。高欢也无所谓，反正傀儡皇帝有的是。高欢又立了元善见当皇帝，是为孝静帝，并迁都邺城，开创了东魏历史。

孝武帝跑到长安以后，很不明智，处处摆出一副皇帝的架子，发号施令，装腔作势，还与自己的姐妹通奸，任意胡为。宇文泰一怒之下，把他杀了。孝武帝到长安只有半年时间，就把小命丢了。

535年，宇文泰立了元宝炬为帝，开创了西魏历史。元宝炬也是孝文帝元宏的孙子，当时二十九岁。元宝炬比孝武帝聪明得多，一切政务全由宇文泰裁决。因此，在整个西魏时期，真正的统治者是宇文泰。

北魏消失了，分裂成东西魏两个政权，两个政权之间，必然上演一出相互争斗的大戏。

五次大战扭转劣势

北魏灭亡，一分为二，大体以山西段黄河为界，黄河以东归东魏，黄河以西属西魏。东魏人口众多，物产丰富，经济发达，明显处于优势；西魏多是山川之地，人口稀少，土地贫瘠，明显处于劣势。

由于东强西弱，所以，在两魏形成之初，高欢就凭借自己的优越条件，屡次攻打西魏，企图一口吞并对方。宇文泰则沉着应对，凭借自己的谋略和智慧，通过五次大战，抵挡住了东魏的进攻，并扭转了劣势地位。

第一次大战，是小关之战。536 年，西魏刚刚建立，政局尚不稳定，偏巧又遇天灾，粮食歉收，许多地方出现人吃人现象。高欢认为，这是天赐良机，立即调集大军，兵分三路，攻打西魏。

三路大军气势汹汹而来，多数将领主张分兵抵御。宇文泰却没有采纳，他置其他两路敌兵于不顾，亲自率军赶到下关（今陕西潼关东），集中优势兵力，攻击窦泰率领的一路。

宇文泰利用牧泽的有利地形，四面埋伏，引诱窦泰部进入泽中，士兵大多陷入泥淖不能自拔。趁此良机，宇文泰一声令下，西魏军万箭齐发，东魏军队毫无招架之力，结果全军覆灭。窦泰身中数箭，无法逃脱，自刎而死。其他两路东魏军队，闻知窦泰惨败，心惊胆战，皆无斗志，只好撤兵了。

第二次大战，是沙苑之战。537 年，高欢亲自率领二十万大军，从蒲津渡过黄河，企图直击长安。西魏早有防备，在华州打败东魏军队。高欢虽然失利，但仍不肯撤军，又转渡洛水，攻打许原一带。宇文泰担心，如果敌军深入腹地，恐怕会引发民变，于是率军渡过渭河，到达沙苑（今陕西大荔南一带），距东魏军队六十里安营扎寨。

高欢的部将建议说，宇文泰在沙苑，长安必定空虚，可以一面与宇文泰对敌，一面派精骑突袭长安。高欢却担心，分兵会削弱军力，打算集中兵力，在沙苑与宇文泰决战，歼灭西魏主力。

宇文泰仿照韩信的战法，背水列阵，把自己置于死地，同时派一支部队，悄悄绕到敌军背后埋伏下来。高欢仗着人多势众，向西魏军队发动进攻，西魏将士没有退路，只得拼死抵抗。战鼓咚咚，杀声震天，短兵相接，血肉横飞，惊心动魄。战斗正酣之际，西魏伏兵突起，齐声呐喊，从背后杀来。东魏军队吃了一惊，顿时大乱，斗志锐减，纷纷逃命，许多人慌不择路，跳入河中，多被溺毙。此役，东魏损失兵力八万余人，国力、军力遭到严重削弱。

第三次大战，是河桥之战。538年，东魏大将侯景，率军攻打西魏，连续夺取汾、颍、豫、广四州，然后，会同猛将高敖曹，围攻金墉城。宇文泰领兵援救金墉，侯景撤围而退，宇文泰率轻骑追击，到达河桥（今河南孟县西南一带）。

不料，侯景突然杀了个回马枪，与西魏军交战。西魏军正在追击，没做防备，队伍散乱，吃了败仗。在战斗中，宇文泰的马被射死，他被摔在地上。此时，宇文泰身边，只有李穆一个将军，敌军已经冲到面前，情况万分危急。李穆急中生智，用马鞭抽打宇文泰，高声骂他不要装死，赶快归队。敌军骑兵误认为宇文泰是普通士兵，而且胆小怕死，没有理他，急驰而过，宇文泰侥幸逃过一劫。

侯景军获得胜利，人人欢欣鼓舞，到处搜寻战利品。不料，宇文泰回营后，没做片刻停顿，立即率军杀了回来，他也来了个回马枪。侯景军没有想到败军会重新杀来，惊慌失措，溃散而逃。西魏军沿途追杀，杀了数万人，高敖曹也死于乱军之中。高敖曹被称为"项羽再世""第一猛将"，他的死，对东魏震动很大。

第四次大战，是著名的邙山之战。543年，东西两魏的军队，在邙山（今河南洛阳北）展开决战，双方都出动大量军队，大战数次，互有胜负，战况异常激烈。在战斗中，宇文泰差点被彭乐活捉，幸亏彭乐放了他；高欢也差点被贺拔胜杀死，幸亏贺拔胜没有带弓箭。此役，西魏伤亡六万余人，东魏也损失惨重，双方打得精疲力竭。

第五次大战，是著名的玉壁之战。546年，高欢又一次率军攻击西魏，玉壁（今山西稷县境内）在其必经之路上，所以，高欢必须先攻占玉壁。没有想到，玉壁守将韦孝宽智勇双全，高欢大军围攻五十多日，使用了强攻、火攻、断水道、挖地道等一切办法，小小的玉壁城竟然屹立不倒。恰巧又遭遇瘟疫流行，东魏军队战死、病死七万多人。高欢又羞又怒，回军后不久就死了。玉壁之战，表明东魏势力开始由强转弱，西魏扭转了劣势，政权得到稳固。此后，东魏很少再对西魏发动大规模攻击了。

这五次大战，多数是由东魏发动的，而且东魏的势力比西魏强大，但其结果，多数以东魏的失败而告终。这表明，宇文泰的军事才能要高于高欢，所以，宇文泰被人们称为军事家，而高欢却不是。

宇文泰不仅是一位杰出的军事家，还是一位杰出的政治家和改革家，正是由于他推行的一系列改革，才使西魏逐步强盛起来。

西魏改革逐渐强盛

西魏建立初期，不仅外有强敌，内部也不稳定，各种矛盾错综复杂，同时，经济上也很落后，国弱民穷，在西魏、东魏、南梁三个割剧政权中，它是最弱小的一个。

然而，这个由鲜卑人执政的弱小政权，却由于宇文泰推行一系列改革措施，逐步强盛起来，奠定了统一天下的基础。

《北史》记载，宇文泰在执政之初，实行了恢复鲜卑化的政策，这与孝文帝推行汉化正好相反。宇文泰下令，恢复了鲜卑人的制度和风俗习惯，后来又恢复鲜卑族的姓氏，皇族由元姓恢复为拓跋氏。在军事上，采用鲜卑过去的八部制，立八柱国，创建府兵，宇文泰任柱国大将军。这样，西魏在政治、军事和政权形式等方面，都蒙上了一层鲜卑族的色彩。

别以为宇文泰崇尚鲜卑旧俗，实际上，他是为巩固自己的统治采取的必要措施。宇文泰的官吏和军队中，很多是北方六镇的将士和边民，这一大批鲜卑人，在孝文帝南迁洛阳、推行汉化的时候，没有被汉化，也没有在汉化中获得好处，他们对孝文帝推行汉化普遍不满。这些人在宇文泰统治基础中，占有很大比重，宇文泰不得不照顾他们的鲜卑情怀。当然，宇文泰在恢复鲜卑化的时候，并不是完全照搬过去的做法，主要是形式上的。比如，在他任命的柱国大将军中，就有李世民的曾祖父李虎，在政权和军队将领中，也有一大批汉人。

其实，宇文泰内心是崇尚汉文化和汉族统治方法的。541年，在他的统治巩固之后，便开始从政治、经济、思想、文化等各个方面，进行大刀阔斧的改革。

宇文泰首先重用汉人苏绰，制定了治国纲领。苏绰博览群书，是著名儒学家，宇文泰发现了他的才能，委以重任。苏绰把汉族统治者的治国经验，总结概括成六条。一是先治心，即获得民心；二是敦教化，即宣扬儒家思想道德；三是尽地利，即发展农业；四是擢贤良，即选贤任能；五是恤狱讼，即公正司法；六是均赋役，即关注民生。

宇文泰对这六条大加赞赏，专门颁发诏书施行，时称"六条诏书"。宇文泰下令，各级官吏都必须熟诵六条，牢记在心，不会背诵的，免去官职。这"六条诏书"，就成了西魏的治国大纲和各级官吏的行为准则。

宇文泰依据"六条诏书"，在各个领域制定了具体的改革措施。在思想上，以儒家学说作为思想武器，在长安设立国子学，拜儒学大师卢诞为国子祭酒，兴办学校，推行儒家道德规范；在政治上，改革官制，仿照周礼，实行"六官制"，强化中央集权，选拔贤才，加强吏治，不论民族和出身，唯贤是举；在法律上，强调不苛不暴，司法公平，王公大臣犯罪也一视同仁，还废除了流行两千多年的宫刑；在经济上，实行均田制，推广户籍制度和记账制度，减轻赋税，改革货币，奖励农耕，鼓励手工业发展；在军事上，大量吸收汉人入伍，并注重提拔汉人将领。

宇文泰统治西魏长达二十一年，由于他推行一系列改革措施，使西魏发生了质的变化，实现了国家强盛，民众富裕。宇文泰实行以儒家思想治国，政治稳定，社会风气良好，所以，西魏没有像东魏那样，出了那么多荒唐暴虐的事情。有学者认为，宇文泰在形式上，恢复了一些鲜卑族无关紧要的旧俗，但在实质上，是孝文帝推行汉化的继续，而且比孝文帝的汉化改革，效果更好。

西魏强盛以后，就要对外扩张了。548年至552年，南梁爆发侯景之乱，使南梁遭到重创。侯景之乱平息后，南梁皇族为了争权夺利，仍然内斗不止，局势一片混乱。西魏趁此机会，从中渔利，获得南梁大片土地。

552年前后，南梁的萧绎为了谋取皇位，向西魏求助。宇文泰大喜，当即派兵支持萧绎，乘机夺取了南梁的汉中、益州，而萧绎也借西魏之力，顺利登上帝位。

554年，萧绎的侄子萧詧想推翻萧绎，自己称帝，便亲自跑到西魏求助。宇文泰再次大喜，很爽快地答应了他的请求。宇文泰派侄子宇文护，率步骑兵五万，一举攻破江陵，杀死萧绎，将江陵百姓十余万人迁至关中。宇文泰扶持萧詧当上后梁的傀儡皇帝，同时又得到雍州诸郡大片土地。

西魏凭借强盛的国力，在短短几年之内，疆域就扩大了一倍多，其势力由原来的关陇之地，迅速扩展到了今四川、湖北一带，西魏由一个弱小的国家，一跃成为三个割剧政权中领土最大、人口最多、实力最强的一个，下一步，它吞灭南朝、东魏，就是必然的了。

可惜，宇文泰还没有完成统一大业就去世了。556年，宇文泰北巡，到达北河（今内蒙古境内），不幸患了重病。他感到身体状况不妙，一边立即返回，一边急召侄子宇文护前去。宇文护是宇文泰长兄的儿子，跟随宇文泰征战多年，屡立战功，此时四十四岁。宇文泰非常信任这个侄子，准备将大事托付给他。

宇文护得知叔叔病重，日夜兼程北上，到达今宁夏境内时，见到了叔叔。宇文泰此时已经病危，只因等着侄子前来，才勉强支撑着，不肯咽下最后一口气。

见侄子急速赶来，宇文泰眼睛亮了一下，脸上露出一丝微笑，他拉着侄子的手，嘱咐道："乱世之中，创业艰难，国家能有今天，很不容易，可惜，我不能完成志向了。我的儿子还小，今后国家之事，都由你来决定，你一定要努力完成我的愿望。"宇文护流着泪答应了。

其实，宇文泰的长子宇文毓，此时已经二十三岁了，而且宽明仁厚，学识渊博。但宇文泰觉得，与儿子相比，侄子更加成熟老练，大事托付给他，会更加放心，宇文泰完全是为事业考虑的。

宇文泰向侄子交代完后事，放心地闭上了眼睛，享年五十岁。

宇文泰作为少数民族杰出的政治家、军事家、改革家，他为西魏强盛、进而统一全国奠定了基础，做出了卓越贡献，是应该被人们永远铭记的。

西魏皇帝命运凄惨

　　西魏存在了二十一年，在此期间，全都由宇文泰控制朝政。在宇文泰的统治下，西魏由弱小实现了强盛，人民也得到实惠。可是，至高无上的皇帝，日子却不好过，不仅当个傀儡，没有自由，而且性命堪忧，朝不保夕，西魏三个皇帝中，就有两个被杀，命运十分凄惨。

　　《北史》记载，西魏的第一个皇帝，名叫元宝炬，后来恢复为拓跋宝炬。元宝炬的父亲叫元愉，是孝文帝元宏的第三子。元愉在哥哥宣武帝时期，担任冀州刺史，他骄奢贪纵，妄行不法，谋反称帝，兵败被杀，时年二十一岁。

　　元宝炬是元愉的第三子，父亲被杀时，他只有两岁，母亲也被处死了。元宝炬与其他兄弟成了囚犯，后来幸得赦免。所以，元宝炬的童年和少年时期是很不幸的。

　　元宝炬长大以后，当了直阁将军，他与孝明帝关系不错，想帮助孝明帝，从胡太后手里夺回皇权，结果没有成功，元宝炬被免官。

　　胡太后被诛杀后，元宝炬时来运转，他因反对胡太后有功，晋封为南阳王，被任命为太尉，不久，又升迁为太保、尚书令。

　　534年，孝武帝不能忍受高欢专权，跑到长安宇文泰处。元宝炬跟随孝武帝一同前去，被任命为太宰、录尚书事。宇文泰杀了孝武帝之后，需要再立一个傀儡皇帝。当时东魏高欢立了一个年幼的皇帝，引起许多非议，宇文泰便决定立一个年长的，于是选中了元宝炬。

　　元宝炬当时二十九岁，已经相当成熟了，他知道傀儡皇帝不好当，再三推辞。宇文泰主意已定，非让他当不可。元宝炬不敢得罪宇文泰，只好当了这个挂名皇帝。人世间的事情千奇百怪，许多人为抢皇位打破了头，而元宝炬不想当，却不得不当。

元宝炬当了挂名皇帝之后，知道自己的角色和处境，小心谨慎，不敢有半点差错。他除了上朝装装样子之外，整日闭门不出，从不与大臣私下交往，对宇文泰尊重恭顺，唯唯诺诺，宇文泰叫他干什么，他就干什么，不让干的坚决不干。因此，宇文泰对他很满意。

元宝炬贵为皇帝，却没有半点权威，甚至连皇后都保不住。元宝炬的皇后，名叫乙弗氏，是他的结发妻子。乙弗氏为人宽厚，生活俭朴，从不穿华丽衣服，夫妻俩感情深厚。

宇文泰为了结好柔然，让元宝炬废了乙弗氏，娶柔然首领的女儿为皇后。元宝炬心里极不情愿，却不敢不从。乙弗氏被废后，到寺院里当了尼姑。元宝炬对发妻念念不忘，暗中让她蓄发，幻想着有朝一日，夫妻能够重新团聚。

元宝炬新娶的柔然皇后，性情极妒，骄横跋扈，她见乙弗氏仍然住在都城，大为不满，非要让她死不可。恰巧柔然大举南侵，许多人认为，这是因为乙弗氏的缘故。

宇文泰让元宝炬赐死乙弗氏，元宝炬含着泪说：“哪里有为了一个女人，而发动大军的？”但是，元宝炬不敢违背宇文泰的旨意，忍痛赐死了乙弗氏。乙弗氏临死前，哭着对别人说：“只要对皇帝好，我死而无怨。”

元宝炬忍辱偷生，当了十六年挂名皇帝，活到四十五岁病死。元宝炬临死前，留下遗言，与发妻乙弗氏合葬在了一起。

元宝炬这皇帝虽然当得窝囊，但比起东魏的孝静帝来，却还要好得多。孝静帝曾经被臣子当众殴打，反而要赏赐臣子，真是窝囊到家了。

西魏的第二位皇帝，名叫元钦，也叫拓跋钦。元钦是元宝炬的嫡长子，母亲是乙弗氏皇后。元宝炬登基称帝时，立元钦为皇太子，当时元钦不到十岁。元宝炬为了儿子，费尽了心机，他把皇太子送到宇文泰府上，由宇文泰教养。元钦与宇文泰的长女年龄差不多，两小无猜，青梅竹马，后来结为夫妻。

551 年，元宝炬病逝，元钦顺利继位，宇文泰的女儿当了皇后。此时，元钦已是成年人，他参与了一些朝廷和军事活动，有时宇文泰领兵出征，他就镇守长安。

宇文泰的女儿宇文皇后，容貌秀丽，品行端正，温柔贤惠，又与元钦从小一块长大，因此夫妻感情十分深厚。元钦当皇帝以后，没有再纳嫔妃，也不找别的女人，他大概是历史上唯一一个只有一个女人的天子。当然，也可能是由于忌惮那个厉害的老丈人吧。

宇文泰长期执掌朝政，皇权有名无实，不少元氏宗亲心怀不满，有的还行极端之事。尚书元烈想谋杀宇文泰，没有成功，反被宇文泰所杀。

元烈被杀，元钦愤愤不平，再加上元氏宗亲怂恿，他便想诛杀宇文泰，夺回皇权。元氏宗亲中也有头脑清醒的，知道宇文泰统治牢固，不可撼动，力劝元钦不要鲁莽行事。元钦年轻气盛，血气方刚，没有听从。

宇文泰非等闲之辈，元钦岂是对手。554年，元钦诛杀宇文泰的行动失败，宇文泰将他废黜，囚禁到雍州，另立了他的弟弟拓跋廓当皇帝。

三个月之后，宇文泰派人去雍州，送给元钦一壶毒酒，令他自杀。元钦没有办法，只好与皇后诀别，准备赴死。宇文皇后亦因忠于魏室被害。

西魏的第三位皇帝，名叫拓跋廓。拓跋廓是元宝炬的第四子，母亲地位低微，连名字都没有留下来。

554年，宇文泰废杀元钦，立了拓跋廓当皇帝。拓跋廓当时只有十几岁，自然不会有什么作为，他就像一个摆设那样，没有起任何作用。

556年十月，宇文泰病死，侄子宇文护接替了他的职权。

557年正月，宇文护把拓跋廓赶下台，不久又杀了他，西魏就此灭亡。宇文护建立了北周政权，让宇文泰的儿子宇文觉当了天王，从此开创了北周历史。

西魏三个傀儡皇帝，命运凄惨，令人同情。然而，西魏在宇文泰治理下，由贫穷实现了富强，人民安居乐业，生活幸福。这样相比之下，几个皇帝的凄惨命运，实在是微不足道的。

宇文护建立北周

　　宇文泰死后三个月，侄子宇文护就废除西魏，建立了北周。宇文护让年少的宇文觉当北周天王，自己独揽朝政。北周存在二十四年，宇文护掌权十五年，为北周发展做出了重要贡献。然而，他贪恋权力，性情残暴，连杀三个皇帝，最终自己也被别人杀掉了。

　　《周书》记载，宇文护，是宇文泰大哥宇文颢的儿子。北魏末年大乱的时候，宇文颢兄弟们跟随父亲宇文肱参加了起义军。在一次战斗中，宇文肱受伤坠马，宇文颢急忙去救父亲，结果父子俩一同阵亡。当时，宇文护只有十二岁。

　　宇文泰兄弟四个，死了三个，只剩下他一个了，所以，宇文泰对侄子十分疼爱，视如己出，留在家中精心抚养。当时，宇文泰的儿子年幼，宇文护帮助照料家务。

　　宇文护十九岁时，长得膀大腰圆，威武雄壮。当时，宇文泰正在平定关中，宇文护来到叔叔身边效力，跟随叔叔南征北战，屡立战功，最后官至骠骑大将军、开府仪同三司。宇文泰十分器重这个侄子，临终前将大事托付给他。

　　557年，宇文护强迫西魏皇帝退位，废除魏国，建立新的政权。因宇文泰爵位称周，所以立国号为周，史称北周。不久，宇文护杀掉了西魏皇帝拓跋廓。

　　宇文护建立了北周，自己并没有称帝，而是让宇文泰的儿子宇文觉登基当了天王。宇文觉当时十五岁，是宇文泰的第三子，却是正妻生的嫡长子，符合封建继承制度。

　　宇文觉年少，大权仍旧在宇文护手里。宇文护就任大冢宰，即丞相，朝中小大事务全由他裁决。宇文觉虽然年轻，却胸有大志，总想自己亲政，对宇文护产生了不满。

宇文护专权，作风粗暴，引起一些大臣的反对。与宇文泰同辈的大将军赵贵、独孤信等人，策划袭杀宇文护，不料事情泄露，被宇文护抢先一步，将参与者全部处死。从此，宇文护对朝廷控制更严了。

朝廷大臣李植、孙恒，是宇文泰时期的老臣，与宇文觉关系密切，他们悄悄对宇文觉说："宇文护专横跋扈，任意杀戮，权威日重，恐怕以后会不遵臣子之道，陛下应早做打算。"宇文觉深有同感，常与李植、孙恒商议对策。宇文护暗中得到消息，立即外调李植为梁州刺史，孙恒为潼州刺史，将他们赶出朝廷。

宇文护劝宇文觉说："天下最亲近的人，莫过于兄弟，如果兄弟之间产生矛盾，对别人就更不能相信了。我受叔叔临终重托，不敢不尽心尽力，肝脑涂地。如果陛下亲政，能够威震四海，光大叔叔开创的事业，臣死而无憾。只担心一旦将臣废除，小人就会得势，既不利于陛下，也会危害国家。臣既为陛下兄长，又担任国家宰辅，还能有其他什么奢望吗？望陛下明察，不要被小人之言迷惑。"宇文护说着，动了感情，痛哭流涕起来。

这番话，不知道宇文护是否出于真心，却是合情合理的。宇文觉年少，尚不成熟，此时亲政，确实不太合适。可是，宇文觉并没有被他的话所打动，反而更加激起了他早日亲政的欲望。宇文觉又找乙弗凤、张光洛等亲信商议，并悄悄在后院藏了一些武士，整日练习格斗擒拿，打算借朝中宴会的时候，出其不意，诛杀宇文护。

宇文觉真是年轻，嘴上没毛，办事不牢，这样天大的秘密，竟然被他的亲信张光洛泄露了。张光洛觉得宇文觉必不能成事，跑去一五一十地告诉了宇文护。宇文护终于大怒，立即派兵，将乙弗凤等人一网打尽，全部处死，又去囚禁宇文觉。宇文觉见情况不妙，命令宫女太监们，都拿起兵器进行抵抗，又顶什么用呢？

宇文护召集众臣，哭着对大家说："太祖出身平民，三十年来艰难创业，临终把大事托付给我。宇文觉是太祖嫡子，所以我和各位奉立他为天王。可是，他却不顾国家安危，亲近小人，猜忌骨肉，谋杀大臣，如果阴谋得逞，国家必定灭亡。如果那样，我死之后，有何面目去见太祖？我想废去昏君，立宇文毓为帝，各位意见如何？"群臣异口同声地说："一切听从大冢宰的安排。"

就这样，宇文觉当天王不到一年，就被废黜了，不久又被杀掉，宇文毓当了北周的天王。

宇文毓，是宇文泰的长子，但不是嫡子，此时宇文泰已无嫡子，立宇文毓为帝，也是符合立嫡立长继承制度的。

宇文毓当时二十四岁，年富力强。他宽明仁厚，博览群书，擅写文章，温文儒雅，很受人们喜爱。宇文毓曾当过华州刺史、岐州刺史，治理地方很有政绩。宇文毓当天王以后，宇文护把朝政事务交给他处理，但自己掌管军队，实际上仍然控制着朝廷。

宇文毓即位以后，励精图治，很想有一番作为。他觉得称天王不够雅致，改称皇帝。宇文毓改革行政体制，整顿吏治，努力提高行政效率。他实行勤俭建国，自己带头节俭。他推崇儒学，推广汉文化，编辑典籍五百卷。宇文毓待人宽容，君臣关系融洽，威望与日俱增。

宇文毓处理政务三年，成绩明显，政务有条不紊，上下团结和睦。宇文毓表面温柔，很少发脾气，也不责罚臣子，但骨子里却很有主见，不肯事事听从宇文护的安排。宇文护觉得他不好控制，又因他威望高而威胁到自己的权力，于是动了杀心。

560年，宇文护悄悄命令李安在宇文毓食物中下了毒。李安原是厨师，被宇文护提升为膳部下大夫，所以他对宇文护唯命是从。宇文毓没有戒备，不幸中毒身亡，年仅二十七岁。

如果说宇文护废黜杀掉宇文觉，尚情有可原的话，那么，他毒杀贤明的宇文毓，就毫无道理了，也不道德，完全是利欲熏心。不知道他死后，有何面目去见叔叔？

宇文毓有三个儿子，年龄都不大，所以，他在临终之前，遗诏把皇位传给四弟宇文邕，宇文邕当时十七岁。

宇文毓这个临终决定是英明的，宇文邕具有雄才大略，他不仅使北周进一步强盛，灭掉了北齐，统一了北方，还亲手除掉权臣宇文护，替哥哥报了仇。这是宇文护万万没有想到的。

宇文邕亲手诛权臣

宇文邕是个有大智慧的人，他当皇帝以后，事事顺从宇文护，韬光养晦达十二年之久。等到宇文护彻底放松了警惕，宇文邕突然出击，亲手诛杀了权臣，夺回大权，从此尽情地施展自己胸中的抱负。

《周书》记载，宇文邕是宇文泰第四子，母亲叫叱奴氏，是宇文泰的姬妾，地位不高。宇文邕从小不爱说话，性格深沉，整天沉默寡言，但心里很有数，见识宏远，做事扎实，特别是很有孝心。其他人都没看出他有大出息，只有父亲宇文泰觉得他与众不同，常说："将来能成大事的，一定是这个儿子。"

宇文邕的青少年时期，由于父亲掌控着西魏朝廷，他的生活一帆风顺，十二岁就被封为辅城郡公。北周建立以后，他历任蒲州刺史、柱国、大将军，后入朝担任大司空、治御正，晋封为鲁国公。

宇文毓当皇帝时，很器重宇文邕，经常同他商议朝廷大事。但宇文邕轻易不发表意见，一旦发表意见，肯定是真知灼见，令人佩服。宇文毓常常赞叹他说："此人不言，言必有中。"

560 年，宇文护命人在宇文毓食物里偷偷下毒，使宇文毓中毒身亡。宇文毓在临终前，遗诏让宇文邕继承皇位。因有皇帝遗命，宇文护不便说什么，只好拥立宇文邕当上皇帝，被称为周武帝。

当时，宇文邕已经十七岁了，完全可以独自处理朝政，可是，他继续任命宇文护为大冢宰，朝中事务均由他裁决，并都督中外诸军事，把一切军政大权，全都交给了宇文护。宇文护有着强烈的权力欲，对此感到很满意。其实，这些军政大权，本来就在宇文护手里，皇帝这样做，只是让他更加名正言顺了。

宇文邕要求群臣，朝廷事务不分大小一律先向宇文护报告。宇文邕从不自作主张，凡事都征求宇文护的意见，对宇文护奏报的事情，从不反驳，全部照准办理。

宇文邕对宇文护非常尊重，他专门下诏，要求凡是诏诰和官方文书，一律不准称呼宇文护的名字，而称他的官职，以示尊敬。宇文邕还多次下诏，表彰宇文护的功绩，说他足可以与周公相比。

宇文邕不仅十分尊重宇文护，对她母亲也极力讨好。宇文护的母亲被北齐俘虏，母子分离三十五年。宇文邕多次派人交涉，北齐把她放了回来，这使宇文护十分感激。宇文护母亲回归后，宇文邕像对待自己母亲一样孝敬她，凡是赏赐的东西，必定是最好的，极尽奢华。每到节日，宇文邕都带领皇族亲戚，特意去向宇文护母亲行家人之礼，被称为"觞上寿"。

宇文邕用尽一切办法，千方百计讨好、麻痹宇文护，因为他知道，宇文护在朝中经营多年，树大根深，极难撼动，必须先让他丧失警惕，才有机可乘。

宇文护对宇文邕，起初充满了警惕和防范，他知道宇文邕的性格，凡事都藏在心里，也知道宇文邕绝不是平庸无能之人，对他很是忌惮。宇文护对军队控制很严，没有他的命令，任何人不得调动部队，皇帝也不行。宇文护在自己的府邸周围，部署了大批士兵，戒备森严，比皇宫防范得还要严密。宇文护不管走到哪里，身边总是带着众多侍卫，以防不测。

可是，许多年过去了，宇文邕没有流露出丝毫异常，表现出来的，全都是顺从、依靠和尊敬。这样时间一长，宇文护自然逐渐放松了警惕。

宇文邕把一切大权都交给宇文护，也不是坏事，宇文护是权臣，但不是奸臣，他的权力欲，也不是完全用来谋私利，更多的是用于治理国家。宇文护的能力很强，在他的治理下，北周得到进一步巩固和发展，国力更加强盛。

宇文护胸有大志，一心想吞并北齐、统一北方，因此，他多次率军攻打北齐。北齐皇帝高纬虽然昏庸，国内混乱不堪，却有斛律光、高长恭等名将支撑，所以，北周始终无法成功，特别在洛阳之战等战役中，北周遭受大败，使宇文护的威望大大降低。

这样十多年过去了，宇文护彻底放松了对宇文邕的警惕。可是，宇文邕却始终没有放弃诛杀权臣、夺回大权的计划，不过，这个天大的秘密，他只与自己的同胞弟弟宇文直商议过，没有告诉其他任何人，为了保密，他还决定亲自动手。宇文邕在耐心地等待机会，他必须找一个最好的时机下手，确保一击命中，万无一失。

572年的一天，宇文邕对宇文护说："太后年龄大了，却仍然爱喝酒，这对身体不好。我劝了几次，太后不听，不如我们今天一块去劝劝她老人家吧。"

这事非常正常，宇文护没有半点怀疑，欣然答应了。太后就住在宫内，去太后那里，自然不用带兵器，也不用带侍卫，劝太后戒酒这种家事，并不适宜别人在场，所以，只有他兄弟两个，边说边笑地往太后宫里走。

到了太后那里，宇文邕从怀里掏出一篇《酒诰》，交给宇文护，让他念给太后听。宇文护接过《酒诰》，坐到太后跟前，边念《酒诰》，边进行劝说，气氛十分和谐安详，没有丝毫异常。

宇文邕趁此机会，摸起桌子上摆设的一块坚硬的玉器，悄悄绕到宇文护身后，朝着他的脑袋，狠狠地砸了下去。宇文护大叫一声，栽倒在地，随即挣扎着想爬起来，但已经站不住了。只见宇文护满脸鲜血，瞪着血红的眼睛，嘴里嗷嗷乱叫，痛苦得脸都变了形，样子十分吓人。

宇文邕不敢再砸了，急令宦官何泉用刀砍杀宇文护。何泉显然事先不知情，吓得浑身发抖，连砍几刀，都没有击中要害。这时，藏在另一个房间的宇文直跑了过来，持刀杀死了宇文护。宇文护死时六十岁。

宇文护是死在了他的权力欲上，其实，从史书记载来看，宇文护是没有篡位野心的，他执政十五年，权倾朝野，如果想篡位，是应该能够做到的。宇文邕大概也清楚这一点，所以，宇文护死了两年之后，宇文邕又下诏，恢复了他的爵位，并按照礼节重新将他安葬。

宇文邕诛杀了权臣，成功夺回大权。从此，他独揽朝政，一改之前的作风，大刀阔斧，杀伐果断，开创了一番宏伟事业。

周武帝平定北方

周武帝宇文邕是一个大有作为的皇帝，他亲自执政以后，大展宏图，加强中央集权，开展灭佛运动，改革兵制，整顿吏治，发展经济，搞得风生水起，然后，一举灭掉北齐，统一了北方。

《周书》记载，572年，周武帝突然出击，成功诛杀了权臣宇文护，随即在朝中进行清洗，将宇文护的儿子、兄弟及其党羽一网打尽，自己完全掌控了朝廷。

周武帝彻底改变了过去的做法，自己执掌大权，独断专行，大小事务均由自己裁决。周武帝十分勤政，天不亮就上朝处理国政，夜里还要批阅奏章，天天如此，没有一天休息。如此劳累，对他的身体损伤很大。周武帝远见卓识，多谋善断，雷厉风行，朝廷为之一新。大臣们这才知道，周武帝原来是个深藏不露、雄才大略的人物。

周武帝下诏，削弱了大冢宰的权力，规定大冢宰不再统管六府，群臣奏事也不必经过大冢宰，使之成为有名无实的虚职，大权都集中到皇帝一人手里。周武帝改革府兵制度，把军队指挥权也收归皇帝。周武帝大刀阔斧地推行一系列改革，他崇尚儒学，整顿官吏，打击世族，释放奴隶，推行均田，扩大兵源，勤俭建国，关注民生，使北周政治清明，社会稳定，民众富裕，国力更加强盛。

周武帝神明威武，敢作敢为，他亲自掌权时间不长，就朝至高无上、法力无边的佛祖下手了，开展了中国历史上第二次灭佛运动。

574年，周武帝把朝廷百官、和尚、道士召集在一起，开展大讨论，让大家充分议论，说佛教、道教、儒学都有什么好处。和尚们口若悬河，滔滔不绝，大讲佛教能够济世救民，救苦救难，却全都是一些虚无缥缈的东西，根本看不见、摸不着，没有办法证实。

周武帝冷笑一声，质问道："自汉末以来，佛教大兴，许多人烧香拜佛，对佛祖十分虔诚。然而，百余年来，国家分裂，战火纷飞，人民流离失所，卖儿卖女，受尽了苦难。可是，你们的佛祖在哪里呢？为什么不出来救一救呢？"和尚们张口结舌，无言以对。

周武帝接着又说："依我看，儒学教化百姓，稳定社会，最有好处；道教提倡简朴，道观建得很小，对国家没有危害；而佛教寺院，一个个建得高大宏伟，还聚积了许多钱财，占了大量田地，耗费了多少物力啊？再说，僧人不去种田，不去当兵，不劳而获，长此以往，国家不就完了吗？所以，我决定禁止佛教传播。"

和尚们一听，一个个都傻了眼，其中有胆大的，则威胁说："得罪了佛祖，是要下地狱的。"周武帝斩钉截铁地说："只要对国家和百姓有利，朕甘愿下地狱受苦。"

就这样，北周开展了大规模灭佛运动，高大的佛像被捣毁，佛经被烧掉，寺庙收归国有，僧人全部还俗。北周灭佛比较彻底，许多佛教徒跑到南方，佛教在北方的势力几乎禁绝。佛教也在这次浩劫中接受了教训，为适应汉化需要做了许多改进，最明显的是不再大量占有土地，不再干预政治，确立了政教分离原则，所以，佛教后来又逐步发展起来。

周武帝灭佛之后，又开始灭北齐了。佛祖似乎没有怪罪，并没有显灵，结果让不信佛的北周顺利吃掉了信佛的北齐。佛祖真是宽宏大量！

575年，周武帝亲率大军攻打北齐。此时的北齐，朝廷腐败，政治黑暗，小人专权，忠良被害，已到崩溃之时。北周军队士气旺盛，军纪严明，战斗力很强，连续攻克三十多座城池，北齐危在旦夕。不料，周武帝忽然患病，不得不撤兵回去了。

576年十月，北周再一次攻打北齐。这一次，北周准备更加充分，周武帝几乎调集了全国兵力，兵分七路，齐头并进，势不可当。北齐皇帝高纬，知道已到了最后关头，不得已亲自率军迎敌。双方在平阳展开决战，结果北齐一败涂地。

高纬被吓破了胆，让别人守晋阳、邺城，自己逃到青州去了。临逃之前，高纬还宣布自己不当皇帝了，把皇位让给了只有八岁的儿子，企图掩人耳目，保住性命。

北齐皇帝如此昏庸无能，结果可想而知。周武帝指挥大军，就像秋风扫落叶一般，横扫北齐大地，只用短短三个月时间，就灭掉北齐，统一了北方。

578年，周武帝在吞并北齐、统一北方之后，仍然壮心不已，又兵分五路，北征突厥。不料，周武帝在北征途中患病，急忙回师，回到洛阳当天就去世了，时年三十六岁。周武帝临终前，遗诏皇太子宇文赟继承皇位。

周武帝完成了统一北方大业，固然是因为他英明神武，但也是与前人奠定的基础分不开的。宇文泰、宇文护、宇文毓等人，经过长达几十年的精心治理，使得北周日益强盛，才获得统一北方的辉煌成果。

然而，让人想不到的是，周武帝的儿子宇文赟，却是一个十足的败家子，他耽于酒色，荒淫暴虐，只用三年时间，就把先辈们几十年创立的江山丢掉了，实在令人无语。

败家子丢掉江山

　　周武帝一代英雄，却生了一个败家儿子。其子宇文赟继位后，重用岳父杨坚，自己则沉湎酒色，纵欲享乐，致使大权旁落，朝纲混乱。宇文赟死后不到一年，北周江山就被杨坚篡夺了。

　　《周书》记载，宇文赟是周武帝的嫡长子，559 年出生在同州。周武帝称帝后，一直没有立皇太子，直到 572 年，宇文赟已经十四岁了，周武帝才立他为皇太子。

　　周武帝对儿子并不溺爱，反而要求十分严厉。宇文赟在年幼的时候，周武帝就定下规矩，要求他的言行举止，都必须和大臣们一样，不能有一点偏差。宇文赟被立为太子以后，周武帝对他要求更严，连酒都不准喝。太子宫内设施简陋，什么好玩的东西都没有。

　　宇文赟当太子的第二年，周武帝就命他到遥远的西部去巡视，后来还命他随军讨伐吐谷浑。周武帝外出时，常常留下宇文赟监理朝政。周武帝母亲去世，他故意居丧五十多天，让宇文赟总理朝政，在此期间，周武帝对朝政一概不问，全由宇文赟处理。周武帝是在悉心培养儿子。

　　周武帝对儿子的管教有点过分，他派人整天盯着宇文赟，记录下他的一言一行，随时汇报。宇文赟偶有过失，周武帝毫不姑息，用鞭子、棍棒一顿痛打，还威胁他说："从前被废的太子多了，我还有其他儿子，难道不能当太子吗？"

　　应该说，周武帝严格管教儿子，出发点是好的，希望儿子能把先辈的事业发扬光大，但方法有些问题，结果却是适得其反。宇文赟慑于父亲的威严，又有人时刻监督，只好像演戏一样过日子，一些不好的品行没有暴露出来，更没有及时得到纠正。同时，在宇文赟内心深处，充满了强烈的逆反情绪。

578年，周武帝病逝，宇文赟当了皇帝，他终于长出了一口气，感觉总算熬出头来了。宇文赟当时已经二十岁了，完全可以自主决定事情。按照礼仪，皇帝治丧需要一个月，宇文赟却要求十天之内办完。有大臣进谏，宇文赟把脸一沉，说："我是皇帝，我说了算。"

丧期一过，宇文赟立刻换掉孝服，为所欲为起来。他每天拥抱美女，大吃大喝，奏乐歌舞，好不快活。宇文赟觉得，自己少年时期失去的东西太多了，如今当了皇帝，没了约束，需要加倍补偿回来。

宇文赟厌倦朝政，他想找个可靠的大臣，替他处理政务，于是，他看中了岳父杨坚。杨坚的父亲杨忠，跟随宇文泰多年，忠勇双全，被封为随国公。杨坚继承了父亲的爵位，但官职一直不高，到周武帝时期，才当了个定州总管。杨坚的长女杨丽华，是宇文赟的皇后，深受宠爱。宇文赟觉得岳父可靠，先后提拔他当了柱国大将军、大司马、大后丞、右司武、大前疑，朝廷之事全都委托他来处理。

杨坚确实精明能干，把朝廷事务办理得井井有条，凡事不用宇文赟操心，宇文赟感到很满意，更加专心于吃喝玩乐了。然而，杨坚却是野心勃勃之人，他借此机会，树立个人权威，按插亲信，结党营私，很快形成了不小的势力。

宇文赟喜欢美色，身边美女无数。他最宠爱的，除了皇后杨丽华以外，还有陈月仪、朱满月、元乐尚、尉迟炽繁四位。几个美女整天缠着他，竞相邀宠，争夺地位。宇文赟心生妙计，把五人全都封为皇后，地位一般高，开创了中国历史上"五后并立"的独特景观。大臣们进谏，宇文赟仍然是那句话，虎着脸说："我是皇帝，我说了算。"

宇文赟自己花天酒地，却担心大臣们不能尽心尽职，于是，他学会了父亲监视他的那一套，派亲信去监视大臣们，随时跟他汇报。可是，这些亲信却不是善人，他们或者谎报邀功，或者挟私诬告，宇文赟不问青红皂白，滥施刑罚，搞得大臣们人人自危，怨声载道。

宇文赟不仅骄奢淫逸，而且暴虐无道，猜忌心很强。他把宗室亲王，全都赶出朝廷，赶到自己封地去了。皇叔宇文宪，是宇文泰第五子，他征战沙场多年，功勋卓著，威望很高。正是因为宇文宪功劳大、声望高，所以，宇文赟才猜忌他，没有任何理由，就把他杀害了，同时被害的，还有将军王兴、独孤熊等人。宇文赟猜忌王室成员、杀害宇文宪等人，削弱了王室的力量，为杨坚篡权清除了障碍。

宇文赟并非完全昏庸，他见杨坚势力日盛，也产生了猜忌。杨坚察觉到了，他采取了以退为进的策略，在朝中布置好亲信之后，主动要求出镇外地。宇文赟同意了，任命他为扬州总管。杨坚因为患了足疾，并未到任。

后来，宇文赟别出心裁，下诏把皇位传给儿子宇文阐，自己当了太上皇。当时，宇文阐只有六岁，宇文赟二十一岁。宇文赟在历史上又创造了一项纪录，成了最年轻的太上皇。由于儿子年幼，大权仍在宇文赟手里掌握着。这样，宇文赟既手握大权，又不用每天上朝，天天都可以过逍遥的日子。宇文赟觉得，他太聪明了。

宇文赟整日醉生梦死，纵欲酒色，身体很快就垮了。580年，宇文赟一命呜呼了，年仅二十二岁。

宇文赟病危时，杨坚的亲信刘昉、郑译，趁机伪造遗诏，让杨坚辅政。杨坚堂而皇之地入朝，把持了朝政。

581年，杨坚废杀幼帝宇文阐，建立隋朝，自己当了皇帝，北周宣告灭亡。

就这样，宇文泰等先辈们经过几十年浴血奋战开创的江山，只有短短几年时间，就被宇文赟这个败家子败坏完了。

隋朝灭陈统一天下

581年，杨坚篡夺北周政权，建立了隋朝。此时，北方已经统一，南方只剩下弱小的南陈了。杨坚经过几年的内部治理，巩固了统治，进一步增强了国力，又击败突厥，解除了后顾之忧，然后出动大军，一举消灭了南陈，完成了国家统一大业。

《周书》记载，北周皇帝宇文赟病死以后，杨坚入朝辅政，辅佐只有七岁的幼帝宇文阐。杨坚此时三十九岁，正值壮年，胸怀大志，他从辅政那天起，就紧锣密鼓地实施夺取北周政权的计划。

杨坚早在宇文赟时期，就借处理政务之际，在朝中培植了自己的势力。可是，在全国各地，宇文氏的势力仍然不小，杨坚需要一一铲除他们。所以，杨坚的篡位之路，必定充满了腥风血雨。

宇文泰有十几个儿子，已死了一大半，最有能力和名望的宇文宪，也被宇文赟杀死了，现在只剩下了五个。这五人虽然能力平平，却都被封王，各占一块地盘，如果杨坚篡位，他们肯定不答应，所以，杨坚必须首先需要把他们除掉。

杨坚辅政三个月后，巧借名义，把赵王宇文招、陈王宇文纯、越王宇文盛、代王宇文达、滕王宇文逌，都召到了长安。这五王确实没脑子，一召即来，来则被杀，稀里糊涂地送了命。

宇文泰经营多年，他除了有儿子之外，忠于他的臣子和宗室成员也不少，他们看到杨坚篡位野心昭然若揭，纷纷起来反对。相州总管尉迟迥、益州总管王谦、郧州总管司马消难等，都是宇文泰的旧臣，他们联合起兵，讨伐杨坚，宗室宇文胄、宇文贤等人也纷纷响应，旬日之间，聚集了数十万兵马。人数虽然不少，但都是乌合之众，战斗力不强。

杨坚对此早有准备，他拉拢了大将韦孝宽为他效力。韦孝宽是北朝杰出的军事家、战略家，一生征战南北，威震四方，被誉为第一名将。韦孝宽当时已经七十二岁了，仍然老当益壮，率军出征，平息了叛乱，又立下大功。

杨坚清除了这些障碍以后，再也没有人能够阻止他篡位了，于是，杨坚顺利废除北周国号，杀掉幼帝，自己当了皇帝。因他和父亲都曾被封为随国公爵位，他后来又晋封为随王，所以取了随的同音字，定国号为"隋"。

杨坚建立隋朝之后，进行了多项改革。因他是汉人，首先恢复了汉族统治者的管理方法和制度，创立了三省六部的中央机构，开创了科举制，改革官吏队伍，撤并郡县，大量裁减冗官。杨坚重视法律建设，制定了《开皇律》，强调以法治国。在经济上，杨坚实行均田、输籍定样、大索貌阅等政策，改革货币，废除了比较混乱的古币以及私人铸造的钱币，大力发展农业，在各地建了许多粮仓；倡导勤俭建国，反对奢华浪费；兴建大兴城，促进商业发展。通过几年的治理，隋朝统治稳定，国力强盛，被后世称为"开皇之治"。杨坚又出兵北伐，征服了突厥，下一步，杨坚就要平定江南，完成统一大业了。

当时，南方除了南陈之外，还有一个后梁国，都城在江陵。后梁是西魏扶立的傀儡政权，长期作为西魏、北周的附庸。587年，杨坚觉得后梁没有必要存在了，就把后梁皇帝萧琮召到长安，给了他一个闲职养起来。杨坚派兵进驻江陵，直接对南陈构成了威胁。

588年十一月，杨坚命次子杨广为元帅，率领五十一万大军，大举进攻南陈。隋军兵分八路，分别从六合、襄阳、永安、江陵、蕲春、庐江、广陵、东海出兵，东到海滨，西至巴蜀，在千里战线上，向南陈发动了全面进攻，决心一口吞并南陈。

此时的南陈，国土狭小，国力衰弱，皇帝昏庸，朝纲混乱，已经是穷途末路了。南陈所依靠的，只有长江天险，可是，对于强大的隋军来说，长江根本算不上什么。

隋军兵强马壮，士气旺盛，南陈军队抵挡不住，纷纷溃散和投降。隋军各路兵马所向披靡，进军神速，高奏凯歌，南陈迅速土崩瓦解。

589年二月，隋军大将韩擒虎、贺若弼，率部一举渡过长江，包围了南陈都城建康（今江苏南京）。当时，建康城内尚有十万陈军，但皇帝陈叔宝怯懦无能，也不懂军事，不能组织有效的防御。陈叔宝只知道与他的嫔妃们日夜啼哭，毫无其他办法。

隋军包围了建康城，随即展开猛攻，很快攻入城内，活捉了皇帝陈叔宝。隋朝只用三个月时间，就一举灭掉南陈，实现了全国统一。

至此，南北朝时代结束，中国历史进入了又一个大一统时代——隋朝。记述隋朝历史的正史，是《隋书》。笔者将依据《隋书》的记载，继续撰写《新视角读隋书》，敬请广大读者给予指导帮助。